설움많은 평화시대 군인
이 시대 군인 가슴 속 이야기

특전사 준장(예)
송영필(宋永弼)

조갑제닷컴

(1공수 여단장, 준장) 특전사는 계급 고하를 막론하고 분기에 1회 공수강하(降下)를 함.
경기도 광주 강하 훈련장에서.

(특수임무단장, 대령) 미군과 연합훈련시 단장이 강하를 제안하자,
주한 美특전사 참모장(대령)도 동참, 강하 전 MC-130항공기 내에서.

(특전교육단 고공교관, 중위) 6주간의 고공기본훈련을
성공적으로 마친 교육생과 함께 경기도 광주 강하 훈련장에서.

(특수임무단장, 대령) 특전사 초임하사는 공수여단에 전입하여 여단별로 맞춤형 4주간의 훈련을 함. 가장 힘든 1주간의 지옥주 훈련 모습.

(특수임무단장, 대령) 특수임무단 예하 대대가 야외전술종합훈련을 마치고 천리행군으로 부대로 복귀하는 대대장을 맞이하는 모습.

(13공수여단 대대장, 중령) 야외전술종합훈련간, 마지막 천리행군을 앞에 두고 여단 기무반장이 강원도 훈련장을 방문.

(13공수여단 대대장, 중령)
특전사는 대대가
야외전술종합훈련을 마치고
천리행군으로 부대로
복귀할 때, 전 부대원과
가족이 도열하여
환영하는 것이 관례.

(1공수 여단장, 준장) 특전사는
야외훈련 간, 식기를
대신하여 반합으로 취사.
예하 대대의 동계 훈련장 방문.

(3공수여단 중대장, 대위)
특전사는 1년에 2-3주간 바다에서
수영을 포함한 훈련을 함.
일과 후 13명의 중대원들과 함께.

(2009년 장군 진급신고, 준장) 준장 진급신고 후, 참모총장과 부인이 준장 계급장을 달아주는 모습. 소령 진급부터는 통상 진급자 부인이 동참.

(7사단 참모장, 대령) 대령 진급신고 후, 군단장이 대령 계급장을 달아주는 모습. 부인은 통상 한복을 착용하고 참석.

(13공수여단 대대장, 중령) 야외전술종합훈련간, 여단장이 격려차 방문하여 간부들과 함께.

(육군대학 총장, 준장) 육군대학 총장은 통상 소장으로 보직하나 합동군사대학으로 통합되기 전이라 준장으로 보직.

(특수임무단장, 대령)
1, 2대 특수임무단장은 고참 대령을 보직하였으나 3대부터는 신참 대령으로 보직.

(701특공연대 대대작전장교, 대위) 특공연대도 특전사와 동일하게 야외전술종합훈련 후 천리행군을 함. 행군 전 연대장이 격려차 훈련장 방문.

(교육사 교리부 총괄장교, 중령) 군사교류를 목적으로
육군교육사 교리부 차장(준장)을 단장으로 일본 자위대를 방문. 자위대 간부들과 함께.

(대통령경호실 27부대 부부대장, 소령) 노태우 대통령이 퇴임 1일 전에 경호실에 파견된 군인들에게 소감 피력 후, 악수하는 모습.

(육군대학 전술교관, 중령) 한남대학교 안보국방정책학과 대학원 원우회장 자격으로 졸업식에서 축사.

(육군대학 전술교관, 중령) 군 발전을 위한 간부들의 의견수렴을 목적으로 강원도 출장 중에 설악산 등반.

(13공수여단 대대장, 중령) 도명산 산악훈련장에서 예하 지역대장들과 함께.
지금도 정례적으로 만나는 소중한 전우.

(13공수여단 대대장, 중령) 대대장 이취임식(離就任式)부터 가족이 참석하는 것이 관례.
대부분의 군인은 대대장을 가장 보람된 직책으로 생각.

(전역 후, 2025년 설날) 아들, 며느리, 손녀 3, 손자 1명. 구정 전날 일가족이 모여 차례 음식 준비 후에 거실에서.

(교육개발원 객원연구원, 준장) 준장 진급 후, 고향 선산을 방문하여 부모님 영전에 진급신고를 하는 모습.

차례

책머리에 | "전투도 못해 본 군인이 무슨 할 말이 있겠습니까"　　　　16

제1장 내가 겪은 직업군인
– 서러운 검은베레　　　　21

국립 서울현충원 참배를 다녀와서 / 가족과 주변 친지에게 미안한 마음 / 죽음에 대한 두려움 / 군인에게 진급이란 / 아프간 파병 이야기 / 부모님에 대한 미안함 / 군인이라는 멍에 / 진정한 전우애를 느끼지 못하는 평화시대 군인 / 국민에게 미움받는 군인 / 서러운 검은베레 군인 / 정권 눈치보는 군인 / 전역 후 생활

제2장 내가 겪은 군대
– 군대는 전쟁을 하는 조직　　　　67

용감한 군인 / 보직과 진급 / 복지·사기·군기 / 군인다운 행동 / 부하의 체면 / 부하의 자존심 / 과감한 실전 같은 훈련 / 건제(建制)를 유지한 해외파병 / 부대 편성 원칙 / 균형된 병과(兵科) 발전 / 군대는 전쟁하는 조직 / 신병 교육대와 인권 / 군인과 운동 / 전투모와 베레모 / 특전부사관(副士官) / 사(여)단장의 권한 / 지휘관과 외박 / 병사와 취침 / 병사와 식사 / 군인과 날씨 / 외로운 직책 / 군인과 회식 / 통합 회의(결산) / 군인과 동식물 / 군인과 돈 / 군인과 해외여행 / 군인과 종교 / 부하와 동일한 복장 / 부하와 동일한 식사 / 전쟁기획 능력 / 낙후된 개인 장구류 개선 / BCTP와 KCTC 훈련 / 전투(작전)수행기능·병과·전투발전 분야의 관계 / 제대별(梯隊別) 역할 / 육·해·공군·해병대 합동성 강화

제3장 내가 겪은 상관
– 부하는 실험 대상이 아니다　　　　　　　　　　　167

좋은 것은 부하 먼저 / 감동을 주는 지휘관 / 예하 지휘관에 대한 배려 / 역지사지(易地思之) / 진정한 부하 사랑

제4장 내가 나눈 후배들과의 대화
– 적(敵)과의 협상엔 당근과 채찍 필요　　　　　　177

연대장 역할에 대하여 / 새로운 제도를 도입할 때 고려해야 할 요소(기준) / 현충원을 다녀와서 / 미국 출장을 다녀와서 / 목함지뢰 사건을 보면서 / 북한과의 협상에 대하여 / 미국의 국가전략에 대하여 / 북한의 핵 고도화에 대하여 / 꿈에서 전투를 하며 / 북한의 미사일 도발을 보며 / 대화도 채찍이 있어야 가능 / 군인의 정치적 중립에 대하여 / 교육사 교리발전세미나 참석 후기 / 미국이냐? 중국이냐? 선택의 기로 / 전사자 유해 발굴 현장을 다녀와서 / 장군 진급한 후배에게 / 박찬주 장군의 전역사 / 국군의 뿌리 논쟁

제5장 내가 바라본 한국 사회
– 군인은 불법적 명령에 불복할 수 있나?　　　　　211

어느 육사 출신의 넋두리 / 무사(武士)의 지배와 자유민주주의 / 군사문화 / 군내 사조직 하나회 해체 / 지식인의 위선 비판 / 채 상병 사태를 보고 / 과연 군인은 불법적인 상관 명령에 불복종할 수 있나?

제6장 내가 바라는 군대
– 전쟁은 야전(野戰)교범과 다르다　　　　　　　　229

손자가 말한 장수의 자질 (知, 信, 仁, 嚴, 勇) / 군대는 이론과 경험으로 발전 / 현역 후배에게 / 전역한 후배에게

부록 1 | 특전부대 리더십　　　　　　　　　　　　　248
부록 2 | 아프간 피랍사태 파병기록　　　　　　　　　276

책머리에

"전투도 못해 본 군인이 무슨 할 말이 있겠습니까"

　　전역(轉役)하면서 스스로 다짐한 것이 있다. 나를 이 세상에 보내준 부모님(인류)과 군인으로서 살게 해준 군(국가)에 꼭 은혜를 갚겠다고 했다. 벌써 전역한 지 10년이 지났다. 군 후배들에게 내가 겪은 것보다 더 보람된 군 생활을 할 수 있도록 글을 남기고 싶었는데, 시간이 흐르면서 점점 조바심이 났다. 다행히 아직도 군 생활의 기억이 남아 있고, 간간이 적어놓았던 글도 있어 큰 어려움 없이 정리할 수 있었다. 나이가 들면서 머리가 희어지고 얼굴에 주름이 느는 것은 서럽지 않으나, 눈이 침침해지고 기억력이 떨어지는 것이 정말 싫었다. 그래서 더 잊히기 전에 빨리 정리하고 싶어, 교수 정년을 1년 앞두고 조기 퇴직하고 글을 정리했다.

　　2014년 2월 28일, 계룡대에서 참모총장 주관으로 전역식을 가졌다. 피로연에서 마이크가 건네져 전역 소감을 말할 기회가 주어졌고, 다음과 같은 이야기를 했다.

　　"손녀가 할아버지 군대 이야기 좀 해줘! 하면 해 줄 말이 별로 없을 것 같습니다. 군인이라면 전쟁의 무용담을 들려줘야 하는데, 전투도 못 해 본 군인이 무슨 할 말이 있겠습니까? 그렇다고 '할아버지는 장군이었다.'

이야기한다고 손녀가 자랑스러워할 것 같지도 않습니다. 후배 여러분! 사람이 무엇이 된 것(직위)은 중요하지 않습니다. 무엇을 한 것(업적)이 중요합니다. 비록 전쟁이 없는 시절에 군인이 되어 전투를 하지 못했더라도, 군 생활을 통해 무언가 군을 위해 노력한 흔적이 있어야 떳떳할 것입니다. 그래야 손녀에게 '할아버지는 군에서 이런 일을 했다'고 자랑스럽게 이야기할 수 있을 것입니다. 후배 여러분! 꼭 군을 위해 무엇인가를 하고 전역하시길 바랍니다."

조선시대에 임금이 27명이 있었지만, 우리가 기억하는 왕은 태조, 세종, 세조, 선조, 인조, 고종 등 몇몇에 불과하다. 그분들이 임금이었기 때문에 기억하는 것이 아니라, 그들이 한 일이 있었기 때문에 기억하는 것이다. 좋은 일이든 나쁜 일이든, 무언가를 해야만 역사의 기억 속에 남는다. 마찬가지로, 내가 군 생활을 하는 동안 많은 참모총장이 거쳐 가셨고, 많은 선배를 지휘관으로 모셨지만, 기억에 남는 분, 더구나 좋은 기억으로 남는 분은 아주 적다. 후배들은 전역 후에 좋은 선배이자 지휘관으로서 군의 기억 속에 오래 남길 기원하며 이 글을 쓴다.

나는 죽으면 현충원(국립묘지)에 가지 않고, 부모님 산소 옆에 뿌려달라고 아내에게 부탁했다. 그러자 아내는 그럼 자기는 어디로 가냐며, 유분의 반은 부모님 산소에 뿌리고 반은 현충원으로 가야 자기도 배위(남편 옆에 안장되는 것)한다고 농담 아닌 농담을 했다. 정말이지 나는 현충원에 가고 싶지 않아서, 얼마 전 친한 후배이자 친구에게 다시 부탁했다. 혹시 형수가 고집하더라도 내 유언을 꼭 지켜달라고 했다. 평생을 군인으로 살았지만, 전쟁도 없이, 전투도 안 하고 온전히 전역하여 장수하며 편히 살다가 국립묘지에 묻힌다는 것은 내 양심이 허락하지 않는다. 더구나 나는 장군이어서 장군 묘역에 화장도 아니고 매장을 한다. 이는 더욱 나를 부끄럽게 한다.

전역하기 전에 《군사학 입문》이라는 책을 내면서 서문에 다음과 같이 썼다.

"(전략)1978년 육군사관학교에 입학하여 군사학 시간에 군사훈련은 받았지만, 군사이론의 기초이며 고전인 《손자병법》과 클라우제비츠의 《전쟁론》은 물론이거니와 장교로서 임무수행에 필요한 전쟁준비와 수행에 대해서는 별로 배우지 못했습니다. 그러다 보니 군인이면서도 군 생활을 통해 내가 무엇을 공부해야 할지 모른 채 20여 년을 허송세월로 보냈습니다. 중령이 되어 육군대학에서 교관으로 근무하며 군사교리를 접하고 군사이론의 필요성을 더욱 절감했습니다. 내가 만약 사관학교 시절부터 군인에게 필요한 학문이 무엇인지 알았다면 지금의 나와는 확연히 달랐을 것입니다. 나는 후배들이 나와 같은 우(愚)를 범하지 않기를 바라는 마음으로 이 책을 썼습니다. 군인이 되고자 하는 사람은 조금이라도 빨리 군인에게 필요한 군사학이 무엇인지 알고 군 생활에 임했으면 합니다. 서애 유성룡은 《징비록》에서 '장수가 병법을 모르면 그 나라를 적에게 주게 된다'라고 하였습니다. 군인은 이 말을 명심하고 생활해야 합니다.(후략)"

군 생활을 통하여 나는 군사교육 기관에 많이 근무했다. 특수전부대에서 20여 년 근무 외에는 교육사령부 예하 교리발전부, 교육훈련부, 육군대학, 전투지휘훈련단에서 교리 연구 및 교관 생활을 했다. 또한 전역 후에는 10년간 대학에서 군사학을 강의했다. 그러다 보니 군사이론을 접할 수 있는 기회가 20여 년이 되었다. 이 덕분에 지금도 군사이론의 바탕이 되는 역사와 전쟁사를 공부하고 있다.

통상 지휘관들은 취임하면서 전임 지휘관이 쌓은 기둥에 벽돌 하나 더 얹는 심정으로 부대를 지휘하겠다고 다짐하지만, 실제로는 앞선 지휘관과 경험이 달라 부대 운영이 다를 수밖에 없다. 경험이 아닌 이론을 바탕으로 부대를 운영해야 영속성 있는 부대 발전이 가능할 것이다. 이론은 군대 구성원간, 지휘관과 부하간, 세대와 세대간의 공감대를 형성하여 같은 방향으로 부대 발전을 꾀할 수 있게 한다. 더구나 현재의 군은 전쟁 경험이 없다. 전쟁이 없는 평시 군대 지휘관의 경험은 일반 민간 경영인의 경험과 다를 바 없다. 군대라는 측면에서 보면 진정한 경험이 아니다. 오히려 평시 경험은 전장(戰場) 상황을 망각한 경험으로, 전쟁을 그르칠 수 있는 경험일 수 있다.

나는 군 생활 동안 전투를 직접 경험하지는 못했다. 그러나 일반 부대에 비해 상대적으로 전투와 유사한 훈련이 많은 특수부대에서 20여 년을 보냈다. 또한 2007년 아프간 탈레반에게 인질로 잡힌 샘물교회 신자들을 구출하기 위해 비밀리에 파병되어 군사작전을 준비한 경험이 있다. 하여간 이제는 이러한 경험과 습득한 군사지식을 사랑하는 군대에 돌려주고자 이 책을 썼다.

부록의 '특전부대 리더십', '아프간 피랍사태 파병기록'은 훗날 후배들이 선배들의 특전사 군 생활을 이해하는 데 도움을 주었으면 하는 마음으로 실었다.

고마운 사람들이 있다. 나를 아껴준 이와 전우, 내 곁의 가족이 그들이다. 이 기회에 감사한 마음을 전한다.

2025년 초

宋 永 彌

제1장

내가 겪은 직업군인
―서러운 검은베레

국립 서울현충원 참배를 다녀와서[1]

2018년 1월 2일에 육사총동문회가 주관하여 국립 서울현충원 참배를 하였다. 지난해는 200여 명이 참석했는데, 올해는 이보다 많이 줄었다고 한다. 참배에 참석한 기수는 대부분 예비역 위주였으며 내가 38기로 거의 막내 기였다. 최고참 기수는 생도 2기 선배님들이며 잘 알다시피 입교 한 달 만에 6·25 전쟁의 포천전투, 태릉전투에 투입되어 많은 분이 희생된 비운의 기이다. 월남전 참전 마지막 경험이 있는 27기 선배가 올해로 칠순이니 참배에 참석한 대부분은 전쟁 경험이 없는 기였다.

참배 후에 '만남의 집'에서 갈비탕으로 식사를 하면서 우리 육사가 국가를 위하여 헌신한 면과 대통령을 세 명이나 배출한 학교라는 점을 생각할 때 너무 조촐하다는 생각이 들었다. 대부분 후진국은 군부가 정치에 참여, 정경유착을 통하여 부를 축적하고 매우 호화롭게 생활하는 것과 비교하면 우리 육사인은 국가 발전을 주도하면서도 부패하지 않고 청렴하게 생활했다는 것을 증명하는 것이라 생각했다. 식사 후 나는 혼자서 현충원 내를 둘러보았다.

현충원에 잠들어계신 분들의 비석을 보면 뒷면에 사망한 장소와 전사, 순직, 사망 중 한 가지가 새겨져 있다. 특이한 점은 전사라고 써진 묘에는 조화가 없었으나 순직, 사망이라고 써진 묘에는 조화가 놓아져 있다. 그 이유는 전사자 대부분은 병사(兵士)로 전쟁 당시 아직 결혼을 못하여 자식이 없는 관계로 부모가 돌아가시고 나면 아무도 묘를 돌볼 사람이 없어 조화가 없는 것이다. 반면에 사망, 순직이라고 표기된 묘는 대부분 장교의 묘

---

1. 필자가 2018년 3월에 육사에서 발행하는 화랑대 지에 게재한 글.

로 조화도 놓여 있고, 자주 다녀간 흔적이 있다. 나는 전사한 병사들이 잠들어있는 묘역을 보면서 과거 좋지 못한 기억이 떠올랐다.

내가 대전에서 근무할 때 상관인 어느 장군이 예비 며느리와 함께 대전 현충원을 다녀왔다면서 묻지도 않은 이야기를 했다. 나는 평소에 별로 존경하지 않는 장군인지라 의외라 생각하면서 그 이유를 물었다. 그 장군의 답변이 가관이었다. 예비 며느리에게 장군 묘역을 보여주면서 자기는 장군이라 화장을 하지 않고 매장을 한다면서 죽어도 넓은 곳에 묻힐 수 있다며 자랑했다 하였다. 나는 이 말을 듣고는 구역질이 났다. 그 후로는 그 장군을 장군으로 대접하지 않았을 뿐 아니라 육사 선배로도 대하지 않고 아예 무시하였다.

나는 아내에게 부탁했다. 내가 죽으면 현충원으로 보내지 말고 화장해서 유분을 적당한 곳에 뿌리라고 했다. 그 이유는 먼저 나는 군인으로 전투도 해 보지 못했으나 연금은 꼬박꼬박 받아먹고 편히 살다가 죽을 것이다. 그러나 현충원에 전사자로 묻힌 병사들은 인생을 펴보지도 못하고, 결혼도 못하고 대를 이을 자식도 없이 젊은 청춘에 전사한 분들이다. 어찌 내가 그들과 같이 누워있을 수 있겠나? 나는 미안한 마음에 그들과 어깨를 나란히 할 수가 없다. 또 한 가지 이유는 내가 죽어 장군 묘역에 묻힌다면 앞에서 이야기한 엉터리 같은 장군과 같이 누워있다는 것이 창피할 것 같다. 내가 채명신 장군처럼 전투에 참가한 경험이 있어서 전사한 동료가 있다면 그 옆에 묻어 달라고 하겠지만 그러지도 못하니 그냥 화장하여 뿌리는 것이 양심에 맞을 듯하다.

지금에 와서 군 생활을 돌아보면 계급이 중요한 것 같지 않다. 그보다는 군인으로서 군과 국가 발전을 위해 무엇을 했느냐가 더 의미 있는 것 같다. 손자가 내게 할아버지 군인이었어? 묻는다면 무슨 말을 할까. 군인이라면 전투경험담을 이야기하든지, 아니면 군에 기여한 무엇인가를 말해야 되지 않겠나! 조선의 임금이 27명이다. 백성은 임금이라고 전부를 기억하지 못한다. 기억하는 임금은 몇 명 되지 않는다. 세종, 세조, 선조, 영조, 고종 등이다. 이들의 공통점은 좋은 일이든 나쁜 일이든 무언가를 하였다는 점이다. 국민은 한 일이 있어야 기억을 하지 임금이라고 기억하는 것은 아니다.

과연 우리 육사는 국민들이 기억할 만한 어떤 일을 하였나. 우리 육사인은 전쟁에도 참가하여 나라를 지켜내었으며, 군사혁명도 하여 가난한 나라를 부강하게 만들었으며, 평가는 분분하지만 정치에도 참여하여 혼란한 정국을 안정시키고 민주화에도 기여하였다. 하여간 이런저런 일로 하여 육사인을 기억하는 국민들이 많이 있다. 하지만 언제부터인가 육사인은 국민의 기억에 사라지고 있다. 과거나 지금이나 육사인은 똑같은 교육과정과 군 생활을 하고 참모총장, 국방부장관을 했는데도 근래에는 국민의 뇌리에 육사라는 이름이 점점 지워지고 있음을 느낀다.

초창기 육사인들은 육사 정신의 표현인 사관생도 신조 '우리는 국가와 민족을 위하여 생명을 바친다'를 모토로 하여 국가를 위해서 많은 일들을 하였다고 본다. 그러다 보니 다수의 국민들은 그 업적과 함께 육사인을 기억하고 있다. 하지만 근래에 와서 국민들의 뇌리에 육사는 잊혀 가고 있다. 무엇 때문일까? 앞에서 이야기한 엉터리 장군처럼 희생적으로 무엇(충성)을 하려고 하기보다는 대가를 바라는 무엇(출세)이 되려고 하기 때문은 아닌지? 국가에 대한 희생, 봉사의 육사 정신은 퇴색하고 오히려 육사라는 간판을 앞세운 출세주의가 우리 육사인을 망치고 있는 것은 아닌지?

인간은 이기적이라고 한다. 심지어 인간의 이타심은 애초부터 존재하지 않으며 단지 이타적으로 표현되는 것도 이기심이 전략적으로 진화한 결과라고 한다. 하지만 우리 육사인은 일반인과는 달라야 한다고 생각한다. 필부가 되기 위해서 육사를 졸업하지는 않았다. 그야말로 전쟁에 참가한 선배들이 그러하듯이 자유대한민국을 지키는 역군이 되기 위해서 육사를 졸업했고, 대한민국 산업화에 참가한 선배들이 그러하듯이 대한민국을 발전시키기 위해서 육사를 졸업했다. 그리고 또 이를 위해서 많은 육사인은 노력했다. 그 결과, 국민은 우리를 특별히 대접해 주었다. 육사를 졸업하여 장교가 되는 영광을 주었고, 군에서는 진급의 우선권을 주었다. 사회에서는 육사인은 선도 보지 않고 사위를 삼는 영광도 주었다. 지금도 우리 예비역은 연금을 받음으로써 노후를 남부럽지 않게 보낼 수 있다. 이에 대하여 우리는 국민에게 빚을 갚아야 한다. 즉 자유대한민국 발전을 위해 희생하라는 빚이다. 사관생도 신조 '우리는 언제나 명예와 신의 속에 산다'가 바로 '노블리스 오블리주'로 국민에게 진 빚=책임을 의미한다. 우리는 국민에게 진 빚을 갚아야 한다. 이것이 바로 명예와 신의이며 육사 정신이다.

또한 무엇을 하기 위해서는 대단한 용기가 필요하다. 용기는 정의를 추구하는 집념에서 나온다. 정의에 대한 집념이 없으면 비굴해진다. 성경에도 '진리가 너희를 자유롭게 하리라'는 구절이 있다. 나는 여기에서 한 걸음 나아가 '정의가 우리 육사인을 용기 있게 한다'라고 말하고 싶다. 사관생도 신조 '우리는 안일한 불의의 길보다 험난한 정의의 길을 택한다'가 바로 용기이며 육사 정신이다.

현재 우리나라는 백척간두에 서있다. 우리 선배들이 세운 자유대한민국이 더욱더 발전하느냐? 아니면 여기서 머무느냐? 혹은 퇴보하여 남미행 직행열차를 타느냐? 하는 기로에 있다. 지금이 바로 우리 육사인이 사관생도 신조를 마음에 새기며 행동할 때다. 육사인이여!〈사관생도 신조〉를 마음에 새기자!

가족과 주변 친지에게 미안한 마음

내가 임관하던 1982년은 우리나라가 경제적으로 부강한 나라가 아니었다. 더구나 북한보다 전력상 우위를 점하지 못한 상태였다. 우수한 무기와 장비를 구비할 수 없으므로 오직 병력을 강하게 훈련시키고, 북한의 공격 시 즉각출동 가능한 시스템을 만들어 대비하는 데 중점을 두었다. 이러다 보니 당연히 병사는 물론이거니와 간부들도 여유를 갖지 못하고 연속되는 훈련과 야근의 반복이었다. 더구나 부대별로 위수(衛戍)지역[2]이 설정되어 있어서 평상시 휴가 외에는 부대 책임지역인 위수지역 밖을 벗어나지 못하고 부대 근처에서 생활해야 했다.

공수여단에서 중대장으로 근무할 때는 비상이 발생하면 30분 이내에 출동해야 했으므로 항상 부대 근처에서만 생활했다. 지금과 같이 핸드폰도 없고, 호출기도 당시에는 없었다. 부인과 두세 살 아들을 데리고 시장에 가면 음식점에 자리를 잡고 음식점 전화번호를 대대 상황실에 통보해 주고 부인은 장을 보고, 나와 아들은 음식점에서 혹시 올지도 모르는 비상전화를 대기하였다.

당시는 퇴근 후 부대 근처나 숙소에서 대기하는 것이 상례였고, 비상이 걸리면 군 아파트의 확성기 방송을 통해서 비상 상황을 전파받거나 비상연락병이 집마다 문을 두드려 알리는 시절이었다. 이러다 보니 가족들과 휴일에 여가를 즐기는 것은 거의 불가능하였다. 휴가 기간에도 유사시 24시간 이내에 복귀할 수 있는 지역만 여행하였다. 당연히 해외여행은 물론

---

[2] 과거에는 사단 책임지역을 위수지역으로 설정하였으므로 20×40㎞였으나 개인승용차가 보편화됨에 따라 일반부대는 통상 1시간 이내에, 긴급 출동이 요구되는 부대는 30분 이내에 출동 가능한 거리를 위수지역으로 융통성있게 운용하였다.

이거니와 제주도를 비롯한 섬 지역은 여행할 수 없었다. 태풍이라도 오면 복귀가 어려워 부대로 복귀하기가 불가능하기 때문이다.

또한 당시에는 주요 직책에 근무하는 군인은 휴가 자체를 가질 수 없었다. 예를 들어 지휘관이나 작전분야에 근무하는 장교라면 당연히 휴가는 포기하고 살았다. 언제 북한이 도발할지 모르는 상황에서 작전분야 간부가 자리를 비울 수 없었다. 아마도 군 특성상 자주 보직이 이동되다 보니 타 인원이 이를 대신하지 못하였기 때문이기도 하다.

이런저런 이유로 군인은 친지나 친구들에게 소홀할 수밖에 없었다. 친구의 경조사는 물론이거니와 부모님 기일에 제사를 지내러 고향에 가지 못하는 불효자가 되었다. 그래도 집안 부모님은 아들이 군 간부로 생활하는 것을 자랑스럽게 생각하여 나무라지 않았지만 형제와 누나들은 이를 비난했다. 이런 소리를 듣고 싶지 않아 부인 혼자라도 어린 아들을 포대기에 업고 걸리어 시외버스를 타고 고향을 방문하곤 했다. 친구들과의 관계도 마찬가지였다. 친구들은 내가 군에 가더니 사람이 변했다고 했다. 한마디로 군인이라는 직업은 군대 외는 담을 쌓고 살아야 했다. 이런 이유에서인지는 몰라도 군 출신들은 전역 후 고향에 가서 정착하는 사람이 드물다. 통상 군 생활을 했던 곳이나 군 동료들이 많이 거주하는 곳에 정착하여 노후를 보내게 된다.

군부대는 대부분 도심지역을 벗어나 있으므로 도시의 문화생활은 누릴 수 없었다. 음악회, 연극은 물론이거니와 영화 한번을 볼 입장이 못되었다. 더구나 군인 봉급은 일반 근로자 급여 수준의 70% 정도[3]였으니 문화

---

3. 필자는 1983년 중위 시절에 결혼을 하였다. 그 당시 봉급액은 14만 원 정도이었고, 기업에 다니는 친구들은 통상 20만 원 이상을 받았다.

생활은 엄두도 내지 못했다. 출근해서 야근하고 퇴근하여 자고 아침에 출근하고, 휴일에는 늦잠 자는 것이 휴식이었다. 대대급 이하에 근무하는 소대장이나 중대장, 대대장은 휴일에도 출근하여 병사들과 운동하고 면담으로 시간을 보내야 했다. 외출하는 일부 병사를 제외하고는 휴일에도 모든 부대원이 부대에 있으므로 당연한 처사였다. 일직 근무자가 임명되어 이들을 관리하지만 대부분 지휘계통상에 있는 간부가 아닐 경우가 많고, 초급 간부라서 미덥지 못해서 중대장, 대대장, 참모 등이 한 번쯤 부대에 출근하여 순찰했다.

연대급 이상 제대에서 지휘관이나 참모를 할 경우에도 휴일에 출근하였다. 대대급 이하 간부들이 대부분 출근하므로 도리상 출근해야 했다. 또한 어차피 숙소에서 대기해야 하고 여가 활동도 하지 못하는 신세라 부대에 출근하여 밀린 업무도 하고 예하부대 순찰도 하면서 나름 업무에 매진한다고 자부했다. 연대급 이상 지휘관 경우에는 휴일에도 숙소에서 반의무적으로 대기하므로 이를 핑계로 예하 지휘관과 참모와 함께 테니스 등 운동을 하면서 보냈다. 자연스럽게 간부들의 위수지역 이탈을 통제하는 방법이기도 하고, 화합하는 수단이기도 했다.

군인은 통상 부대로 전입을 가서 길면 2년, 짧으면 1년 근무 후에 타지로 이동한다. 특히 육군의 경우는 휴전선 155마일은 물론이거니와 산악 오지, 해안, 도심 등 전국에 걸쳐서 부대가 산재하기에 개인별 형평성 차원과 다양한 부대 경험을 통한 경력관리를 위해 거의 강제로 부대를 순환하여 보직한다.

필자의 경우는 32년 군 생활을 통하여 23번 이사를 했다. 내 기억에 1996년부터 이사비용을 군에서 보조해 주었고, 그 전에는 본인의 봉급에서 이사비용을 지불했다. 그래서 흔한 말로 군인은 길에 돈을 다 깔고 다닌다고 했다. 잦은 이사는 가구가 마모(磨耗)되고 이사 비용이 드는 것이 문제는 아니다. 문제는 새로운 환경으로 인해 낯선 환경(주민, 시장 등)에 적응해야 하고, 특히 새로운 인간관계를 형성하는 것이 제일 큰 스트레스였다. 이것은 군인이 직업인 내게만 해당하는 것이 아니라, 가족 전체의 문제였다. 특히 아들은 학교에서 새로운 수업, 선생님, 친구와 적응해야 하는 것이 매우 어려웠을 것이다.

나는 두 명의 아들을 두었다. 큰아들의 경우는 초등학교를 여섯 번이나 옮겼다. 내가 육군대학에 입교함에 따라 큰아들은 그 당시 육군대학이 위치한 경상남도 진해에서 초등학교 입학을 했다. 입학식에서 담임 선생님이 아들 이름을 불렀는데 대답하지 않았다고 한다. 선생님이 사투리를 써서 다른 학생을 부르는 것으로 생각한 것이다. 늘 받아쓰기 시험에서 많이 틀렸다. 이렇게 진해에서 3개월을 다니고 다시 충청북도 옥천으로 전학했다. 늘 이런 식이었다.

이러다 보니 이사 가서 며칠 지나면 엄마에게 '여기서 얼마나 살다가 이사하느냐'고 물었다고 한다. 그 이유는 새로운 친구와 인간관계의 깊이를 어떻게 할 것인가를 판단하기 위해서라고 생각된다. 1년짜리 친구를 사귈 것인지, 아니면 2년짜리 친구를 사귈 것인지… 다행히 큰아들은 중2, 작은아들은 중1 때에 대전 유성구 자운대로 온 후부터는 이사하지 않았다. 육군대학[4]에서 중령 교관 2년을 마치고 합참, 육본, 군사령부로 옮기는 것이 나의 대령 진급에 유리하였다. 하지만 아들이 고등학교에 진학하였으므로 고등학교만큼은 전학하지 않고 같은 정문으로 입학해 같은 정문으로 졸업하게 하고 싶었다. 고등학교 동문 친구들이 있어야 외롭지 않은 사회생활

---

4. 육군대학은 진해에서 1995년에 대전시 유성구 추목동으로 옮겼다. 그곳의 명칭이 자운대이다.

을 할 수 있다고 생각해 진급에서 누락을 무릅쓰고 그렇게 하였다. 그래서 아들 둘은 대전에서 고등학교를 졸업하고 대학도 대전에서 졸업했다.

큰아들은 전방 사단의 연대에서 통신 박스카 운전병으로 근무했고, 둘째는 논산훈련소 조교로 근무하고 병장으로 만기 제대하였다. 아들이 군대에 갈 때 운전병만 하지 말았으면 했지만, 큰아들은 운전병을 했다. 통신 박스카를 몰고 전방 GOP 고지를 운행하는 것은 위험했다. 육사 동기생이 큰아들 부대의 연대장이므로 부탁하여 보직을 옮길 수 있었느나 그렇게 하지 않았다. 아들들이 제대 후에 아내에게 "다른 엄마들은 논산 훈련소 입소할 때 우는데 엄마는 울지 않아서 서운했다."고 했다. 그러자 아내는 "내가 지금까지 군 생활하면서 수많은 병사를 보고도 울지 않았는데, 내 아들이 군대 간다고 울면 말이 되느냐?"하였다. 맞는 말이다. 마음이 뭉클하였다.

나는 주변 친지들에게 미안하다. 지금에 와서 돌이킬 수도 없고 일일이 만나 미안함을 설명하기도, 무언가로 표시하기도 멋쩍다. 아들에게도 마찬가지다. 나는 학구열이 남다른 부모님으로부터(당시 대부분 그랬지만) 많은 사랑을 받아 중학교 2학년부터 서울로 유학을 와서 공부에 매진할 수 있었다. 그래서 육군사관학교에 입학했고 좋은 교육을 받았다. 그 덕택에 지성인으로 필요한 지식은 물론이거니와 수영, 테니스, 볼링, 골프 등 스포츠도 익혔다.

하지만 나는 내가 받은 만큼 아들에게 알려주지 못했다. 이것이 너무 미안하다. 나는 손주들에게 이를 갚으려고 한다. 공부도, 운동도 가르쳐 주려고 한다. 큰 손녀가 올해 중학교에 입학했다. 5년 후에 수능시험을 본다. 1~2년간 책 집필에 열중한 후에는 수능시험을 준비하여 손녀와 같이 보려고 한다. 준비하면서 손녀를 도와줄 수도 있고, 이를 바탕으로 막내 손주가 대학 갈 때까지 내가 직접 학업을 지도할 수 있을 것 같다. 이렇게 해서라도 조금이나마 아들에게 미안함을 덜고 싶다.

죽음에 대한 두려움

나는 1982년에 소위로 임관 후에 대부분의 군 생활을 수색대대, 특공연대, 특전사에서 근무했다. 특수부대가 좋아서 선택했다. 그 이유는 이랬다. 중학교 3학년 때 어머님을, 생도 3학년 때 아버님을 하늘나라로 보내드려야 했다. 외로움이 너무 싫었다. 지금도 전기등을 끄지 않는 버릇이 있다. 외로움이 너무 싫다 보니 어두운 것이 싫었다. 전기등을 켜고 잤다. 그래서인지 지금도 화장실을 나오면서 등을 끄지 않아 아내에게 잔소리를 듣곤 한다. 더구나 중학교 2학년부터 서울로 전학을 와서 혼자 생활하였으므로 더욱 그랬다고 생각한다. 나는 지금도 돈이 없어도, 권력이 없어도, 명예가 없어도 살 수 있지만, 외로우면 못 산다고 생각한다.

정확하게 생각은 나지 않지만, 전쟁 영화에서 적들이 밀려오는 와중에 단둘이 남은 전우가 함께 싸우는 모습을 보았다. 이들에게서 전우애로 표현되는 진정한 인간에 대한 사랑을 보았다. 나는 이것을 느껴보고 싶었다. 적을 앞에 두고 생명의 위협에 직면한 군인에게는 배반이란 생각할 수도 없다. 여기에는 진정한 인간애가 있다. 군인만이 느낄 수 있는 행복이며 특권이다. 특수부대는 일반부대보다 생명의 위협을 느끼게 하는 훈련이 많다. 그래서 특수부대를 선택했고 좋아했다.

군인으로 꼭 전투를 경험해 보고 싶었다. 인간의 진정한 사랑을 보고 싶었다. 하지만 그러지 못했다. 군인만이 느끼는 행복과 특권을 못 본 것이다. 그래도 나는 전투와 유사한 훈련을 하는 특수부대에서 근무하면서 남들이 느껴보지 못한 인간애를 많이 느끼는 행운을 누렸다.

중위 시절에 미 특수전학교[5]에서 고공강하(HALO)[6] 훈련을 받고 귀국하여 특전사 특수훈련과 교관을 하였다. 고공강하는 어느 훈련보다도 위험한 훈련이다. 나는 이미 결혼하였을 때다. 강하훈련으로 죽을 수 있다. 내가 죽으면 가족은 어떻게 살아갈까? 순직 유족연금은 순직자의 봉급과 연동되어 있으므로 중위 계급의 순직 유족연금으로 부인과 아들 두 명이 살아가기에는 턱도 없는 금액이다. 군인은 훈련으로 사망하면 본인은 장렬한 죽음으로 명예로울 수 있다. 하지만 부인과 아들에게는 무책임한 남편과 아버지가 된다. 죽음이 두려운 이유이다.

내가 근무하던 특수훈련과는 고공강하, 스쿠버다이빙, 스키를 가르치는 과로 스키 국가대표 출신인 선배장교가 있었다. 그분도 선배로부터 전해 들은 이야기로 선배가 미국 동계올림픽에 참가하였는데, 경사가 너무 심하여 출전을 포기할 정도였다고 한다. 그런데 호주 스키 선수는 스키 바인딩을 강하게 하여 자칫하면 스키화와 분리되지 않아 위험할 정도였다고 한다. 우리나라 선수가 왜 그렇게 하냐고 질문하자 그들은 혹시 시합 중에 사망하더라도 국가가 유족을 책임져 준다고 하면서 자기는 국가를 위해서 죽어도 좋다고 답하였다고 한다. 나는 그 당시에 이 이야기를 듣고, 애국심은 충성심에서 나오는 것이 아니라 국가의 복지제도에서 나온다고 생각했다.

나는 중령이 되어 대대장의 직책을 수행하면서 비로소 강하훈련에 대한 두려움이 없어졌다. 대대장 부임 초 강하훈련으로 내가 사망할 시, 가

---
5. 미국 노스캐롤라이나주 Fort Bragg에 위치한 특수부대를 위한 군사학교이며 그린베레의 산실
6. high altitude low opening 약자, skydiving을 군사적으로 활용하여 적지에 침투하는 기술

족이 받을 순직유족연금을 국방 인트라넷에서 찾아보았다. 내 기억에 일시금을 제외하고 매달 300만 원 이상으로 생각된다. 그제야 한시름 놓았다. 이 정도면 내가 죽더라도 가족이 주변으로부터 업신여김을 당하지는 않겠다고 생각했다. 또한 아들도 성장하여 초등학교에 다니고 있어 아버지의 죽음을 받아들일 수 있을 것이라 생각했다.

나는 이후부터 죽음에 대하여 두려움이 없어졌다. 죽음도 받아들이는데 그까짓 것 속세의 욕망이야 아무것도 아니게 보였다. 돈도 명예도 권력도 죽음 앞에서는 의미가 없는 것이다. 어차피 누구나 죽는다. 그것도 빈손으로 죽는다. 서로 싸우고 다투지만 결국은 공평하게 죽는다.

이것을 깨우친 후에 나의 군 생활은 많이 달라졌다. 그동안은 진급이 목표였다면 그 후로는 내가 바라는 진정한 군인이 되고 싶었다. 나의 행동기준을 진정한 군인에 두었다. 외모부터 군인이 되고자 했다. 머리는 더 짧아지고 사복을 착용할 때도 군번줄을 착용했으며 티셔츠도 국방색으로 입었다. 지금 당장 전투에 투입할 수 있는 군인으로 모습을 갖추었다. 업무를 할 때도 이것이 전투에 적합한 것인가를 따져서 하였다. 운동경기를 하더라도 전투와 유사한 상황이 되도록 기존의 경기방식과 달리 하였다. 예를 들어 축구 경기를 하더라도 11명 선수를 선발하지 않고 건제를 유지해서 모두가 참여하게 하였고, 시간을 정해서 하지 않고 골 수(목표)를 정해서 목표를 달성할 때까지 하게 했다.

체육대회라는 명칭도 바꾸어 '전투체육대회'라고 명명해서 순환체력단련, 수색정찰 등 전투와 연관된 종목을 가능한 많이 포함하였다. 내가 이런 생각을 더욱 확고히 하게 된 데는 대대장 시절 여단장님[7]의 영향이 매

---

7. 류우식 장군(육사 28기)으로 군수사령관을 끝으로 전역했음

우 컸다. 나는 지금도 여단장님을 나를 다시 태어나게 해준 선배님이자 스승으로 생각한다.

또한 상급자를 대하는 나의 태도도 변해갔다. 과거에는 무조건적인 충성이었다. 상급자가 싫어하는 행동은 하지 않았다. 하지만 중령부터는 내 소신껏 행동했다. 중령에서 대령으로 진급하지 못해서 53세에 전역을 하게 된다고 하더라도 30년 이상 군에 있었으므로 기본생활을 할 수 있는 연금이 보장되었다.

이런 조건을 가진 사람이 소신껏 못한다면 누가 할 수 있을까? 이런 조건의 사람이 사회 정의를 지키지 못한다면 누가 지킬까? 이런 조건을 가진 사람은 많다. 고위직 군인, 공무원, 교원 말고도 판·검사, 의사, 종교인 등이 여기에 해당한다. 이런 사람들이 욕심부리지 말고 소신껏 정의를 지켜준다면 우리 사회는 지금보다 훨씬 살 만한 사회가 될 것이다.

사람은 두 종류가 있다. 죽음을 두려워하는 사람과 죽음을 두려워하지 않는 사람이다. 후자는 명예, 권력, 부에 연연하지 않는다. 누구나 빈손으로 죽는다는 것을 안다. 이것을 빨리 깨우치는 사람은 나를 희생할 줄 안다. 모름지기 진정한 군인은 죽음을 두려워하지 않아야 한다. 목숨까지 버릴 줄 알아야 한다. 이것이 최고의 희생이며 군인의 덕목이다.

군인에게 진급이란

군대를 흔히 계급사회라고 한다. 군대는 계급으로 이루어졌으며 계급에 의해 움직이는 조직이라는 의미이다. 진급하여야 중대장, 대대장, 연대장, 사단장 등 지휘관을 할 수 있으며, 소신껏 본인의 의도대로 부대를 지휘할 수 있다. 계급이 높을수록 대규모 부대를 지휘하므로 책임도 큰 대신

성취감도 커서 자기를 실현할 수 있다.

군대 지휘관은 부대 내에서 3권을 다 가진다고 해도 과언이 아니다. 따라서 훌륭한 지휘관은 자기 부대 부하뿐만 아니라 부하의 가족까지도 행복을 줄 수 있다. 전시에는 지휘관의 판단에 따라 부하의 생명이 좌지우지된다. 이런 점이 군인직업의 매력이다. 군인은 높이 올라가면 갈수록 많은 사람을 행복하게 할 수 있다. 즉 진급해야 자기도 실현하고 국가에 충성할 수 있다. 또한 봉급도 올라가 생활이 여유로워진다. 진급이 부, 권력, 명예를 보장한다. 따라서 군인이 진급에 목숨을 거는 것은 당연한 것이다.

군대에서 진급심사에 영향을 주는 요소는 근무경력, 교육성적, 근무평정, 지휘관 추천서열 등의 요소가 있으나 가장 영향을 많이 주는 요소는 상급자의 평가인 근무평정[8]과 지휘관 추천서열[9]이다. 특히 근무평정은 매년 1차, 2차 상급자에게 두 번의 정성평가와 정량평가를 받게 된다. 통상 진급 후 5년이 지나면 차기 진급심사에 해당되므로 열 장의 평가서가 진급심사 서류에 포함된다. 군인직업의 특성상 상명하복 체계를 중요시하다 보니 열 장 중에 단 한 줄이라도 상급자로부터 부정적인 평가가 있는 경우에는 차기 진급은 거의 불가능하다.

나도 대대장(중령) 시절에 참모장으로부터 부정적인 평가를 받았다. 그런 이유로 대령 1차 진급에서 낙방은 당연하였고, 2차 심사에서도 진급은 불가능하였다. 하지만 다행히 교육사 교리부 같은 과에서 같이 근무한 과장님이 진급심사 위원으로 들어가셨다. 그분의 적극적인 해명으로 겨우 진

---

[8] 근무평정 제도는 많은 변화가 있었으나 통상 매년 전반기는 절대평가, 후반기는 상대평가를 실시하며 하사 이상이면 누구나 1차 상급자, 2차 상급자의 평가를 받는다.
[9] 진급자를 대상으로 부대 지휘관이 서열을 부여하여 육군본부로 보고하며, 이를 진급심사에 반영한다.

급할 수 있었다. 오후 4시간 내내 내 문제를 토론하였다고 한다. 나는 평정표의 자기 업무실적란에 내 잘못으로 일어난 사고를 그대로 적었다. 공적뿐만 아니라 과실도 적은 것이다. 과장님이 이를 제시하자 심사위원들이 믿어주었다고 한다. 아무도 업무실적란에 과(過)를 적지 않는다. 하지만 나는 적었다.

　대대장 시절 참모장이 혼자 관사에 거주하였는데, 대대장 중 선임자 부인이 '대대장 부인들이 돌아가면서 식사를 준비하자'고 하여 그렇게 하였다. 하지만 나는 부인에게 그렇게 하지 못하게 하였다. 그리고 가족을 서울 처가로 이사시키고 혼자 생활하였다. 그럴진대 참모장이 내가 얼마나 미웠을까? 그때 나는 윗사람도 포용할 줄 아는 큰 그릇이 되지 못했다.

　군인은 부대 근처 관사나 아파트 지역에서 같이 거주한다. 그러다 보니 가족들도 계급사회를 형성한다. 남편이 근무평정을 잘 받기 위해서 부인도 매사에 조심하고 상급자 부인에게 잘 보이려고 노력한다. 어떤 경우에는 학교 후배나 고향 후배가 상급자의 부인인 경우도 있다. 이때에도 예외가 아니다. 남편이 진급해야 가정의 평화가 보장된다. 남편의 진급을 위해서는 자존심도 버려야 될 때가 많다. 군인 사회만 그렇지 않겠지만 같은 지역에 거주하다 보니 일반 사회에 비해서 지나친 것은 사실이다.

　군인의 진급 심사는 통상 8월부터 소령에서 중령 심사가 시작되어 연말 장군 심사까지 진행된다. 그러다 보니 8월부터 군 아파트 지역은 온통 관심의 초점이 진급이다. 진급된 사람, 안 된 사람 희비가 교차한다. 안 된 사람이 많으므로 진급된 사람이라도 웃지 못한다. 표정을 관리해야 한다. 아이들도 대부분 같은 학교에 다닌다. 겉으로는 말하지 않지만, 아이들도 진급 철이 되면 다 안다. 단지 모른 척할 뿐이다. 아버지의 진급이 부인은 물론이거니와 온 가족의 행복에 지대한 영향을 미친다. 본인만이 아닌 가족 전체가 진급에 매달릴 수밖에 없는 현실이다.

부사관은 진급이 늦어질 수는 있으나 대부분 원사까지 진급하여 55세에 전역한다. 연금도 월 300만 원 이상을 받는다. 이런 이유로 장교보다는 진급에 대한 압박이 덜한 편이다. 또한 대부분 군 생활을 동일 지역에서 근무한다. 장교와 같은 잦은 이사로 인한 환경변화에서 오는 스트레스는 적으며 생활도 안정적이다. 하지만 부사관도 장교들의 잦은 인사이동으로 장교와 같은 동일한 스트레스를 받는다. 즉 적응할 만하면 상관이 교체되어 새로운 상관이 부임하기 때문이다.

장교는 중령으로 진급해야 53세, 대령으로 진급하면 56세까지 군생활이 가능하며 연금도 월 350만 원 이상이다. 하지만 중령으로 진급하지 못하면 소령으로 45세에 전역하게 되며 연금도 200만 원 남짓이다. 잦은 이사, 전방의 열악한 교육환경, 적은 봉급 등 모든 것을 감수하고 오로지 진급만을 위해 앞만 보고 왔는데⋯ 아직 애들은 중·고등학생으로 앞길이 캄캄하다.

군 생활 중에 가장 마음 아픈 것이 나와 같이 근무하던 능력있는 부하가 소령으로 전역하는 것을 보는 것이다. 한순간의 실수, 혹은 나쁜 상관을 만나 근무평가를 잘 못 받은 이유가 가장 많다. 특히 부하 가족에게 미안하다. 아픔을 어떻게 수습할지. 무슨 말로도 위로가 되지 않는다. 대부분 소령으로 전역한 부하들은 예비군 중대장에 응시한다. 군과 관련 없는 직업을 선택하기에는 너무 늦고 할 수도 없다. 통상 6개월에서 1년까지 잠수를 타고 공부하여야 합격한다. 전화해도 받지 않는다. 그러다 어느 날 합격 전화가 온다. 이 날은 너무 기쁘다. 내 진급보다 더 좋다. 그 부하에게 진 빚을 갚은 것 같다. 가족이 좋아할 생각을 하면 너무나 좋다. 군인의 진급은 한 가족의 행복이다.

아프간 파병 이야기[10]

　성남시에 위치한 샘물교회는 목사를 포함하여 20명의 '샘물청년의료봉사단'(이하 봉사단)을 11일간의 일정으로 2007년 7월 13일에 아프가니스탄(이하 아프간)으로 파견하였다. 봉사단은 아프간에서 활동 중에 7월 19일 현지에서 합류한 3명의 안내자를 포함하여 총 23명(남자 7명, 여자 16명)이 카불에서 칸다하르로 전세버스를 타고 이동 중에 가즈니주 카라바그 지역에서 탈레반[11] 무장세력에게 납치되어 2명이 피살되었으나 21명은 탈레반과 협상으로 42일 만에 석방되었다.[12] 다음은 이 사건과 관련된 나의 이야기다.

　봉사단을 납치한 탈레반 무장세력은 아프간에 파병 중인 한국군 다산부대[13]의 철수와 아프간 정부에 의해 수감 중인 탈레반을 석방할 것을 요구하였다. 이를 이행하지 않을 경우에 인질을 살해하겠다고 협박하였다. 이에 노무현 정부는 다양한 외교채널을 통해서 탈레반 무장세력과 협상을 시도했으나 결렬되었다. 탈레반 무장세력은 7월 25일에 1명, 30일에 1명을 살해하였다. 이에 노무현 정부는 속수무책으로 당할 수만은 없다고 판단하여 협상을 지속하면서도 협상 결렬에 대비하여 인질을 구출하는 군사작전을 준비하였다.

　나는 그 당시 군사작전을 준비하는 단장으로 직접 아프간 카불에 파

---

10. 부록에 세부 내용이 수록되어 있음
11. 1994년 아프가니스탄 남부 칸다하르주(州)에서 결성된 무장 이슬람 정치단체로서 1996년부터 2001년까지 아프가니스탄을 지배한 세력이다. [네이버 지식백과] '탈레반'(두산백과)
12. 2명은 중간에 석방되었고 최종협상으로 19명이 석방되었다.
13. 다국적군을 통한 국제평화유지활동 차원에서 2003년 2월부터 2007년 12월까지 아프가니스탄에 파병된 부대[네이버 지식백과] '다산부대'(시사상식사전)

병되어 군사작전을 계획하였으며, 군사작전 시에는 인질구출작전 부대 지휘관으로 작전을 지휘할 예정이었다. 군사작전 준비단은 나를 포함하여 4명(대령 1, 중령 1, 소령 1, 중위 1명)으로 구성되어 파병되었고, 한국에서는 707대테러부대 요원 90여 명이 47훈련장[14]에 수용되어 작전을 준비하였다.

그 당시 노무현 정부의 국방부(합동참모본부)가 특전사령관에게 군사작전을 준비하라는 임무를 부여하였고, 특전사령관은 감찰참모인 내게 그 임무를 부여하였다. 특전사에서 중대장, 대대장, 특수임무단장 등 지휘관은 물론이거니와 707대테러부대, 27경호부대 등 중위부터 대령까지 전 계급을 근무한 나를 적임자라고 판단한 것 같았다. 아프간에 직접 가서 현지 상황을 파악하기 위해 나를 비롯하여 정보과장 중령, 707대테러부대 지역대장 소령, 통역장교 중위 등 4명이 선발대로 아프간 카불로 출국하였다. 군사작전이 외부로 알려지면 문제가 있으므로 극도의 보안 속에 진행되었다. 7월 31일 국방부에 사복 차림으로 나 혼자 국방장관과 합참의장께 출국을 신고하였다. 합참의장님은 내게 '부인에게도 알리지 않았지?'라고 말씀하셨다. 나는 '의장님! 어떻게 부인에게도 알리지 않을 수 있습니까? 제 부인도 군인 아내로 산 지가 20년이 넘었습니다. 그 정도 보안을 지킬 줄 압니다.' 의장님은 머쓱해하셨다. 그 후에 들은 이야기지만 707대테러부대 요원 90여 명이 퇴근 없이 47훈련장에 수용되어 한 달 이상 군사작전을 준비하였지만 외부에 알려지지 않았다. 이를 합참의장님이 높게 평가하였다고 한다. 부대원 부인들도 군사작전을 위한 파병을 알았을 터인데 보안을 잘 지켜준 것이다. 군사작전을 비밀리에 준비한다는 것도 중요하지만 작전 중에 전사할 수도 있는 것인데, 어찌 부인에게 알리지 않을 수 있겠는가?

---

14. 대테러훈련장으로 특수전학교 내에 위치하고 있으나 707대대(현재 707 특수임무단)에서 관리

이는 군인이기 전에 한 가족의 가장으로 책임이라 생각하였다.

　아프간 카불에 도착하여서 아내에게 전화하지 않았다. 혹시 모를 도청을 염려하여서이다. 어찌 되었든 피납 42일 만인 8월 30일 인질 7명이 마지막으로 석방되어 군사작전은 실시되지 않았다. 인질 석방 후, 나는 군사작전 준비를 지원해 준 카불 ISAF[15] 관계자들에게 인사를 하는 등 마무리를 하고 9월 7일 귀국하였다. 귀국 전에 비로소 아내에게 전화하였다. 아내는 무엇이 먹고 싶으냐고 하여 나는 소주와 라면 한 박스를 사놓으라고 했다. 라면에 소주가 제일 많이 생각났다.

　2004년 초로 기억된다. 중령으로 교육사령부에 근무할 때이다. 사령부 내 동기생들과 저녁을 먹고 있을 때 2년 후배인 노○○ 중령(육본 중령 담당 보직장교)에게 전화가 왔다. 정부에서 이라크로 국군파병이 결정되어 준비 중일 때였다. '선배님! 이번에 이라크 파병사단 작전참모로 가셔야 하겠습니다.' 나는 '왜 내가 가야돼?'라고 반문을 하였다. 후배는 '파병사단의 다른 참모들은 육사 39기에서 선발하고 작전참모는 38기에서 선발하기로 했습니다. 선배님들과 후배들에게 물어보니 형님이 적임자라고 합니다.' 나는 일언지하 거절하였다. '첫째, 나는 대령 진급에 낙선되었다. 진급을 바라보는 사람이 전쟁터에 가면 공명심으로 인해 무리하여 부하를 많이 다치게 한다. 둘째, 나는 교리부 총괄장교로 보직된 지가 얼마 되지 않았는데, 파병하게 되면 교리부장님에 대한 도리가 아니다.'라고 하면서 전화를 끊었다. 같이 식사하던 동기생들이 무슨 전화냐고 물어 이야기하니, 동기생이 하는 말이 '한 명이라도 교육사에서 빠져주어야 우리가 진급된다. 간다고

---

15. 국제안보지원군(International Security Assistance Force), 북대서양 조약 기구(NATO)가 주도하는 아프가니스탄 내 치안 및 발전을 맡은 다국적 연합 군대로서, 2001년 12월 20일 유엔 안전보장이사회를 통해 설립[네이버 지식백과] '국제안보지원군'(위키백과)

해라.' 하였다. 나는 다시 후배에게 전화하여 가겠다고 했다. 지금 생각하면 웃음이 나오는 일이지만 하여간 그때는 그렇게 했다. 하지만 결국에는 다른 동기생이 파병되었다. 그 이유는 최초에는 전투지역인 이라크 키르쿠크 지역으로 파병하려고 했으나 그 지역은 위험하므로 전투가 없는 아르빌 지역으로 변경되었고, 아르빌은 군사작전보다는 민사작전 위주로 진행되므로 영어를 잘하는 동기생이 선발된 것이다.

나는 영어를 그리 잘하지 못한다. 비록 중위 시절에 미 특수전학교로 HALO 교육을 가기 전에 4개월간 영어교육을 받았으나 겨우 여행 다닐 정도이다. 그러나 아프간 파병 시에는 영어 능력은 전혀 고려하지 않고 인질구출작전을 수행할 수 있는 특수부대 경험자를 선발한 것이다. 그 대신 특전사에서 가장 영어를 잘하는 통역장교를 지원해 주었다. 파병 간에 통역장교는 항상 나와 같이 숙식하였다.

어느날 밤 통역장교가 핸드폰을 보며 잠을 설치는 것이었다. 나는 다음 날 무엇을 보느라고 잠을 자지 못 했냐고 물어보았다. 통역장교는 인질구출작전 간에 본인이 참모님 총에 맞아 죽을 것 같아 가족사진, 여자친구 사진을 보았다고 했다. 낮에 통역장교와 다음과 같은 이야기를 한 적이 있었다. 인질구출작전 간에 '참모님은 어디에 있을 것이냐?'고 물었고, 내가 답변하길 '당연히 작전 현장에 위치해야지' 하고 답을 하니, '지휘관이 상황실에서 지휘하면 되지 현장을 왜 가느냐?'며 되물었다. 나는 '현장에서 인질을 구출하여 헬기에 탑승했으나 707대테러부대 요원이 부상을 당해 탑승하지 못했을 때, 요원을 남겨둔 채 출발할 것인지, 아니면 인질구출작전 실패를 감수하더라도 낙오된 요원을 태울 것인지? 결정을 누가 할 수 있느냐, 당연히 내가 있어야 할 수 있다.'고 했다. 통역장교는 '그러할 경우 어떻게 할 것입니까?' 내게 물었다. 내가 답하길 '요원을 탑승시키려다가는 인질을 비롯해 모두가 죽임을 당할 수 있다. 그렇다고 남겨두고 오면, 탈레반에게 잡혀 모진 고문을 당할 것은 뻔한 일이다. 내가 탈레반과 교전하는 것처럼 하고 요원을 사살할 것이다.'라고 했다. 통역장교는 낮에 나와 이야기한 것이 현실처럼 느껴지고 본인이 낙오되어 내게 총을 맞을 것 같아서 잠을 설쳤다고 했다.

지금 생각해도 그런 경우라면 지휘관은 그렇게 행동할 수밖에 없을 것이다. 부하에게 총을 쏜다는 것은 불법이며 인간적으로도 도저히 할 수 없는 일이다. 하지만 전투라는 현장은 통상적인 법과 인간적인 요소로는 이해할 수 없는 영역이 존재한다. 군인은 국가와 국민을 위해 생명을 바치는 존재이다. 생명을 바치지 않고는 임무를 완수할 수 없다. 지휘관은 총탄이 빗발치는 전장에서 부하가 죽을 줄 알면서도 적지로 돌격시킨다. 본인도 마찬가지로 죽음을 두려워해서는 안 된다. 여기에 법이 존재하고 인간적인 요소가 있을 수 없다. 오직 국가와 국민을 위한 승리만이 있을 뿐이다. 이를 감수할 줄 알아야 군인이 될 수 있다.

인질구출작전 간에 앞에서 이야기한 것처럼, 낙오한 요원을 총으로 쏘았다고 생각해 보자. 얼마나 비정한 일인가? 총을 쏜 나는 어떤 심정일까? 인질의 안전을 위해서 한 일이라고 자기합리화를 시키지만… 평생을 죄인으로 살아야 하고, 속죄하기 위해서 죽은 요원 가족에게 최선을 다하여야 할 것이다. 이것이 군인의 삶이다.

전쟁은 비참하다. 인간성을 말살시킨다. 군인은 이 점을 고려하여 전쟁을 계획하고 수행하여야 한다. 항상 군인은 최소한의 희생으로 전쟁의 목적을 달성하여야 함을 잊지 말아야 할 것이다. 이런 점에서 폭력을 다루는 군인에게 귀감이 되는 영국의 장군 몽고메리의 역작 《전쟁의 역사》 마지막 장에서 한 말이 귓가에 스쳐간다.

〈그들이 우리의 손에 넘긴 정의와 자유의 횃불에 대한 맹세를 우리는 깨뜨리면 안 된다. 진정한 군인은 타인을 적으로 삼지 않고, 인간 내면의 야수를 적으로 삼는다. 한 군인으로서 나는 희망한다. 황금빛 노을이 지고, 반목과 싸움을 잠재우는 소등 나팔 소리가 울리는 그 날이 오기를, 이윽고 찬란한 태양이 솟아오르며 세계 온 나라의 친선과 평화를 깨우는 기상나팔이 울리는 그 시대가 오기를.〉

부모님에 대한 미안함

나는 중학교 2학년까지는 고향 경기도 포천 이동에서 학교를 다녔다. 그 후 서울로 전학하여 보인중학교와 대성고등학교를 졸업했다. 내 선배들은 중학교, 고등학교 입학시험을 보았으나 나는 중학교는 무시험, 고등학교는 연합고사를 보고 추첨으로 고등학교에 들어갔다. 나는 고향 이동중학교에서 배구선수를 했다. 대외 시합을 앞두고 잦은 집체교육으로 공부를 할 수 없었다. 또한 운동부 선배들의 횡포가 심했다. 폭행은 없었으나 음란한 행동을 강요하고 후배들을 괴롭혔다. 나는 부모님에게 차마 이야기하지 못하고 무조건 서울로 전학시켜 달라고 떼를 썼다. 어머니는 허락하였으나 아버지는 반대하셨다. 딸을 일곱이나 낳은 후 얻은 아들인데 집을 떠나 객지로 보낸다는 것에 대하여 걱정이 되어서인지 아버지는 완강하게 반대하셨다. 나와 어머니는 한 편이 되어 매일 아버지를 설득하고 떼를 썼다. 결국 한 달 후 허락을 받아서 서울로 전학했다.

서울에 고모가 살고 계셨다. 고모는 자기 집에 와서 학교를 다니라고 하였다. 하지만 나는 용산구 산천동 달동네 작은 방을 얻어서 자취하였다. 어머니는 매주 반찬을 해서 오셨다. 그러던 중 중학교 3학년 초에 자취방에서 나와 같이 주무시다가 심장마비로 돌아가셨다. 그때 49세였다. 나의 마음 깊숙이 지금도 죄책감이 있다. 어머니가 나로 인해 젊은 나이에 돌아가신 것이다.

어머니는 내게 많은 정신적인 유산을 남겨주셨다. '남자는 무릎 꿇고 살지 마라. 목에 칼이 들어와도 할 말은 해라.' 한 마디로 '비굴하게 살지 마라'고 늘 말씀하셨다.

딸을 7명이나 낳으시다가 아들인 나를 낳으셨으니 얼마나 좋으셨을까? 나를 귀하게 키우셨다. 탁발승이나 동냥하는 거지가 오면 내게 쌀이나 먹을 것을 가져다주라고 하셨다. 아버지가 드실 아랫목에 덮어 놓은 주발의 밥을 거지에게 주었다. 어머니는 아무 말씀도 하지 않으시고 아버지가 드실 밥을 다시 하셨다. 탁발승에게 뒤주의 쌀을 한 바가지 가득 시주하여도 아무 말씀이 없으셨다. 어머니는 내게 베풀고 사는 것을 가르치신 것이다.

초등학교 시절에 점심 도시락을 가져오지 못하는 학생들은 학교 급식으로 강냉이죽을 먹었다. 그러다 4학년부터는 빵이 배급되었다. 나는 반장이어서 도시락을 가져오지 못한 친구들에게 줄 빵을 배급받으러 갔다. 나는 일부러 늦게 가서 급사 누나에게 부탁해 남은 빵 10개 정도를 더 타왔다. 그리고 체육시간을 이용하여 가정 형편이 어려운 친구들 가방에 몰래 넣어 주었다. 지금 생각해도 어린 내가 어떻게 그런 생각을 했는지… 고향 집에 왔다가 서울 갈 때, 어머니는 나를 하루라도 더 재우고 보내고자 월요일 아침 첫차를 태워 보내셨다. 겨울 새벽은 매우 춥다. 어머니는 먼저 버스에 타셔서 좌석을 따듯하게 해놓은 후에 나를 앉게 하였다. 어머니는 나를 귀하게 키우셨다.

내 고향은 군부대가 많았다. 그 당시 군인 아파트가 없었던 때라 기혼 군인은 마을에서 사글세를 살았다. 우리 집도 건넌방을 군인에게 세를 주었다. 세든 남편은 육군사관학교 출신 중위이고 부인은 이화여대를 나온 분이셨다. 어머니는 이들 행동거지가 좋아 보여서인지 내게 '너도 커서 육군사관학교를 가면 좋겠다'고 하셨다. 그래서인지는 모르나 어찌 되었든 나는 육사를 졸업했다. 하지만 어머니는 내가 육사에 입학하는 것도 보지 못하셨다. 아버지는 내가 육사생도 3학년 때에 돌아가셔서 소위로 임관하는 것을 보지 못하셨다.

가슴 아픈 것 중 하나가 부모님께 맛있는 음식 한 번을 대접하지 못한 것이다. 부모님 살아생전에 나는 봉급을 받아본 적이 없어서이다. 새어머니가 계셨다. 새어머니는 나의 임관도 보시고 며느리가 해드린 음식도 드셨고 내 용돈도 받으셨다. 하지만 새어머니도 소령 때 돌아가셨다. 본인이 낳은 자식이 없으신 분이셨다. 나는 일찍 고향을 떠나있어 나를 키워주지 않으셨지만 아버지와 동생을 돌보아 주셨다. 아버지가 돌아가신 후에는 혼자서 농사를 지으시고 고생만 하셨다. 나는 새어머니의 당당한 모습을 보고 싶었다. 친자식도 없으신 가운데 아버지마저 돌아가시고 나니 주변에서 괄시하였을 것이다. 나의 지휘관 취임식에 모시고 상석에 앉혀드리고 싶었다. 하지만 대대장 정도는 되어야 취임식에 가족이 참석한다. 새어머니는 불행하게 나의 대대장 취임식에 참석하지 못하시고 돌아가셨다. 생각할수록 지금도 가슴이 아프다. 다음은 나의 전우인 군 후배 예비역 소령 정병혁의 시이다.

〈엄마 나 왔어〉
　　　　　　　정병혁

20대에 사랑하는 부모님 곁을 떠나

40년간 치열했던 삶을 보내고
60대에 정년퇴직하여 고향에 돌아와
엄마를 불러 본다
엄마! 나 왔어~ 라고

대문 앞에서
논과 밭에서 환한 얼굴로
반겨 주시던 엄마가 보이지 않는다

세월의 흐름 속에서 함께 하신 듯
보금자리였던 정겨운 집과
70년 된 살구나무 잘 키워 놓으시고
아버지 곁으로 떠나셨다

이젠 집에서 엄마를 부르지 못하고
저 멀리 산소에서 엄마의 모습 그리며
나직히 불러 본다
엄마 나 왔어~

군인이라는 멍에

　1977년 고등학교를 졸업하고 재수(再修) 후 1978년 육사에 입학하였다. 2월의 혹독한 겨울에 기초군사훈련을 받았다. 훈련을 견디지 못하고 퇴교하는 생도들이 많았다. 그도 그럴 것이 한 달간의 훈련이지만 인간 이하의 취급을 견디어야 한다. 그때까지 살아온 기억을 잊어야만 적응할 수 있다. 지금 생각하면 이것이 세뇌(洗腦)이다. 뇌를 세탁하는 것이다.

입학식을 하고 나면 제복을 입은 멋진 생도가 된다는 희망에 참고 훈련을 받았다. 하지만 생도가 되니 차라리 기초군사훈련이 더 나은 생각이 들었다. 기초군사훈련은 생도가 되기 위한 통과의례이고 딱 한 달간이었다. 하지만 생도생활은 4년간이며 군 생활과 동일한 분위기이다. 내 인생이 될 군인의 길이다. 꽉 짜여진 일과, 엄격한 상·하 관계, 일반인과 구별되는 제복 등 내 생각은 없는 생활이었다. 그리고 당장 1학년 생활은 힘이 들어 싫었다. 평생 이렇게 살아야 한다는 생각에 그만두고 싶었다.

아침 등교 전에 1학년이 자기 분대원 세탁물을 수거하여 세탁소에 가져다주고 하교 시에 찾아온다. 나는 그때를 이용하여 4학년인 분대장 생도에게 육사를 퇴교하겠다고 했다. 분대장 생도가 그 이유를 물었고 나는 앞에서 언급한 이유를 생략하고 '이렇게 살 바에야 사회에 나가서 살아도 훨씬 잘 살 수 있을 것 같다. 이런 고생을 하기 싫다'는 요지로 이야기했다. 그러자 분대장 생도는 '나는 지금에야 그런 생각을 하는데, 너는 벌써 그런 생각을 하느냐?' 하고 웃으면서 '그래도 남자가 한 번 선택한 길인데, 졸업은 해야지!' 하였다. 아침 등교 준비로 바빠서 더 이상 깊은 이야기는 하지 못했다. 퇴교한다면 다시 대학입시 공부를 해야 한다. 그것도 쉬운 일은 아니다. 나는 다 잊고 분대장 생도 말대로 졸업해야겠다고 생각하고 그 후부터 더 이상 퇴교 말은 꺼내지 않았다.

드디어 4학년이 되어 졸업을 1주일 앞두고 고민했다. 평생 육사 출신이라는 명에를 지고 살아갈 생각을 하니 마음이 흔들렸다. 생도 2학년 때 박정희 대통령의 서거와 12·12 사건을 겪었다. 3학년이 되어서는 5·18 광주사태 발생 두 달도 안 지나 보병학교에서 4주간 유격훈련을 받으러 광주에 가서 현장을 보았다.

　정의감에 불타던 생도 시절에 군인의 정치 참여를 보면서 군인이라는 직업에 대하여 많은 생각을 하였고, 친구들과 토론도 했으며, 나름대로 가치관도 정립하였다. 어쨌든 그때 나는 군인의 정치 참여를 부정적으로 보았고 신군부에 대하여 매우 비판적이었다. 또한 그 당시 젊은이들과 마찬가지로 나는 우리의 근대사를 기회주의자가 득세한 역사로 인식하였다. 하지만 육사에서 가르치는 역사는 그러하지 아니했고, 대부분 선배들은 군인의 정치 참여를 정당화하였다. 나는 당시 이를 못마땅하게 생각했다. 고종 4촌 형이 육사 10년 선배로 그 당시 대위였다. 휴가 시 형과 만나서 현실 문제를 토론하다 언쟁으로 번져 형은 내게 '너 같은 놈이 어떻게 육사생도냐?' 하였다. 육사에서 학술 세미나가 열렸다. 정확히 주제는 생각나지 않는다. 서울대 학생과 이야기하는데, 그 학생도 나와 같은 생각을 가지고 있었다. 하지만 나는 내 생각을 적극적으로 표현하고 동감할 수 없었다. 육사 생도였기 때문이다.

　그 후로 많은 생각을 했다. 내가 육사를 졸업하는 순간에 내 생각을 버려야 하고, 철저히 육사 출신(군인)의 일반적인 가치관으로 살아야 한다. 그것이 내 직업에 충실하는 것이며 육사 출신다운 것이다. 내가 민간인들에게 군인을 비판하더라도 그들은 진심으로 생각하지 않고 듣기 좋은 소리를 하는 가식적인 사람으로 볼 것이다. 고민하였다. 내가 꿈꾸던 자유인이 될 것인가? 졸업하여 육사 출신으로 평생 멍에를 지고 살 것인가? 용기가 없어서인지? 아니면 지금까지 한 것이 아까워선지는 모르겠지만 나는 후자를 택했다.

　로버트 프로스트의 '가지 않은 길(The Road Not Taken)'을 떠올리면서 내가 선택한 군인이 길을 가자. 그리고 끝까지 걷자. 후회하지 말자. 다

걸은 후에 가지 않은 길을 뒤돌아보자… 졸업 앨범에 '진하게 살자. 훈훈한 인간미가 좋다. 후회도 미련도 없다. 흐르는 강물처럼 굽이치면 또 떠난다.'라고 썼다. 어쨌든 그렇게 육사를 졸업하고 군생활 32년을 하고 10년간 교수생활을 하고 지금 여기까지 왔다. 군인의 길을 선택한 것이 가슴 아픈 일이라는 것은 아니다. 단지 가지 않은 길에 대한 아쉬움이다. 다음은 프로스트의 '가지 않은 길'이다.

〈가지 않은 길〉
로버트 프로스트, 피천득 역

노란 숲 속에 길이 두 갈래로 났었습니다.
나는 두 길을 다 가지 못하는 것을 안타깝게 생각하면서,
오랫동안 서서 한 길이 굽어 꺾여 내려간 데까지,
바라다볼 수 있는 데까지 멀리 바라다보았습니다.

그리고, 똑같이 아름다운 다른 길을 택했습니다.
그 길에는 풀이 더 있고 사람이 걸은 자취가 적어,
아마 더 걸어야 될 길이라고 나는 생각했었던 게지요.
그 길을 걸으므로, 그 길도 거의 같아질 것이지만.

그 날 아침 두 길에는
낙엽을 밟은 자취는 없었습니다.
아, 나는 다음 날을 위하여 한 길은 남겨 두었습니다.
길은 길에 연하여 끝없으므로

내가 다시 돌아올 것을 의심하면서….

훗날에 훗날에 나는 어디선가
한숨을 쉬며 이야기할 것입니다.
숲 속에 두 갈래 길이 있었다고,
나는 사람이 적게 간 길을 택하였다고,
그리고 그것 때문에 모든 것이 달라졌다고.

진정한 전우애를 느끼지 못하는 평화시대의 군인

내가 군인의 길을 걷게 된 직접적인 원인은 경제적인 면이 가장 크다. 서울로 유학하여 중·고등학교를 다녔다. 그 와중에 어머니가 돌아가셔서 고모 집에서 학교를 다녔다. 어머니가 돌아가시자 가세는 점점 기울어졌다. 더구나 고모 집에서 대학 4년을 다시 신세를 진다는 것도 미안하고 싫었다. 이를 탈피하기 위해서는 육사 진학이 최선이었다. 또한 돌아가신 어머니가 원하시던 학교였다. 육사를 다니면서 나는 많이 외로워했다. 아버지도 생도 3학년 때에 돌아가시자 나는 고아가 된 기분이었다. 육사 졸업 앨범 주소란에 주소 대신에 '망부·망모'라고 적혀 있다.

전쟁 영화로 기억된다. 적들이 밀려오는 와중에 전우와 단둘이 남아서 적과 싸우는 모습을 보았다. 서로 의지하지 않으면 죽을 수밖에 없는 현실 속에서 전우에 대한 사랑이 진정한 인간애라 생각했다. 꼭 그런 사랑을 느끼고 싶었다. 나는 군인이 점점 좋아졌다. 전쟁은 아니더라도 힘든 훈련을 하면서 느끼는 전우애가 좋았다. 그런 이유로 나는 군 생활 대부분을 수색대대, 특공연대, 특전사에서 22년을 근무하였다. 더구나 대대급 이하에서

13년을 근무하였다. 상급 부대보다는 소대, 중대, 대대가 더 좋다. 훈련은 많았지만, 그 대신 인간미가 있다. 사람 냄새를 맡고 살 수 있다는 것이 행복이고, 군인의 특권이다. 이런 면에서 특수부대는 더 매력적이었다.

25kg의 군장을 메고 야간에 산길로 천리를 행군한다. 8박9일 간의 훈련이다. 팀원끼리 합심하지 않으면 불가능한 훈련이다. 야간 공중침투훈련도 마찬가지다. 낙하산과 완전군장을 착용하고 항공기를 탑승하여 강하를 하기 위해서는 전우의 협력이 없이는 불가능하다. 항공기를 먼저 탄 사람은 나중에 타는 사람 손을 잡아당겨 주어야 하며, 항공기 안에서 뒷사람은 앞사람의 낙하산을 점검해 주어야 한다. 여기에는 계급이 존재하지 않는다. 오직 전우만이 존재한다. 마치 전투에서 적들이 밀려오는 와중에 계급이 어디 있겠는가? 서로 의지하지 않으면 죽음뿐이다.

죽지 않기 위해서 서로 사랑할 수밖에 없다. 나는 부대원들을 부하로 생각한 적이 없다. 특수부대는 대부분 부사관으로 구성되어 있다. 그들은 전장의 친구(전우)이다. 얼마 전 대대장 시절 행정보급관(원사)의 아들 결혼식에 내가 주례를 보았다. 주례사에서 "나는 신랑 아버지의 친구로서 주례를 보게 되었다."고 밝혔다. 기쁜 순간이었다.

특수부대만 근무하다가 대령으로 진급되어서 처음으로 보병부대 사단 참모장으로 부임했다. 여기서 너무 놀랐다. 보병부대는 특수부대와는 달리 인간관계가 상관과 부하의 관계였다. 상관이 부하 방에 들러서 상의하는 것을 보지 못했다. 더구나 부하를 대함에 있어서 사랑은 고사하고라도 최소한의 인간에 대한 배려가 없어 보였다. 부하 관리를 위해 겉으로만 관심이 있을 뿐이지 진정성이 없는 관리자로서의 행동이었다. 이래서 어떻게 전쟁을 하나…

전투에 승리하기 위해서는 지휘관은 부대원의 희생을 강요해야 하고,

부대원은 지휘관을 위해 기꺼이 목숨을 바쳐야 한다. 평상시 사랑 없는 인간관계에서 어떻게 이것이 가능하겠는가? 나는 보병부대에 대하여 실망하였다. 특수부대가 나의 길이라 생각했다. 보병사단 참모장을 마치고 다시 특전사 특수임무단장, 감찰참모, 작전처장을 하다가 장군으로 진급하였다. 장군 진급이 발표된 날 나는 울었다. 외로움이 너무 싫어서 진정한 인간애를 느껴보고 싶어 특수부대에 근무하였고 대대급 이하에서 생활하길 좋아했는데… 군인으로서 꼭 경험하고 싶은 전투 현장, 진정한 인간애, 전우애를 경험할 수 없다는 생각에 장군이 되었다는 기쁨보다는 아픔이 컸다. 이제는 더 이상 전투 현장에 참가하지 못할 뿐만 아니라 부대원과 살을 맞대는 생활은 불가하였다.

남들은 장군이 되었으니 꿈을 이루었다고 생각할 수 있지만 나는 그렇지 않았다. 내 꿈은 장군이 아니었다. 군 생활을 통해 외로움을 벗어나고 싶었고, 진정한 인간애를 느끼고 싶었다.

2014년 2월 참모총장이 주관한 전역식에서 이렇게 이야기하였다. "군 생활을 32년 하고 이 자리에 섰으나 아쉬움이 많습니다. 손주들이 내게 군대 이야기해달라고 했을 때, 해줄 이야기가 없습니다. 전쟁을 해보지 않아 무용담이 없는데, 무슨 할 이야기가 있겠습니까? 그렇다고 할아버지는 장군이었다고 하면 무슨 감동이 있겠습니까? 하지만 군 생활하는 동안에 전쟁이 없었으니 다행이긴 합니다. 후배 여러분! 무엇이 되는 것은 중요하지 않습니다. 무엇을 하였나가 중요합니다. 전역식에서 군을 위해 이런 것을 했다고 말할 수 있는 후배가 되길 바랍니다." 장군은 되었지만 전투를 해보지 못한 것, 그리고 군을 위해 무언가를 해놓지 못한 것이 가슴 아픈 것 중에 하나이다. 다음은 특전사 작전처장 시절에 미군 라이스 소령이 내게 준 글이다. 원문은 미 공군 대령의 글이라고 한다. 라이스 소령은 내 별명

Tiger를 넣어 주었다.

〈Tiger, one day you will come to a fork in the road, and you're going to have to make a decision about which direction you want to go. If you go that way, you will have to turn your back on your friends. But you will be a member of the club and you will get promoted and you will get good assignments. Or you can go that way and you can do something— something for your country and for your Army and for yourself. If you decide you want to do something, you may not get promoted and you may not get the good assignments and you certainly will not be a favorite of your superiors. But you won't have to compromise yourself. You will be true to your friends and to yourself. And your work might make a difference. To be somebody or do to do something. In life there is often a roll call. That's when you will have to make a decision. To be or to do? Which way will you go?

타이거, 어느 날 당신은 갈림길에 서게 될 것이고, 당신은 어느 방향으로 가고 싶은지 결정해야 할 것입니다. 그 길로 간다면, 당신은 친구들에게 등을 돌려야 할 것입니다. 하지만 당신은 클럽의 일원이 될 것이고, 승진하고 좋은 임무를 맡게 될 것입니다. 아니면 다른 길로 가서 무언가를 할 수도 있습니다. 당신의 나라와 군대와 당신 자신을 위해 무언가를 할 수 있습니다. 당신이 무언가를 하기로 결정했다면, 승진하지 못할 수도 있고, 좋은 임무를 맡지 못할 수도 있고, 확실히 상관의 총애를 받지 못할 것입니다. 하지만 당신은 타협할 필요가 없을 것입니다. 당신은 당신의 친구들과 당신 자신에게 진실할 것입니다. 당신의 일이 차이를 만들 수도 있습니다. 무엇이 되거나 아니면 무언가를 한 차이입니다. 인생에는 종종 점호가 있습니다. 그때 당신은 결정을 내려야 할 것입니다. 무엇이 되려고 할 것인지 아니면 무엇을 하려고 할 것인지? 어느 길로 갈 것입니까?〉

국민에게 미움받는 군인

　1982년 3월 소위로 임관하여 전라도 광주에 있는 보병학교에서 초군반 교육을 마치고 30사단 수색대대, 701특공연대에서 근무 후, 1984년부터는 서울에 있는 특전사에서 근무하였다. 5공화국 시절이라 군인이 정치의 전면에 나서있었고, 정치권은 호헌이니 개헌이니 하며 여당과 야당은 한 치 양보 없이 대립하던 때이다. 대학생들의 시위가 끊이지 않았다. 이런 상황이 1987년 6·29 선언까지 계속된 것으로 기억한다. 부대에서는 시위 진압 훈련을 하고 항상 대기 상태였다. 대부분의 야외훈련은 겨울로 연기하였다. 겨울에 학생 시위가 거의 없어 대기가 필요 없기 때문이다. 그 시절 군인에 대한 국민의 시선이 고울 리가 없었다.
　위로부터 지시가 되어 출퇴근 시 사복을 착용하였다. 군복을 자랑스럽게 여기어 군인이 되었는데, 군복을 입지 못하는 현실에 마음이 아팠다. 국가와 국민을 위하여 충성을 다하겠다고 임관 선서를 했는데, 국민이 군을 싫어한다면 이런 군 생활을 할 필요가 있을까? 많은 생각을 했다. 제대하고 싶었다. 주변의 동기생들과 이야기하니 한 동기생이 '지금은 군사정권이라서 그렇다. 시간이 지나면 괜찮을 것이다.' 나는 용기가 없어서인지, 그 말을 믿어서인지 제대하지 않았다.
　그 후 소령 때에 청와대 대통령 경호실에서 근무하였다. 노태우 대통령은 퇴임 하루 전에 청와대에 근무하는 군인들에게 군인 출신 대통령으로서 소회를 다음과 같이 밝혔다.

"그동안 본인은 국민이 다소 불법적이고 지나친 행동도 민주화를 정착시키는 과정이라 생각하고 물태우라는 소리를 들으면서도 참고 또 참았습니다. 대통령 취임부터 '30년의 군부정권을 민간 정권으로 원만하게 넘기는 것'이 본인의 소명이라 생각하고 조심스럽게 국정을 관리했습니다. 혹시나 정국이 소란하여 군이 정치에 개입하는 일이 없어야 하기 때문입니다. 건국과 6·25 전쟁 후 우리 군은 대한민국 보위와 발전을 위해 부득이 정치 전면에 나섰습니다. 하지만 이제는 그 역할을 다하고 군으로 돌아가야 합니다. 이것이야말로 우리 군이 역사의 죄인이 되지 않고 역사의 발전자로서 역할을 하는 것입니다. 특히 여기 있는 육사 출신들이 역사의 죄인이 되지 않기 위해서는 원만히 민간에게 정권을 넘기고 군으로 돌아가야 합니다. 저는 임기 내내 이 점을 명심하고 행동했습니다. 지금 퇴임을 앞두고 저는 민간에게 정권 이양을 이루어 내어서 무한한 자부심을 느낍니다."

그 후 김영삼 대통령이 취임하였다. 취임하자마자 육군참모총장, 보안사령관, 수방사령관을 경질하면서 군내의 사조직인 하나회를 숙청했다. 내가 속해있는 경호실 부대도 예외일 수는 없었다. 특히 우리 부대는 특전사에 속한 부대로 과거 전두환 대통령의 경호를 위해 창설된 부대였다. 그러다 보니 하나회 소속 장교들이 많았다. 그래서인지 혹시 반란이라도 일으킬 것을 걱정해서 부대를 해체해 버렸다. 이와 유사하게 정권과 관련 있는 부대와 지휘관은 힘을 약화시켰으며 하나회 장교들은 지휘관에서 해임되었다. 마치 조선시대 당쟁에서 패배하여 귀양 가는 것과 같은 것이었다.

그 당시 하나회를 숙청한다는 것은 그동안의 박정희, 전두환, 노태우에 이르는 군부 엘리트를 숙청하는 것을 의미하였다. 국민이 보기에는 군을 개혁하는 것으로 보였지만, 그것으로 인해 군은 약화되었고 철저히 정치의 시녀가 되었다. 나는 이런 상황을 보면서 노태우 대통령을 원망했다. 환한 미소를 지으며 역사적 소명을 일구어냈다고 자부하던 대통령의 얼굴을 떠올리면서 노태우 대통령은 권력의 속성을 모르고, 정치를 모르는 너무 순진한 분이었구나 생각했다. 그 후 모든 대통령들은 예외없이 군사문화를 청산한다는 명문하에 군을 철저히 무시했고 군사정권을 우리 역사의 악으로 각인시켰다.

나는 그 당시 노태우 대통령의 훈시를 들으면서 역사가 우리 군을 칭송할 것으로 생각했다. 세계 역사에서 군사정권이 순순히 민간에게 권력을 이양한 적이 없었다. 그러나 우리 군 선배들은 국가를 발전시켜 놓고 민간에게 이양하였다. 하지만 작금의 현실은 우리 군은 역사의 죄인이 되었다. 대한민국을 가난한 나라, 미개한 나라, 권위주의적인 나라에서 잘사는 나라, 자유스러운 나라로 만들어 주고 떠난 군사정권을 적폐로 규정하고 그동안 흘린 땀과 피를 헛되이 만들었다.

법조인, 교수, 언론인 출신의 민간 정치인들은 잘못하여도 불구속 수사한다. 하지만 군인, 기업인들은 사소한 잘못도 수갑을 채워 망신을 주고 구속 수사한다. 이것은 군인인 내가 받아들이기 어려운 가슴 아픈 일이다. 군인 출신 대통령이 돌아가신 후에도 묻힐 곳을 못 찾는 현실을 볼 때 너무 미안하고 마음이 아프다.

역사 바로 세우기를 통하여 해방 전·후의 공산주의자와 싸운 군대를 매도하는 것을 보았다. 공산주의자를 민족주의자라는 미명으로 치켜세우고, 공산주의자와 싸운 군인은 민족을 죽인 반민족주의자로 매도하는 것이 다반사이다. 베트남 전쟁에 파병한 군인을 미국의 용병이라고 하고, 해방 전에 공산주의자와 싸운 군인을 독립군을 토벌한 일제의 앞잡이라고 한다. 나는 이를 받아들이지 못한다.

앞으로 국가가 외부의 적으로부터이든 내부의 적으로부터이든 위기에 처할 때 군인이 나설까? 후대에 욕먹는 군인이 되지 않으려면 나서지 말아야 한다. 이것이 군인으로 겪는 아픔 중에 가장 큰 아픔이다.

서러운 검은베레 군인

소위로 임관 후에 수색대대, 특공연대, 특전사에서 주로 근무하다 보니 육체적인 훈련이 많았다. 특공연대에서는 창설부대라서 매일 아침, 저녁으로 10km 뜀걸음을 했다. 게다가 간혹 24km, 48km 뜀걸음을 하기도 했다. 그리고 매년 6주간 전국 산악지역에서 전술종합훈련을 하였는데, 부대 복귀는 8박9일 간 천리(400km) 행군을 했다. 이외에도 크고 작은 훈련이 많았는데, 아마 연중 3분의 1은 퇴근하지 못한 것으로 기억한다. 또한 겨울 아침에는 맨몸으로 뜀걸음(일명 알통구보)을 한 후에 냉수마찰을 했다.

가장 힘든 훈련은 천리행군이었다. 나는 여덟 번 천리행군을 했다. 중대장까지는 중대원들과 같은 군장을 메고 똑같이 걸었다. 앞에서 이야기했듯이 학생 시위로 인해 주로 겨울에 훈련하다 보니 더욱더 힘이 들었다. 그때는 오리·닭털 침낭은 고사하고 침낭 자체가 없던 시절이라 닭장을 덮는 거적으로 만든 사제 침낭을 구입하여 사용하였다. 하룻밤에 50km를 걸어야 한다. 마지막 복귀는 철야 100km를 걷는다. 처음에는 다리 근육이 아프고, 발바닥에 물집이 생긴다. 그러다가 뼈가 아프다. 군장을 메어서 어깨 통증도 온다. 사타구니가 바지에 스쳐서 발갛게 부풀어 오른다. 스타킹도 신어보고, 발바닥에 파스도 붙이고, 군화에 솔잎도 깔아보기도 하고, 어깨에는 생리대를 넣어 보기도 한다. 이런 과정을 몇 번 겪으면서 나름대로 요령을 깨우친다.

내 경험으로 인간이 하룻밤에 걸을 수 있는 적정거리는 35km 정도이다. 이를 초과해서는 지속으로 훈련할 수 없다. 몸에 무리가 오기 때문이다. 대부분의 특전사 고참 부사관들은 관절염으로 고생한다. 나도 대대장을 마치고 작전참모를 할 때 무릎에 이상이 왔다. X-ray 촬영을 하니 무릎 연골이 거의 다 닳았다고 했다. 그때 41세였는데, 무릎은 60세라고 군의관이 이야기하면서 60세까지는 그냥 사용하다가 60세가 되면 인공관절을 넣으라고 했다. 인공관절이 15년은 버티니 75세까지 살 수 있다는 것이다. 천리행군을 하면서 별의별 생각이 난다. 왜 태어났나. 왜 남자로 태어났나. 왜 사관학교를 갔나. 왜 보병을 선택했나. 왜 특전사에 왔나… 어느 하나만 하지 않았어도 이 고생은 없을 터인데…

특전사에서 작전처장(대령)을 할 때이다. 사령관(중장)으로 특전사 근무 경험은 없지만 육본 ○○부장을 하신 소위 실세라는 분이 부임하셨다. 경력이 말해주듯 무기·장비 분야에 관심이 많으셨다. 업무를 파악해 보니 특전사의 무기·장비가 매우 열악하였다. 어느 날 국방부, 합참, 육본의 전력분야 대령, 장성급 장교들을 초청하여 특전사의 실태를 설명하고 특전사 무기·장비 구입예산의 증액을 요구하는 자리를 마련하였다.

저녁에 만찬이 있었는데, 이 자리에서 초청받은 장성들은 특전사를 비난하였다. 특전사 출신들이 무식하여 무기·장비에는 관심도 없었다는 식으로 비난하였다. 나는 이 자리에 작전처장으로 참석하였는데, 특전사 경험자는 나 혼자였다. 나는 매우 불쾌하였다. 건배 순서가 오자 나는 "언제부터 우리나라가 돈이 있어서 좋은 무기·장비를 샀습니까? 무기·장비 대신 훈련으로 전투력을 메웠습니다. 이제 겨우 경제가 좋아져 돈이 생겨 우선 비행기, 탱크, 포 사는 데 썼습니다. 우리 특전사 차례는 오지 않았습니다. 특전사는 매일 구보하고 천리행군 등 몸으로 때웠습니다. 젊어서 고생은 사서라도 한다고 하는데, 저는 지금 무릎이 아파서 뛰지를 못합니다. 우리 특전사 출신들은 대부분 저와 같습니다. 겨울이 되었는데, 자식이 내복이 없다면 부모 잘못이지 자식 잘못은 아닙니다. 특전사의 무기·장비가 형편없다면 국방부, 합참, 육본 잘못이지 특전사 잘못은 아닙니다."라고 이야기했다. 너무나 서글펐다. 몸 바쳐 충성을 다했는데, 무식한 특전사라고 한다.

　1공수 여단장 시절 이야기다. 군인이면 누구나 4월에 체력측정을 한다. 여단장(장군)들은 사령부에 집합하여 처장(대령)과 함께 측정하였다. 3km 구보에서 다른 여단장과 처장들은 특급을 받았지만 나는 겨우 합격하였다. 대부분 여단장과 처장들은 특전사 출신이 아니다. 특전사 출신은 대령, 장군으로 진급한 사람이 없어서 그런 현상이 일어난다.

　측정 후에 어느 동기생 여단장이 '특전사 출신도 별거 아니네' 하였다. 나는 너무나 화가 났다. '○○놈들아! 너희들은 젊어서는 뛰지 않고 이제 늙어서 건강 유지하려고 매일 뛰니 잘 뛰지. 나는 젊어서 총 들고 군장 메고 매일 뛰어서 이제는 무릎이 아파 뛰지 못한다. ○○놈들! 나라를 위해 뛰어야 할 때는 뛰지 않고, 지금은 뛰지 않아도 되는데 자기 건강을 위해 뛰는 인간들이…'

　특전사는 겨울이 되면 아침 체력단련 시간에 상의를 탈의하고 맨몸으로 구보를 한다. 나는 이런 생활을 22년이나 했다. 하지만 특임단장과 여단장을 하면서는 부대원을 매년 가장 추운 하루만 상의를 탈의하고 구보를 하게 하였고, 평상시에는 그냥 하도록 했다. 하루는 사령관으로부터 전화가 왔다. '왜 1여단은 아침에 상의를 입고 구보를 하냐?'고 질문 겸, 지적하였다. 나는 '사령관님! 저는 군 생활 전부를 겨울이면 상의를 탈의하고 구보를 했습니다. 추위를 이기려는 목적으로 하는 것인데, 해 보니 하면 할수록 오히려 더 추위를 느낍니다. 생리적인 현상을 훈련으로 극복하지 못합니다. 그리고 장교들은 1~2년 근무하고 떠나지만, 부사관들은 평생을 합니다. 부사관들이 무슨 죄를 지었습니까? 훈련이 아니라 고통입니다.' 사령관은 더 이상 내게 강요하지 않았다. 교육훈련은 여단장 권한이기에 사령관도 어찌할 수 없는 것이다.

마음 아픈 이야기이다. 가난한 나라에서 태어나 가난한 군대에 왔다. 그러다 보니 여유 있는 생활은 고사하고 고통스러운 생활을 하였다. 특전사는 더욱더 그러하였다. 하지만 특전사 출신들은 무식하다고 대부분 진급에서 누락되었다. 막상 여단장, 특전사령관을 하는 사람은 일반부대 출신이다.

교수로 재직할 때, 특전부사관 임관식에 초청을 받아서 특전교육단에 자주 갔었다. 간혹 점심을 사령관, 여단장들과 함께 할 기회가 있었는데, 대부분 이들은 특전사 출신이 아니어서 서먹서먹했다. 돌아오는 길에 너무나 마음이 아팠다. 고생한 만큼 보상이 있어야 한다. 군인의 보상은 진급이다. 하지만 특전사 출신은 대부분 중령에서 끝난다. 특전사만 알지 일반부대를 모르고 무식하기 때문에 진급시킬 수 없다고 한다. 그렇게 이야기하면서 특전사를 모르는 대령, 장군들을 특전사 처장, 여단장으로 보직한다. 말도 안 된다. 군인이 무식해서 국민으로부터 비난받은 적은 없다. 비겁해서, 기회주의적이라 욕을 먹었다. 적어도 특전사 출신들은 비겁하지 않다. 다음은 특전사 출신들이 좋아하는 특전훈이다.

특전부대훈

안 되면 되게 하라! 사나이 태어나서 한 번 죽지 두 번 죽나.
1. 충성 한 가닥에 목숨을 걸고 몸과 마음을 철석같이 닦는다. 맹훈련만이 우리가 살고 이기는 길이다.
2. 훈련의 요망 수준은 반드시 달성한다.
3. 전우를 사랑하고 주민에게 친근하자.
3. 비굴하지 말고 멋있게 살자.
4. 적에게 용서가 없다.
5. 귀신같이 접근하여 번개같이 쳐라.
6. 우리의 베레모는 죽지 않는다.
7. 영원히 찬란하게 조국을 빛낸다.

정권 눈치 보는 군인

전역 후에 대덕대학교에서 군사학 교수를 하는 2016년 말에 박근혜 대통령 탄핵 광풍이 일어났다. 그 당시 내가 갖고 있는 기본 생각은 박근혜 대통령이 잘한다고 생각하지 않지만, 탄핵할 정도는 아니라 생각했다. 더구나 박근혜는 비운의 박정희, 육영수의 딸이다. 아버지의 업적을 생각해서라도 탄핵은 안 된다고 생각했다.

나는 서울 시청 앞에 탄핵을 반대하는 태극기 집회에 참석했다. 그리고 광화문에서 벌어지는 탄핵을 찬성하는 촛불집회의 실상을 보았다. 쇠사슬에 묶인 박근혜, 단두대, 박근혜와 이재용 얼굴이 그려진 축구공을 차는 아이들, 그리고 이를 배경으로 인증샷을 하는 가족의 모습을 보면서 충격을 받았다. 난무하는 거짓 소문, 정유라가 박근혜 딸이다. 박근혜가 롯데 호텔에서 음란한 짓을 했다. 세월호 침몰 시에 보톡스를 맞았다. 인신 공양 굿을 했다. 이루 헤아릴 수 없는 선동들, 이는 사실 확인도 필요 없는 말도 안 되는 것이지만 대부분 국민은 사실로 믿었다. 심지어 고위직 공무원 출신 대학교 총장도 위의 거짓 선동을 교무처장인 내게 사실처럼 이야기했다. 육사 출신 선배, 동기, 후배들도 마찬가지였다. 일부 현역 장군들은 육사 출신 예비역들이 중립을 지키지 않고 태극기 집회에 참석하고 특히 육사 마크를 사용한다고 태극기 집회를 비난하였다. 선동 앞에 지성은 오간 데 없고 오로지 인간의 증오심, 질투심만 난무하는 세상이었다. 일부 국민은 선동임을 알았지만, 세상이 바뀌는 것을 알고 침묵하고 눈치만 보았다. 나는 군인이다. 군인은 죽음을 두려워하지 않아야 한다. 시대 조류를 좇는 기회주의자가 되면 안 된다. 하지만 대부분 장군은 눈치를 보았다. 가슴 아픈 현실이다.

박근혜가 탄핵되고 문재인이 대통령이 되자 눈치 보는 장군들은 이제는 눈치 볼 필요도 없이 문재인에게 충성을 맹세하였다. 군인은 국민이 선출한 대통령에게 충성을 다하는 것은 당연한 의무라고 합리화하였다. 9·19 군사합의와 같은 이적 행위를 보면서 군이 이에 반발하지 않았다. 아니 일부는 적극 동조하였다.

노태우 대통령 이후, 역대 정부는 군내 분위기와는 관계없이 정치권 입맛에 따라서 군 고위직을 보직하였다. 지휘관의 힘은 부하로부터 존경을 받을 때 나온다. 그러할 경우 정부 정책에 반발할 수 있다. 이를 방지하고자 했는지, 아니면 쿠데타를 막고자 했는지는 알 수 없지만 역대 정부는 대부분 존경받는 장군을 합참의장이나 참모총장으로 임명하지 않았다. 그러다 보니 군대는 단결되지 않은 모래알 조직이 되었다. 평시에는 이런 군대가 좋을지 몰라도 전시가 되면 이런 군대는 백전백패한다. 가슴 아픈 현실이다.

박근혜 탄핵 이후에 문재인 정부 초기에 박찬주 대장을 공관병에게 갑질했다는 이유로 구속하였다. 대부분 법정에서 무죄로 밝혀졌다. 하지만 정부와 언론은 군 장성과 가족을 포함하여 조선시대 포악한 조병갑과 같은 사또 모습으로 만들었다. 누구도 공개적으로 박찬주 대장을 변론하지 않았다. 40년 간 국가에 봉사한 군인을 한순간 파렴치한 사람으로 매도하는 데 온 국민이 동조하였다. 심지어 군인들도 이에 동조하였다. 우리 국민의 속마음에는 노예근성이 자리잡고 있다. 무조건 윗사람에 대한 증오심이 그것이다. 과연 이런 국가와 국민을 위해 군인이 될 필요가 있을까? 가슴 아픈 이야기이다.

문재인은 세월호 사건 당시 국군기무사의 역할에 위법성이 있다고 단정하면서 재수사를 지시하였다. 검찰은 당시 기무사령관 이재수 장군을 수사하면서 수갑 채워 언론 앞에 공개하였다. 장군을 망신 주려는 의도였다. (아이러니하게도 이에 앞장선 사람이 윤석열과 한동훈이었다. 국민은 윤석열을 대통령으로 선출하였고 한동훈을 차기 대통령감으로 열광하고 있다) 이재수 장군은 모멸감을 참지 못하고 극단적인 선택을 하였다. 가슴 아픈 이야기이다. 다음은 고 이재수 장군의 유서이다.

〈세월호 사고시 기무사와 기무부대원들은 정말 헌신적으로 최선을 다했음. 5년이 다 되어가는 지금 그때의 일을 사찰로 단죄한다니 정말 안타깝다.

지금까지 살아오며 한 점 부끄럼 없이 살았지만, 전역 이후 복잡한 정치 상황과 얽혀 제대로 되는 일을 할 기회를 얻지 못했다.

지금 모처럼 여러 비즈니스를 의욕적으로 추진하고 있는 즈음에 이런 일이 발생하여 여러 사람에게 미안하다.

영장심사를 담당해 준 판사님께 경의를 표하며 이번 일로 어려운 지경에 빠지지 않기를 바랄 뿐이다.

검찰 측에게도 미안하며 내가 모든 것을 안고 가는 것으로 하고 모두에게 관대한 처분을 바랍니다. 군 검찰 및 재판부에 간곡하게 부탁합니다.

가족, 친지, 그리고 나를 그동안 성원해 준 모든 분께 정말 죄송하며 용서를 구합니다.

군을 사랑했던 선후배 동료들께 누를 끼쳐 죄송하고 다시 한번 사과를 드립니다.

사랑하는 가족들도 더욱 힘내서 열심히 살아가길 바랍니다. 60 평생 잘살다가 갑니다.

모두들 안녕히 계십시오. 이재수 배상.〉

전역 후 생활

소령은 45세, 중령은 53세, 대령은 56세에 전역한다. 장군은 연령 정년이 없고, 계급정년을 적용한다. 나는 50세에 준장으로 진급하였으나 소장으로 진급하지 못하였으므로 계급정년 5년을 적용받아 2014년 2월 말로 55세에 전역하였다.

전역 후, 대덕대학교 군사학과 전임교수로 임용되어 10년을 근무하고 퇴직하였다. 이런 경우는 거의 없다. 대부분 전역 후 예비군 지휘관, 비상기획관 등 군 관련직으로 취업하거나 박사학위를 소지한 경우, 군사학과 초빙교수로 취업하지만 통상 5년 이내에 퇴직한다. 간혹 방산업체, 군 관련 공사를 담당하는 회사에 취업하기도 하지만 일반적이지는 않다. 민간기업에 취직하는 경우는 거의 없다. 그러다 보니 60세 이후에는 연금으로 노후를 보내게 된다. 물론 중령 이상으로 전역하게 되면 60세 이후에 받는 연금은 400만 원을 넘는다. 우리 사회에서 부부의 적정 노후 생활자금이 370만 원인 것을 감안할 때 적지 않은 금액이다. 주변 지인들이 이를 부러워하는 것은 사실이다. 예비역 군인들은 대개 아파트 한 채는 있기에 연금으로 노후를 비교적 편안하게 보낸다.

예비역 군인들의 경우, 노후에도 대부분 예비역 군인을 만난다. 사관학교 중대 모임, 동기 모임, 같은 부대 출신 모임 등 여러 모임에 참여한다. 이들 모임은 화기애애하다. 그 이유는 동일 가치관과 경험을 공유하기에 그렇다. 만나면 공감하는 할 이야기가 많다. 마냥 어린애 같다. 사관학교 시절 이야기, 군 생활 중에 고된 훈련 이야기 등.

그리고 대부분 건강하다. 군 생활을 통해서 단련된 신체를 소유했기도 하지만, 정신이 건강하다. 동기 부부들 10쌍이 동해안으로 여행을 갔던 일화이다. 저녁 내내 술 먹고, 화투와 카드 놀이를 하다가 새벽 2시에 잠에 들었다. 6시쯤으로 기억한다. 한 명 동기생이 먼저 일어나 갑자기 동해안 일출을 보러 가자고 일행을 깨웠다. 그러자 10분 만에 전부 일어나 준비를 완료했다. 부인들도 남편과 같이 군 생활을 해서인지 동작이 빠르고 군인정신이 살아있었다. 그래서인지 예비역 군인의 평균 수명이 다른 직종보다 길다.

나는 대덕대학교에서 10년을 교수로 생활하다가 퇴직하였다. 교수들은 퇴직 시에 일시금으로 받을지, 아니면 연금을 받을지 고민한다고 한다. 우리 군인들은 고민 없이 연금을 선택한다. 하지만 교수들은 퇴직 후에 일찍 사망하는 경우가 빈번하여 고민을 한다는 것이다. 나는 그 이유를 알 것 같다. 평상시 교수들은 자기 위주로 생활하므로 남과 어울리는 데 익숙하지 못하다. 퇴직 후에 남과 어울리며 살려고 하니 많은 스트레스가 있어서 일찍 사망하는 것이 아닌가 하는 생각이 든다. 하지만 군인은 직업 특성상 새로운 다양한 많은 사람과 어울려야 하고, 계급사회이고, 자유롭게 행동하지 못한 통제된 사회이므로 많은 스트레스를 받고 생활한다. 그러나 전역 후에는 자유로우니 너무 행복하다.

군인은 같은 부대 출신 모임이 많다. 나는 7사단에서 참모장을 했다. 모임에 나가면 그 당시 사단장, 부사단장, 참모장, 연대장 등 10명 남짓 나온다. 지금도 그 당시 호칭 그대로다. 술이 한잔 들어가도 서열을 지킨다. 같이 늙어가는 처지라 간혹 지나친 경우도 있지만 넘지 말아야 하는 선은 꼭 지킨다. 그래서인지 모임이 잘 되고, 자주 만난다. 어느 직업보다도 노후에 외롭지 않고 여유롭다. 이것이 군인직업의 가장 큰 매력이다.

좋은 직업은 대를 잇는다고 한다. 교수·선생, 법조인, 의사가 그런 직종이다. 이들은 가족 전체가 같은 직업을 하는 경우가 많다. 하지만 군인, 경찰, 소방대원은 대를 잇는 경우가 거의 없다. 오죽했으면 군인의 경우 3대가 군인을 하면 병역명문가로 인정해서 상도 주고 신문에 대서 특필된다. 하지만 군인은 전역 후 생활을 생각하면 행복한 직업이다. 나는 지금 행복하다.

제 2 장

내가 겪은 군대
-군대는 전쟁을 하는 조직

용감한 군인

특전사에서 1차 중대장을 마치고 고등군사반(OAC)을 수료 후 특공연대에서 2차 중대장을 할 때이다. 특공연대 병사들은 신병 교육대에서 선발하기 때문에 학력, 체력 면에서 매우 우수하였다. 운동도 잘할 뿐만 아니라 강도 높은 대테러 훈련도 잘했다. 특전사 부사관들보다 능력이 우수하다고 생각했다.

12월로 기억된다. 지뢰, 수류탄, 백린연막탄 등 훈련용으로 나온 탄약을 내년으로 이월하지 말고 사용하여야 한다. 그래서 남은 탄약을 시범식 교육을 통하여 사용하였다. 그러던 중에 백린연막탄으로 인해서 수류탄 교장에 불이 났는데, 바람이 불어서 바로 진화하지 못하면 큰 산불로 번질 우려가 있었다. 수류탄 교장에는 불발탄이 많이 산재해 평상시에도 들어가지 않는 곳이다. 하지만 상황이 급해서 중대장인 내가 들어가니 소대장, 선임부사관들이 같이 들어가서 불을 진화하여 큰불로 번지지는 않았다. 하지만 평상시에 운동도 잘하고 훈련도 잘하는 병사들은 아무도 들어오지 않았다. 나는 특공연대 병사들을 매우 훌륭한 병사들이라 생각했었는데 매우 실망하였다.

유사한 경우가 특전사에서 1차 중대장을 할 때도 있었다. 그때는 내가 들어가니 선임하사(상사)가 위험하다고 나를 못 들어가게 하고 중대원(하사, 중사)들이 들어가서 불을 진화하였다. 나는 한때 특전사 부사관들이 특공연대 병사보다 못하다고 생각했었다. 정말 미안한 마음이 들었다. 특공연대 병사들은 자기의 생명이 위험하지 않을 때는 용감하였다. 하지만 생명이 위험하다고 판단되면 앞에 나서지 않았다. 특전사 부사관들은 위험하다고 판단되니 중대장을 보호하고 자기들이 희생하였다. 과연 누가 용감하고 훌륭한 군인인가?

군 생활하면서 평상시 보고서 잘 쓰고, 브리핑 잘하고, 운동 잘하는 장교를 많이 보았다. 지휘관은 그런 장교를 우수하게 평가한다. 하지만 위의 특공연대 병사들에게서 보았듯이 과연 생명을 버려야 하는 전쟁에서도 그렇게 할 것인가를 생각해 보아야 한다. 군인은 전쟁을 위하여 존재하는 직업이다. 평상시 용감한 것은 의미가 없다. 전시에 생명이 위험한 가운데 용감한 사람이 진정한 군인임을 알아야 한다.

과거에 대간첩작전이 자주 있었다. 북한이 무장공비를 침투시켜 군사시설도 정찰하고 양민을 학살하여 사회 혼란을 조성하기도 했다. 어떤 경우에는 우리 국군이 자수 간첩을 회유하여 무장공비 침투를 유도하여 이를 생포하기도 했다. 그 경우 작전에 투입하는 장교는 육사 출신이 아니었다. 일반 출신 장교를 투입하여 공을 세우게 했다. 나는 처음에는 그 이유를 몰랐으나 이제는 알 것 같다. 육사 출신은 위험한 작전에 참가하여 공을 세우지 않아도 진급하는데, 굳이 위험한 작전에 참가하려고 하지 않을 것이다. 따라서 용감하게 행동하지 않을 것이기 때문이라고 생각된다. 작전을 성공시키기 위해서는 육사 출신을 투입하는 것보다 일반출신 장교를 투입하는 것이 효과적이라는 것을 윗분들은 알았기 때문이다. 그분들은 전쟁을 경험한 세대이기에 인간의 심성을 안다.

흔히 언론에서 ○○○ 장군을 북한이 한국 장군 중에 가장 무서워하는 장군이라고 하면서 칭송한다. 나는 그런 이야기를 들을 때마다 헛웃음을 짓곤 한다. 부하에게 용감하라고 지시하는 것은 누구나 할 수 있다. ○○○ 장군은 합참의장, 장관을 할 때 부하에게 과감하게 행동하라고 지시하였다. 즉 북한이 도발하면 10배 이상 보복하고 원점을 타격하라고 했다. 하지만 ○○○ 장군은 군 생활 간에 그런 경우가 없어서인지 모르겠지만 과감하고 용감했다는 이야기를 들은 적이 없다. ○○○ 장군은 시대에 맞게 국민으로부터 존경받을 적절한 조치를 한 것은 높게 평가받아 마땅하지만, 본인이 용감한 것은 아니다. 통상 지위가 높은 사람일수록 본인의 생명에 집착한다. 마찬가지로 명예에도 집착한다. 하지만 진짜 용감한 사람은 명예뿐만 아니라 생명에도 집착하지 않는다. 어떤 ○○○ 장군은 적지에 들어가 적을 맨손으로 죽이기도 했다. 우리는 그런 사람을 무식하다고 하지 용감하다고 하지 않는다. 과연 어떤 누가 진정한 군인인지 생각해 보아야 한다.

가진 것이 많은 사람은 죽기 싫다. 부자는 전쟁터에 나가길 꺼린다. 당연하다. 금은보화가 있으면 호의호식하고 살 수 있는데, 죽고 싶지 않은 것은 당연하다. 군인은 가진 것이 많으면 안 된다.

결론적으로 부자, 머리 좋은 사람, 잘생긴 사람은 용감해지기가 어렵다. 평상시 큰소리치는 사람은 대개 전시에 비겁할 가능성이 있다. 이런 눈으로 다시 한번 부하를 보고 평가해야 한다.

보직과 진급

어느 조직이나 보직과 진급은 중요하다. 능력있는 사람을 적재적소에 보직하여야 조직이 정상적으로 돌아간다. 그리고 성과를 낸 사람을 진급시키면 된다. 정상적인 조직은 조직의 목표에 기여하는 총명하고 성실한 사람을 선발하여 진급시킨다. 이렇게 함으로써 구성원들이 이를 본받고 행동하게 하여 건전한 조직문화를 만들어 간다. 일반 사기업은 이윤추구가 목적이므로 이윤을 많이 창출한 사람을 선발하면 된다. 하지만 군대와 같은 공조직은 영업이익과 같은 드러나는 평가지표가 없으므로 조직원의 기여도를 측정하기 매우 어렵다. 또한 일반회사는 명확하게 주인이 있지만 공조직은 국민이 주인으로 명확한 특정인이 아니다. 사조직은 사장이 월급을 주지만 공조직은 국민의 세금으로 봉급을 준다. 사조직은 진급을 잘못 시키면 당장 조직과 사장에게 손해가 되지만, 공조직은 진급을 잘 못 시켜도 눈에 보이는 손해가 없다. 그러다 보니 공조직의 진급은 자칫 조직을 위한 진급이 아니라 상관의 필요에 따라 매관매직으로 흐를 가능성이 늘 있다.

현재 군의 잘못된 진급 문화를 살펴보자. 현재 군은 진급을 매개로 금전이 오가는 악습은 이미 오래 전에 없어졌다. 하지만 돈을 받고 진급을 시켜야 매관매직이 아니다. 내게 충성했다고, 내 사람이라고 진급시키는 것도 매관매직이다. 내가 아니라 조직에 충성한 사람을 진급시켜야 한다. 나에게 잘한 사람이라고 진급으로 보상해서는 안 된다. 나뿐만 아니라 조직에 충성한 사람을 진급시켜야 한다.

내게는 충성스럽게 잘했으나 능력이 안 된다면 당연히 진급시키면 안 된다. 이런 사람을 보상해 주고 싶으면 여유 있는 직책으로 보직을 준다든지, 아니면 전역 후에 직업을 알선하는 등의 방법으로 해야지 진급으로 보상한다면 조직을 망친다.

진급은 조직문화를 형성하는 방향이다. 현재 우리 군은 내가 모시던 분이 잘 나가면 나도 진급한다는 문화가 팽배하다. 마찬가지로 내가 잘 나가면 나와 같이 근무했던 부하를 진급시키는 것을 당연지사로 여긴다. 이런 문화로 인해 능력이 있는데도 인맥이 없어서 진급을 못하는 경우가 많다. 얼마 전에 국방부장관을 한 분이 대표적으로 그랬다. 그분은 진급에 영향력을 행사할 수 있는 직책에 무려 10년 이상 근무했다. 더구나 그분은 사람이 좋아 자기가 데리고 있는 부하를 거의 다 챙겼다. 그분이 누구를 낙천시키지 않았지만 그분을 모르는 사람은 상대적으로 피해를 받았다고 생각할 것이다. 그분과 같이 근무한 사람은 극소수다. 그분은 진급된 사람에게는 호평을 받았다. 하지만 엄밀히 따지면 이것도 일종의 매관매직이다.

미군은 세계 도처에서 일어나는 전쟁에 대부분 참전한다. 전쟁을 통해서 부하를 평가할 수 있다. 하지만 우리 군은 전쟁에 참전하는 경우는 거의 없다. 해외파병도 전투를 하기 위한 것이 아니라 후방에서 전투근무지원, 재건사업 지원 등을 위해 파병한다. 이것도 매우 소수 인원만이 해외파병을 한다.

이러다 보니 누가 전쟁을 잘할 것인가를 구별하여 진급시키기가 매우 어렵다. 평상시 부대를 잘 관리하는 인원을 진급시키게 된다. 즉 전투형 군인을 진급시키는 게 아니라 관리형 군인을 진급시킨다. 이러다 보니 평시에는 문제가 없는데, 북한의 도발로 인한 교전이 발생하면 조치가 미숙하여 국민으로부터 질타를 받는다. 그러나 이것도 조치를 잘못하는 것이 아니라 통상 과감하게 조치를 하지 못하고 눈치를 보기 때문에 비난을 받는 것이다.

약은 군인, 눈치 보는 군인은 평시에는 똑똑해 보이고 충성스럽지만 비상시에는 자기 몸을 사리기 때문에 책임질 일을 하기 싫어하므로 우물쭈물한다. 하지만 우직한 군인, 정직한 군인은 평시에는 상관에게 살갑게 대하지 않아 충성스럽게 보이지 않지만 비상시에는 몸을 사리지 않고 과감하게 책임지고 조치하여 상황을 주도한다.

그 이유는 간단하다. 정직한 군인은 신념이 있으므로 과감할 수 있으나 약은 군인은 신념이 없기에 눈치를 보는 것이다. 다음은 보직과 진급 관련된 사례이다.

하나 군은 여러 개의 병과와 직능으로 이루어져 있다. 이런 병과와 직능들의 역할이 어우러져 시너지 효과를 발생하여 조직의 전투력을 강하게 하는 것이다. 당연히 여기에 맞게 진급 공석이 할당된다. 하지만 이는 대령까지 적용되고 장군부터 적용되지 않는다. 예를 들어 작전 직능인 경우 현행작전[16] 위주로 진급이 되다 보니 미래 업무가 주축인 육군 교육사령관, 합참 전력본부장에 적합한 장군을 보직하지 못하는 실정이다.

특전사인 경우도 특전사 출신 장교가 장군으로 진급되는 경우가 매우 드물어 대부분 특전사 경험이 없는 장군을 보직한다. 이는 조직 발전에 저해 요소이다. 어떤 사람은 지휘관이 일하는 것이 아니라 아래 사람이 하는 것이니 문제가 되지 않는다고 한다. 그러나 전문성 있는 장군이 지휘관을 하는 것과 그렇지 않은 것의 차이는 매우 크다.

예를 들어서 특전사 인명사고의 원인을 보면 특전사 경험 없는 사령관의 잘못된 지시로 인한 경우가 많다. 민주지산 천리행군 사고, 13여단 도피 및 탈출 훈련 사고가 그 예이다. 특출한 사람을 제외하고 경험 없는 사람이 경험 있는 사람을 이길 수는 없다.

이런 문제를 해결하기 위해서는 3성 장군을 정점으로 피라미드 구조가 되도록 2성 장군, 1성 장군을 진급시켜야 한다. 예를 들어서 특전사의 경우에 사령관을 정점으로 특전사 출신 1성 장군 중에서 최소한 2명은 2성으로 진급을 시켜 경쟁을 통해 1명을 사령관으로 보직하면 된다. 마찬가지로 이를 고려해서 특전사 출신 대령 중에서 4명은 1성 장군으로 진급시켜 경쟁을 통하여 2명을 2성 장군으로 진급시키면 된다. 이렇게 해야 특전

---

16 미래에 발생할 상황에 대비하여 계획을 수립하거나 교육하거나 무기·장비를 구입하는 업무가 아닌 현재 발생하는 상황을 조치하는 업무. 예를 들어 상황실에서 일어나는 일을 조치하는 업무로 보직 명칭은 상황장교, 작전과장, 작전처장, 작전부장, 작전본부장 등이다.

사령관을 정점으로 한 특전 주특기 피라미드가 형성되어 경쟁을 유발하고 조직을 활성화시킬 수 있다. 다른 분야도 3성 장군을 정점으로 정해 놓고 아래 계급을 설계하여 진급시킨다면 조직의 균형된 발전을 꾀할 수 있다 생각된다.

■ 둘 ■ 군에서 대령은 매우 중요한 계급이다. 흔히 대령을 병과장이라고도 한다. 그 이유는 병과 마크를 단 계급 중에 가장 높은 계급이기 때문이다. 장군으로 진급하면 병과 마크를 뗀다. 장군은 자기 병과뿐만 아니라 군 전체를 아우르는 능력이 있다고 보는 것이다. 이런 맥락에서 장군은 통상 단일 병과로 구성되지 않은 전투 병과, 전투지원 병과, 전투근무지원 병과로 구성된 제병협동부대를 지휘한다.

일반적인 대령들은 연대장을 마치고 참모를 하다가 장군으로 진급한다. 어떤 직책을 하느냐가 장군 진급에 결정적으로 작용한다. 즉 장군으로 진급하는 보직이 정해져 있다고 해도 과언이 아니다. 대령 보직 분류는 인사위원회에서 하지만 이미 좋은 보직은 내정되어 있다. 윗분들이 장군 진급을 시키려고 하는 대령을 내정하는 것이다. 직책에 적합한 대령을 보직하는 것이 아니라 장군 진급을 고려하여 보직하는 것이다. 이는 조직을 위한 보직하는 것이 아니라 개인을 위해 보직하는 것이다. 어떤 보직은 장군 진급 자리, 어떤 보직으로 장군 진급이 불가능한 자리라는 인식이 있는 군대가 되면 안 된다. 진급이 안 되는 자리라면 그 자리는 불필요한 자리로 존재할 필요가 없다. 자리는 진급 때문에 만들어진 것이 아니라 필요해서 만든 것이다.

그런데 그 조직에서 진급이 되지 않는다면 누가 그 조직에서 열심히 하겠나? 당연히 그 분야는 낙후된다. 균형된 발전을 못 한다. 절름발이 군대가 된다. 진급되는 직책, 안 되는 직책이 있으면 안 된다. 어느 직책이든 열심히 하고, 능력 있으면 진급이 되어야 한다. 그래야 군대가 균형있게 발전한다.

여기에 더하여 대령은 배우는 자리가 아니다. 활용하는 자리이다. 지금까지의 경력을 고려하여 보직하여야 한다. 그래야 보직을 받는 날부터 바로 업무를 지시하고 감독할 수 있다. 경험이 없는 대령이 생소한 업무를 파악하여 조직을 관리하려면 많은 시행착오를 거친다. 발전은커녕 조직 유지하기도 벅차다. 대령 직위에는 경험자를 보직해야 군대가 활성화된다. 그리고 앞에서 언급한 특정 직책에 편견을 두지 말고 경쟁을 시켜 골고루 진급시켜야 한다.

군은 2007년에 동명부대(레바논 평화유지단)를 창설하여 파병하였다. 이 부대는 특전사 병력이 주축이고 일반부대에서 공병, 어학병, 통신, 의무, 헌병, 수송, 정비 주특기를 선발하여 구성되었다. 이 부대의 초대 지휘관은 포병으로 임명하였다. 잘못된 보직이다. 대령은 병과장이다. 자기 병과만 지휘해야 한다. 동명부대는 특전사가 주축이다. 특전사 출신 중에서 보직할 대령이 없다면 보병 대령으로 보직해야 한다. 그래야 부대의 특성을 알아서 지휘에 문제가 없다. 4대 지휘관도 포병 대령으로 임명하였다. 윗분들이 진급시키고 싶은 대령을 임명한 것이다. 그래서인지 몰라도 그 당시 부대원이 불만이 많았으며 불미스러운 사고도 많았다. 동명부대뿐만 아니라 다산부대[17]도 마찬가지였다. 다산부대는 공병이 주축인 부대로 아프가니스탄에 파견되어 기지 내 비행장 보수, 부대시설 공사, 주변 도로확

---

17 대한민국 제100건설공병단 (**大韓民國 第100建設工兵團**, 상징명칭 : 다산부대〈**茶山部隊**〉)는 2003년부터 2007년 12월까지 아프가니스탄 수도 카불에서 북쪽으로 50km에 위치한 바그람 공군기지에 주둔하였던 대한민국 육군의 공병단이다.(인터넷 검색, 위키백과)

장 공사 등을 담당한 건설공병부대이다. 이런 부대의 장을 기갑 대령으로 임명하는 등 공병이 아닌 병과로 임명하곤 했다. 이 경우도 윗분들과의 친분 관계가 보직에 작용한 것이다.

 대령은 병과장이라고 부를 정도로 그 분야에 최고 전문가이다. 이런 장교를 조직 발전에 활용해야 한다. 윗분들의 친소에 의하여 보직한다면 군의 미래는 없을 것이다.

 셋 우리 군의 4성 장군은 합참의장, 각 군 참모총장, 연합사 부사령관 등이 있다. 이들은 우리 군을 이끌어가는 중추이며 최고위직이다. 하지만 언제부터인가 이들을 보직할 때 일괄 교체한다. 전체를 한 번에 바꾸는 것이다.

 전쟁을 걱정하는 나라에서는 있을 수 없는 일이다. 만약에 적이 도발한다면 어떻게 대응할 것인가? 그것도 군의 중추이며 최고위직이 업무파악이 되지 않아 우왕좌왕할 것이다. 전쟁 초기에 치명적이다.

 내가 중대장을 할 때도 예하 소대장을 한 번에 바꾸지 않는다. 만약에 대대장이 한 번에 바꾸려고 한다면 강하게 항의하곤 했다. 하물며 중대라는 작은 규모도 그럴진대 전 군을 이끌어 가는 대장 계급을 한 번에 바꾼다는 것은 상상할 수도 없는 것이다. 그런데 우리나라는 그렇게 한다. 정치권의 입맛에 따라서 하는 것이다. 우리나라 대통령을 비롯한 정치권은 전쟁이 일어나지 않는다고 생각하는 것 같다. 그러면서 전쟁에 대비하라고 하면 누가 이를 믿겠나? 그저 말만 전쟁, 전쟁한다. 이들의 머리속에 전쟁을 대비하기 위해 대장을 진급시키는 것이 아니라 전리품으로 생각하고 지역 안배, 정파 안배를 통해 정국의 안정만 꾀하는 것 같다. 안타까운 일이다.

넷 군대의 상명하복(上命下服)의 가치관은 유지되어야 한다. 그래야 총탄이 빗발치는 전장 상황에서 임무수행이 가능하다. 그러다 보니 평정표에 단 한번이라도 상급자로부터 부정적인 평가를 받은 인원은 차기 계급으로 진출이 불가하다. 비록 하급자를 평가한 상급자가 나쁜 사람일지라도 그가 기록한 내용은 진급심사에서 유효하다. 이런 이유로 군에서 상급자의 지시에 반발하는 경우는 바로 군생활 끝이라고 보아야 한다. 이런 이유로 상급자의 지시가 부당하더라도 순응하는 사람만이 진급할 수 있다.

계급이 높이 올라간 군인일수록 바른 말을 하기보다는 위 사람의 눈치를 살피고 거슬리는 말을 하지 않는다. 이러다 보니 성격이 올곧고 강직한 사람이 높게 승진하기란 하늘에서 별을 따는 것보다 어렵다. (과거 하나회의 경우는 권력의 힘을 바탕으로 서로 밀어주고 당겨주니 그들은 바른 말을 하여도 진급하였다. 예외인 경우이다.) 이런 이유로 군에서 장군의 반열에 오른 사람들의 성향을 보면 한결같이 둥글둥글한 성격의 소유자이다. 즉 적이 없다.

산이 높으면 골도 깊을 수밖에 없는 것이 세상의 이치이다. 인간도 마찬가지이다. 원만한 사람은 특징이 없다. 비슷비슷한 사람만 모인 조직에 무슨 창의적이 아이디어가 존재하고 발전이 있겠나? 민둥산만 모아두면 아름다운 경관이 있겠나?

이런 점을 개선해야 한다. 그래야 군인의 특징인 용기있고, 정의감 있는 사람이 승진할 수 있다. 이런 사람만이 전쟁을 주도할 수 있다. 예스맨은 평시에는 좋아 보이나 전시에는 쓸모없다. 전쟁은 눈치를 보면서 하는 것이 아니라, 주도권을 갖고 이끌어 가는 것이다. 용기 있는 자만이 주도권을 쟁취하는 것이다. 전쟁이 없다 보니 일어나는 현상인가 보다.

| **부연하는 글** | 미군에 있었던 이야기다. 진급심사시에 어떤 중령이 다른 상급자에게는 모두 좋은 평가를 받았는데, 유독 한 상급자에게만 부정적인 평가를 받았다고 한다. 그래서 심사위원회에서 그 상급자를 확인해 보았더니 오히려 상급자에게 문제가 있음을 확인하여 상급자에게 불이익을 주었다고 한다.

이런 시스템을 도입하는 것도 한 방법일 것으로 생각한다. 그래야 상급자도 개인감정으로 함부로 하급자를 평가하지 않을 것이고, 하급자도 떳떳하게 행동할 수 있을 것이다.

다섯 1공수여단장 시절에 소령에서 중령 진급심사에 참여했다. 처음 3일간의 자료판단 위원장을 거쳐서 2주간에 걸친 갑반 추천위원장[18]과 최종 선발위원[19]을 하였다. 중령은 대대장을 하는 계급으로 육군의 중견 간부를 선발하는 것이다. 3일간의 자료판단 단계는 육본 진급심사 담당부서(진급과)에서 정리한 각 개인에 평가자료를 검토하고 진급 공석에 대한 타당성을 검증하는 것이다.

먼저 진급과에서 작성한 평가자료의 공정성을 확인하기 위하여 무작위로 진급 대상자를 선정하여 원천 자료와 비교하는 작업을 거친다. 혹시 고의든 아니든 있을 수 있는 자료의 왜곡 여부를 확인하는 것이다. 또한 각 개인의 처벌 기록이나 소문 등을 확인하여 진급추천위원회에 자료 제공 여부를 결정한다. 음주운전, 보안사고 등 처벌 기록이 있다고 하더라도 어

---

18 추천위원회는 갑, 을, 병반으로 구성되며 위원은 5명이다. 갑반 위원장은 준장, 위원은 대령 / 을반 위원장은 대령, 위원도 대령 / 병반 위원장은 대령, 위원은 중령으로 구성된다.
19 선발위원회는 5명으로 구성된다. 추천위원장 3명에 3성 장군인 위원장, 2성 장군의 부위원장을 추가로 편성한다.

찔 수 없는 경우라고 판단하여 선처가 필요하다고 판단하면 기록을 진급추천위원회에 넘기지 않는다.

    나는 자료판단 위원장을 하면서 32명의 처벌 기록을 진급추천위원회에 넘기지 않았다. 나중에 확인한 결과 그중에서 26명이 최종 진급자로 선발된 것이다. 한순간의 실수로 군에 기여할 수 있는 인재에게 진급의 기회를 주지 않는 것은 너무 가혹하다고 판단해서 그렇게 했다. 나는 지금도 내가 한 처사에 대하여 자부심을 가지고 있다. 나는 그들이 누군지 단 한 명도 모른다. 하지만 아마 그중에서 2명 이상은 장군이 되지 않았을까 생각해 본다.

    자료판단 위원회가 끝난 후에 갑반 진급추천위원장을 하였다. 진급 대상자들에 대하여 위원들이 토의를 하여 만장일치가 되어야 최종 진급선발위원회로 추천한다. 만장일치가 되기는 쉽지 않다. 위원장인 내가 적절히 주도하여 이끌어 갔다. 하루는 한 명의 위원이 내게 불만을 제기하였다. '지난번 토의 때는 경력보다도 명석한 두뇌가 중요하다고 하더니 왜 오늘은 야전에서 고생한 경력이 중요하다고 하느냐?' 하면서 위원장인 나의 변덕스러운 기준을 타박하였다. '나는 훌륭한 인재를 선발해야 하는 목표가 변한 적이 없다. 단지 목표를 달성하는 방법만 변화하였다.'라며 나를 변호하였다.

    인간을 평가하기란 정말 너무 어렵다. 가능한 평가요소를 계량화하여 점수화하지만 그것이 최선일 수는 없다. 그러하기에 심사위원회가 있는 것이다. 점수로만 한다면 심사위원회는 불필요할 것이다. 인간을 점수로만 평가한다면 이는 행정편의주의적이고 너무 무책임하다. 앞에서도 언급했듯이 점수로만 한다면 26명은 진급이 불가능하였다. 그런 세상은 너무 삭막할 것이다. 인간은 누구나 실수한다. 완벽할 수 없다. 이 점을 늘 생각하면서 조직을 운영해야 할 것이다.

복지·사기·군기

나는 1984년에 미국 포트 브래그에 위치한 미특수전학교[20]에서 고공강하 교육을 받았다. 출근해서 교육을 받고 퇴근하면 독신자 숙소에서 생활했다. 여러 명이 같은 방을 쓰는 한국의 독신자 숙소와 달리 개인 생활이 보장된 호텔 수준의 주거시설이었다. 여름이었는데 내부는 에어컨이 가동되어 전혀 더위를 느끼지 못했으며 복도에 제빙기와 자판기가 있어서 항상 시원한 음료를 먹을 수 있었다. 또한 언제나 사용 가능한 세탁기와 건조기가 있었다. 일과 후 먹고, 자고, 혼자만의 편안한 시간을 보내기에 아무런 문제가 없었다.

훈련 중에 미군들은 비를 피하지 않았고 땀을 흘려도 잘 닦지 않았고 흙탕물이 있어도 그냥 지나갈 정도로 훈련에 열중하였다. 처음에는 이상하게 생각했으나 독신자 숙소의 시설을 보고 그 이유를 알았다. 복지시설이 잘 되어 있으므로 샤워할 걱정, 세탁 걱정이 없었다. 한국에서 독신자 숙소에서 생활했지만 여름에 에어컨, 제빙기도 없었다. 당연히 세탁기, 건조기가 없으니 옷이 더럽혀지면 난감했다. 밤에는 더워서 잠을 설쳤다. 당연히 주간에 훈련에 열중할 수 없었다. 인간에게는 식욕, 수면욕, 성욕이 가장 큰 욕구이다. 이것을 해결해 주는 것이 복지이다. 그 당시 계급은 중

---

[20] 존 F. 케네디 특수전센터학교(John F. Kennedy Special Warfare Center and School(JFKSWCS)는 미국 육군의 특수부대에 지원할 수 자격을 충족한 군인 중에서 선발된 인원을 교육 및 훈련하는 조직이다. 미국 육군 특수작전사령부와 똑같이 노스캐롤라이나주 포트 브래그에 학교 시설과 조직 본부를 두고 있다.(인터넷 검색, 위키백과)

위였지만 크게 깨달았다. 군인의 복지가 잘 되어야 강한 훈련을 할 수 있어 강군이 된다는 사실을….

특수임무단장으로 부임하여 예하 대대를 둘러보았다. 그 당시만 해도 영내에서 생활하는 병사나 부사관은 침대가 아니라 침상에서 잠을 자는 시절이다. 개인 생활이 보장되지 않았다. 가장 왕성한 성욕을 가진 나이에 욕구를 해결한 장소가 마땅치 않은 것이다. 화장실이 유일한 혼자만의 시간을 가질 수 있는 곳이었다. 대대장에게 지시하여 화장실 시건장치를 철저하게 해주고 항상 청결을 유지하도록 했다. 또한 화장실에 잡지를 비치하여 여유를 갖고 볼일을 볼 수 있도록 했다. 대대에 방문 시 나는 꼭 화장실을 점검하였다. 그러자 눈치 빠른 대대장이 지휘하는 화장실의 잡지가 점점 수위가 높아져 갔다. 마찬가지로 복지회관 노래방도 시건장치를 하도록 했다. 애인이 면회를 오면 오랜만에 만났으니 얼마나 좋을까? 하지만 둘만이 있을 공간은 노래방이 유일한데, 시건장치가 없으니 항상 불안할 수밖에 없다.

이런 나의 조치를 참모들이 반대하였다. 불미스러운 일이 일어날 수 있다는 것이다. 나는 다음과 같이 설득하였다. 남녀관계는 본인이 결정할 문제이다. 누가 관여할 문제가 아니다. 본인들이 병사라 생각해 봐라. 죄를 지어 감옥 생활을 하는 것도 아닌데 인간의 욕구를 제한하는 것은 말도 안 된다. 그리고 내 부하가 스트레스가 없어야 사고도 없고 강한 군대가 된다. 걱정된다면 일단 해보고 문제가 발생하면 원위치하자며 설득했다. 다행히 아무런 문제 없이 영내에서 생활하는 병사와 부사관들이 너무나 좋아했다.

1공수여단은 특전사 모체부대로 가장 오래된 여단이며 전통 있는 부대이다. 또한 대통령 한 분을 포함하여 많은 여단장이 승승장구하였다. 하지만 명성에 비하여 복지시설이 열악했다. 간부 목욕탕이 한 개뿐이고, 복지회관 시설도 열악하여 독신자 숙소 1층을 사용하고 있었다. 나는 부임 후에 제일 먼저 취한 것이 복지시설을 보완하는 것이었다. 신축 중의 독신자 숙소의 일부 설계를 변경하여 목욕탕을 포함하였다. 목욕탕 사우나실을 계단식으로 하여 많은 인원이 사용하도록 했다. 또한 매점을 독신자 숙소로 옮기고 넓은 매점을 식당으로 개조하였다. 계급사회인 군의 특성을 고려하여 별도의 방을 많이 만들었고, 홀에는 칸막이를 높여서 서로 보이지 않게 하였다. 하급자들이 편하게 식사할 수 있도록 한 것이다. 또한 메뉴도 젊은 병사와 가족들의 기호에 맞추어서 개발하였다. 더구나 계급 고하를 막론하고 누구나 예약만 하면 어디든지 사용할 수 있도록 했다. 복지회관 휴무일을 없애는 대신에 근무병은 월 1회 2박3일 외박을 보장하였다. 목욕탕도 24시간 운영하였으며 병사들도 간부 목욕탕을 같이 사용하게 하였다. 더구나 개인별 맥주 1캔을 판매하여 목욕 후에 마실 수 있도록 조치했다.

특전사 특성상 운동을 많이 한다. 당연히 목욕탕을 많이 사용한다. 여기서는 상하도 없다. 벌거벗은 인간이다. 나는 꼭 병사들이 많이 올 때에 목욕탕에 갔다. 처음에는 눈치를 보던 병사들이 시간이 지나자 똑같은 벌거벗은 인간으로 대하였다. 이런 점이 너무 좋았다. 군인이 된 기쁨이 이것이다.

1공수여단에는 야외 수영장이 있었다. 그것도 정규코스 수영장이다. 평일 부대원 수영 훈련장으로 사용하기도 하지만 휴일에는 군인 가족에게 개방하였다. 주변에 민간 초등교, 중등교가 많이 있었다. 군인 자녀가 다니다 보니 학교 친구들이 수영장에 들어오고 싶어 했다. 나는 군인 자녀가 친구들 데리고 같이 오면 수영장을 사용할 수 있도록 조치하였다. 군인 자녀를 부러워하도록 한 것이다.

　서울에 있는 부대의 군인 아파트는 평수가 대개가 18평 이하이고 건축한 지가 오래되어서 인근 민간인 아파트와는 비교도 되지 못한다. 군인 자녀들은 학교 친구들에게 창피했을 것이다. 어느 정도 성장한 청년이라면 아버지가 군인임이 자랑스러울 수 있으나 어린 나이에는 겉으로 보이는 아파트, 차량, 옷 등이 중요하다. 부대 지휘관이 이를 해결해 줄 수는 없다. 하지만 그 외에 부대에서 무료로 지원할 수 있는 연병장을 비롯한 운동 시설, 강당(영화 상영), 복지회관 등이 있다면 개방해 주는 것이 좋겠다. 군대는 평일에는 훈련이 대부분의 일과이다. 따라서 훈련장 이외에는 대부분 사용하지 않는다. 이런 시설들이 인근 주민들에게 필요하다면 보안에 문제가 되지 않는 범위 내에서 개방하는 것도 좋을 듯하다.

　복지가 좋으면 당연히 부대원의 사기는 높아진다. 훈련도 열심히 하고 매사에 긍정적이고 부대에 대한 애착심이 높아진다. 사기가 곧 군기다. 부대의 사기가 높아야 군기 있는 부대가 된다는 뜻이다. 나는 이 말을 잘 이해하지 못했었다. 여단장을 하면서 비로소 깨달았다. 부대원의 사기가 높아지니 내가 원하는 방향으로 부대를 지휘할 수 있었다. 최고의 군기는 총탄이 날아오는 전장에서 지휘관의 명령에 따라 죽음을 무릅쓰고 전진하는 것이다. 우리는 군기라고 하면 평상시 말 잘 듣고, 예의 잘 갖추는 것으로 아나 그것은 군기가 아니라 복종이다. 진정한 군기란 전장에서 죽음을 무릅쓰고 국가와 국민을 위하여 목숨을 바치는 것이다. 이스라엘 군대는 평상시에는 복장도 엉망이고 예의도 없다. 하지만 전시에 용감하게 목숨 걸고 싸운다. 이스라엘 군대가 군기가 없다고 어느 누구도 이야기하지 않는다.

　전시에 목숨 걸고 싸우는 용감한 군대를 만들려면 평상시에 복지를 잘

해주어 사기 높은 부대를 만들어야 한다.

군인다운 행동

　군은 전쟁을 위해서 필요한 조직이다. 평시에는 강한 군대를 육성하여 적이 넘보지 못하도록 하고, 전쟁이 발발한다면 반드시 승리해야 한다. 이를 위해서 군인은 여기에 초점을 맞추어 행동해야 한다. 개인의 복장, 언행은 물론이거니와 제도, 정책 등도 전시를 기준으로 만들어져야 한다. 그러나 전쟁을 치른 지 두 세대가 지나다 보니 군대가 점점 평시 군대로 변하여 군대다운 야성을 잃어가는 현실이다.
　박○○ 장군이 육군참모총장을 하였을 때다. 비가 와도 군인은 우비를 입지 우산을 쓰지 못하였다. 규정에는 없지만 어느 군대나 우산을 쓰지 않는다. 총장은 이것이 부당하다고 생각하여 비가 올 때 군인도 우산을 쓸 수 있게 규정을 개정하였다. 군인이 우산을 쓰지 않는 것은 경찰이 우산을 쓰지 않는 것과 마찬가지로 국민의 생명과 재산을 보호하는 직업이므로 주변을 관찰할 수 있어야 하기 때문이다. 또한 두 손이 자유로워야 무기를 사용할 수 있다. 그래서 우산 대신 우비를 착용하는 것이다. 규정을 개정하여 우산을 쓸 수 있게 한 조치는 대표적인 평시 위주의 생각으로 군인의 본분을 잊는 행위이다. 참모총장이 이럴진대 보통 군인이야 오죽하겠나.
　전투복과 관련된 이야기이다. 앞에서 언급했듯이 우리 군의 약점은 전쟁을 기획해 보지 못한 것과 군대를 스스로 건설하지 못한 것이다. 그러다 보니 군인 복장부터 무기까지 전부 미군을 모방하였다. 그러나 이제는 경제력도 있고 나름대로 노하우도 안다고 생각하여 스스로 개발하는 경향이 있다. 전투복을 우리 실정에 맞게 개발하여 디지털 무늬로 개선하였다.

여기에서는 미군 복장을 그대로 모방하지 않고 우리 나름대로 편리성을 추구하였다. 대표적인 것은 단추 대신 자크나 벨크로(일명 찍찍이)로 하였다.

나는 여기에 많은 문제가 있다고 보았다. 전시를 고려하지 않고 평시에 착용이 편리하게 만든 것이다. 자크는 전시 야전에서 고장이 나면 개인 수선이 곤란하다. 통풍이 되지 않아 여름에 매우 덥다. 단추는 팔이 골절되었을 때 손목의 단추와 상의의 단추를 연결하여 팔을 고정할 수 있다. 벨크로는 탈부착 시에 소음이 발생된다. 일반부대는 괜찮으나 적지에 침투하는 수색대대, 특공연대, 특전사는 소음으로 인해 적에게 발각될 우려가 있다. 하지만 우리 군은 이런 것을 고려하지 않고 편리성에 맞추어 제작하였다. 육군대학 교수부장 시절에 일본 대령 2명이 대학을 방문하였다. 1명은 보병 장교이고, 1명은 특수부대 장교였다. 겉보기에 복장은 같았으나 자세히 보니 특수부대 장교는 벨크로를 사용하지 않고 단추를 사용하였다. 역시 일본은 군사적인 면에서 우리보다는 한 수 위임을 알 수 있었다.

언제부터인가 영내에서 생활하는 병사들이 목욕탕에 샴푸, 린스, 바디워시 등을 갖고 온다. 나는 군 생활을 거의 특전사에서 했기에 이게 못마땅하였다. 내가 육사에서 생활할 때는 일절 사제품은 사용할 수 없었다. 나는 그것이 옳다고 생각한다. 적어도 영내만큼은 군에서 지급하는 동일 물품을 사용해야 한다. 필요하다면 지급을 해주어야 한다. 나는 과감하게 사용하지 못하게 하면서 다음과 같은 취지로 설명하였다. 사제물품을 사용하게 되면 병사 개인 간의 빈부 차이가 나타난다. 위화감이 조성될 수 있다. 또한 군인이 외모(피부)에 신경을 쓰면 어떻게 위장크림을 바르고 햇볕 아래서 맨얼굴로 훈련할 수 있겠나. 특전사는 기동타격대로 언제 출동할지 모른다. 출동하여 매복한다면 샴푸, 린스, 바디워시는 몸에서 냄새를

풍겨서 적에게 쉽게 발각된다. 전투를 생각한다면 못 하게 하는 것이 맞다. 하지만 지금의 군 풍토는 이런 것이 너무나 자연스럽다. 누구도 이런 점을 고민하지 않는다. 오랜 평화가 가져다준 폐단이다.

현재는 그런 간부가 거의 없지만, 과거에는 야전 군인이 머리에 기름(포마드)을 발랐다. 방독면을 착용했을 경우 기름이 방독면 고무에 묻으면 고무가 상한다. 그래서 야전 군인은 머리에 기름을 바르면 안 된다. 또한 콧수염은 길러도 되지만 턱수염은 기르면 안 된다. 턱수염이 있으면 방독면 착용 시에 틈이 생겨 가스가 들어올 수 있기 때문이다.

이런 점이 전쟁을 해본 군대가 갖고 있는 지식이다. 하지만 우리 군대는 이런 점에 취약하다. 지금이라도 이런 점을 고려하여 장비·물자를 개발해야 한다.

우리 군대는 전·후방을 막론하고 부대를 방문한 기념으로 주는 물품이 요대, 체육모, 문진, 넥타이, 수저 등이며 심지어는 골프공을 주는 지휘관도 있다. 어느 하나 군대다운 냄새가 나지 않는다. 마찬가지로 전쟁에 필요하지 않은 물건이다. 민간인에게 주는 기념품이야 위 품목도 괜찮다. 하지만 군인에게 주는 기념품으로는 합당하지 않다. 아마 민간인도 군을 방문했으니 군대다운 물품을 받는 것을 더 좋아할 것이다. 예를 들어 군용 시계, 비상용 나이프, 여행에 필요한 손톱깎이 세트, 비상용 구급 세트 등이 좋을 듯하다.

육군대학 교수부장 시절 대대장, 연대장을 대상으로 하는 교육에서 위와 같은 이야기를 하였다. 어느 날 육군본부를 방문하였는데 의전과장 대령이 뛰어와서 육본 기념품으로 비상용 나이프를 제작했다고 자랑하였다. 내 생각을 실천해 준 후배 장교가 있다는 것이 고마웠다. 나는 지금도 그 나이프를 꼭 휴대하고 다닌다.

부하의 체면

특공연대 정보과장(소령) 시절의 이야기이다. 우리 부대는 농촌지역에 위치하여 거주민이 많지 않은 시골이었다. 가끔 토요일 연대장, 대대장, 연대 참모들은 테니스 운동 후에 주변 식당에서 식사했다. 주변에 변변한 식당이 없어서인지 우리가 가는 식당에서 면장을 만날 때가 많았다. 연대장은 면장과 친하여 형님 동생으로 호칭하는 사이가 되었고 가끔은 면장이 우리 자리로 와서 어울리기도 했다. 그때 면장은 대대장과 참모들에게 반말투로 이야기하여 매우 기분이 좋지 않았다. 그래도 연대장과 친하니 참고 지나칠 수밖에는 없었다. 면장의 이런 행동을 제지할 수 있는 사람은 연대장뿐인데 모질게 면장에게 말하기가 그래서인지 연대장은 그렇게 하지 않았다.

대대장 시절 자주 가는 식당이 있었는데 식당 주인과 자주 만나다 보니 친해지고, 동석하다 보니 형님 동생으로 호칭하게 되었다. 어느 날 지역대장과 참모들과 같이 식사하러 갔는데, 주인이 동석하게 되었다. 여기서 주인은 나와의 친분을 내세워 지역대장과 참모들에게 반말하였다. 나는 과거 특공연대에서 정보과장을 하던 기억이 떠올랐다. 부하 장교들의 기분이 어떨까? 생각하니 마음이 언짢았다. 주인에게 형님이라 호칭을 생략하고 '사장님! 저와 단둘이 있을 때는 형님이지만 여기서는 사장입니다. 이 사람들은 군복을 입은 현역 장교입니다. 반말하시면 안 됩니다.' 그러자 사장은 본인이 실수했다고 하면서 지역대장과 참모들에게 사과의 의미로 무릎을 꿇고 술을 따랐다. 그 후부터 사장과 더 가까워졌다. 후문이지만 사장은 친분이 있는 군인을 만나서 72대대장은 참모총장 될 사람이라고 말했다고 한다.

참모장 시절 이야기이다. 모내기철에 비가 오지 않다가 비가 오는 날이면 이때를 놓치지 말고 모내기를 해야 한다. 그뿐만 아니라 농가에 일손이 부족할 경우 군수나 면장이 지원을 사단장이나 내게 직접 전화하여 요청하였다. 그 당시 대민 지원 담당관은 작전처 중사였다. 사단장이나 참모장이 직접 대민 지원을 요청받아 담당관에게 지시하는 것은 업무절차에 맞지 않을 뿐만 아니라 담당관을 무시하는 처사라 생각했다. 나는 인근 군청과 면사무소 대민 지원 담당 공무원을 초청하여 회의를 하였다. 이 자리에 작전처 대민 지원 담당관 중사를 참석시켰다. 나는 공무원들에게 중사를 소개하면서 앞으로는 담당관 중사에게 직접 대민 지원을 요청하도록 했다. 대민 지원 권한은 전적으로 담당관 중사에게 있다고 못을 박았다. 그 후부터는 사단장이나 내게 요청하는 일이 없이 담당관을 통하여 요청하였다. 당연히 담당관 중사는 신이 나서 적극적으로 대민 지원 업무를 수행하였다. 그 후부터는 밝고 웃는 얼굴로 나를 대했다.

1공수여단장 시절 이야기이다. 부대 연병장이 잔디로 되어 있으며 축구장이 2개는 나왔다. 서울 시내이다 보니 부대 인근 민간인 축구동아리에서 잔디 축구장을 사용하고 싶어 했다. 당연히 마을 유지들이 내게 직접 전화를 걸어서 부탁하였다. 휴일만 되면 민간인 축구 동아리 팀들이 부대에 들어와서 연병장을 사용하였다. 문제는 여단장이 승인했다는 핑계를 대고 조심스럽게 행동하지 않았다. 위병소 근무자나 일직 근무자들은 마을 유지들과 여단장이 친한 것으로 판단하고 불미스러운 행동을 보아도 제지하지 못하였다. 여단장인 나로 인해 부하들이 비굴하게 행동하는 것이다. 그렇다고 비어 있는 연병장을 빌려주지 않는 것도 '구더기 무서워서 장을 못 담는 격'이다. 이러한 것을 고민 중 민간 축구동아리에 부대 현역들도 있는 것을 알았다. 그래서 나는 연병장 사용 건의를 반드시 현역을 통해서 하도록 하였고, 현역이 책임지고 인원을 파악하여 출입시키고 연병장, 화장실 등 부대 시설물을 사용하도록 하였다. 그러다 보니 민간인들도 행동을 조심하였다. 동아리에 우리 부대원이 없는 경우는 부대원을 가입시키려고 했다. 당연히 우리 부대원은 동아리 내에서 금값이 되었고 계급 고하를 막론하고 민간인들이 깍듯하게 대하게 되었다.

지휘관은 자칫 잘못하면 자기의 권위만 생각하지 부하의 권위를 생각하지 않는 경향이 있다. 예를 들어 민간 친구들이 부대를 방문할 경우 자기가 높게 보이게 하려고 부하를 낮추는 경우가 있다. 이는 매우 잘못된 처사이다. 평시에 부하를 비굴하게 하면 전시에 부하는 비겁하게 행동한다. 평시 명예를 높여 주어야 전시에 용감한 군인이 된다.

부하의 자존심

특공연대 중대장 시절 이야기이다. 경기도 파주 봉일천에 주둔하는 미 보병여단의 예하 대대훈련평가를 지원하기 위해 우리 중대가 미군 여단에 배속되었다. 평가를 주관하는 미 여단장은 북한의 비정규전 부대 침투에 대비하는 예하 대대 경계상태를 확인하고자 했다. 이를 위해 우리 중대는 대항군으로 북한의 비정규전 부대의 역할을 하는 것이었다. 대항군의 임무는 대대 지휘소를 침투하는 것이었다. 나는 1개 팀[21]에 임무를 부여하였다. 작전 당일 임무수행 후 복귀 시간이 지났으나 작전팀이 돌아오지 않았다. 나는 걱정이 되어서 침투 목표인 미군 대대 지휘소를 방문하였다. 확인

---

21 특공연대 팀의 정식 명칭은 소대였음. 특전사 1개 팀과 동일하게 13명으로 편성되어 팀으로 호칭함.

한 결과, 우리 작전팀은 팬티만 입고, 진흙을 몸에 바르고 포복으로 침투하였다고 한다. 하지만 미군은 야간 투시경으로 작전팀의 침투를 추적 감시하다 울타리를 넘는 순간에 생포하였다고 하였다.

여기서 훈련이 종료되도록 교전규칙이 되어 있으나 이를 모르는 미군 헌병 소대장이 원칙대로 계속하여 전시 포로로 취급한 것이다. 팀원들은 미군에게 잡히어 포박되어 무릎을 꿇고 있었다. 나는 매우 화가 났다. 우리 부대원이 무릎을 꿇고 있다는 것 자체가 참을 수 없었다. 나는 미군 헌병 소대장에게 항의하고, 주변에 있는 카투사들을 야단쳤다. 작전팀이 영어를 할 줄 모르면 카투사들이 통역을 해주어야지 미군에게 일방적으로 포로 취급을 받게 한 것을 나무랐다. 나는 미군 헌병 소대장에게 이를 사과하지 않으면 더 이상 훈련 못 한다고 으름장을 놓았다. 이런 상황을 보고받은 미군 여단장이 다음 날 일찍이 여단 정보참모를 내게 보내 사과하도록 했다. 나는 이해한다고 하면서 사과를 받아 주었다.

하지만 부하들이 받았을 모멸감을 생각하니 화가 났다. 이를 풀어 주어야겠다고 생각했다. 나는 여단장이 주관하는 아침 회의에 갔다가 미 상황장교 중위에게 야간에 계획된 한국군 작전에 동행하자고 제의했다. 미 상황장교는 상급자에게 허락을 받고 동행하기로 하였다. 나는 작전팀장에게 단단히 일러 놓았다. 원칙대로 작전에 임할 것, 특히 두엄이 있거나 도랑이 나오면 무조건 포복으로 이동할 것 등 엄격하게 통제하여 여유를 주지 말라고 했다. 복귀시 상황장교가 녹초가 되어 있어야 한다고 했다. 훈련을 마치고 새벽에 작전팀이 복귀하였다.

나는 중대원 전부가 작전을 성공적으로 마치고 복귀하는 작전팀을 환영하는 차원에서 도열하여 맞이하였다. 그리고 중대원 앞에서 작전 소감을 이야기하도록 했다. 그 자리에서 미군 중위는 너무 힘들었다고 했다. 다음부터는 절대로 작전에 동참하지 않겠다고 손사래를 치면서 부대로 복귀했다. 나는 그 당시 중대장이지만 어린 나이이다. 어찌 보면 치기(稚氣)일 수도 있다. 하지만 내가 그렇게 함으로써 부하들의 상한 마음을 조금이라도 풀어 준 것에 만족했다. 지금 생각해 보면 내가 지나치게 미군을 상대로 자존심을 내세운 것 같다. 그 당시는 우리 군이 미군에 비해 상대적으로 허접해서 더욱 자존심이 상했던 것 같다. 미안할 따름이다.

과감한 실전 같은 훈련

특전사는 위험한 훈련이 많다. 강하훈련, 헬기레펠, 암벽훈련, 수영훈련 등 자칫 실수하면 생명을 잃을 수도 있고 부상의 위험이 항상 도사리고 있다. 그러다 보니 핑계만 있으면 훈련을 취소하려는 경향이 있다.

특임단장 시절에 있었던 이야기이다. 그 당시 특임단 임무 중에는 요인 납치가 있었다. 육군본부를 목표(적 지휘부)로 상정하여 훈련을 계획하였다. 대규모 인원이 헬기에 탑승하여 패스트 로프(Fast Rope)[22]로 강하 후, 목표를 무력화시키고 요인을 색출 납치하여 다시 헬기로 탈출하는 훈련이었다. CH-47(치누크), UH-60(블랙호크) 헬기 등 12대가 참가하였다. 전시 경우에는 아스팔트 도로를 헬기장으로 사용하면 된다. 하지만 훈련이라 민간 차량을 통제할 수 없어 쓰레기 매립지에 살수차로 물을 뿌리고 헬기장으로 사용하였다. 바람이 많이 불고 약간의 눈도 내렸다. 그러자 이를 핑계로 항공대대장이 훈련을 취소해야 한다며 내게 건의하였다. 나는 야

---

[22] 헬기에서 굵은 로프를 타고 지상으로 착륙하는 기술. 헬기 레펠보다 신속한 하강이 가능하여 특수부대가 적 시설물에 침투할 경우에 사용하는 기술

간에는 바람이 잦으니 괜찮다고 하며, 연 1회 하는 훈련을 취소할 수 없다고 강행하였다.

　헬기장으로 사용하는 매립지는 물을 뿌렸음에도 불구하고 헬기 이·착륙 시에 먼지가 많이 날렸다. 육군본부를 목적지로 하여 지휘기가 맨 마지막으로 이륙하려고 하였으나 엔진에 문제가 발견되었다. 지휘기는 항공대 대장이 조종하였는데, 직접 점검하여 수리 후 본대보다 10분 늦게 출발하였다. 계룡산 근처에서 본대와 합류하여 작전에 참가할 수 있었다. 침투는 실전과 동일하게 패스트 로프로 육군본부에 착륙하여 지휘소를 무력화시키고 요인을 납치하였다. 하지만 탈출은 가로수, 가로등을 비롯한 건물이 산재하여 위험성이 있으므로 현장에서 로프를 이용한 공중탈출[23]을 하지 않고 인근 비상활주로로 이동하여 헬기에 탑승하여 복귀하였다. 하지만 CH-47 한 대가 시동이 걸리지 않았다. 할 수 없이 고장 난 헬기에 탑승하기로 된 인원은 차량으로 복귀하였다.

　만약에 헬기로 이동 중에 엔진에 문제가 발생했다면 어떻게 되었을까? 생각만 해도 아찔했다. 헬기는 먼지에 매우 취약하다. 매립지를 헬기장으로 사용한 것이 문제였다. 헬기 한 대만 이·착륙할 경우에는 문제가 되지 않으나 여러 대가 이·착륙할 경우에는 먼지가 상호 간섭하여 엔진에 먼지가 침투한 것이다. 1980년 주이란 미국 대사관 인질구출 작전(Operation Eagle Claw, 독수리 발톱 작전)에 투입된 헬기도 사막의 모래폭풍으로 인한 고장이 발생했다. 과감하게 훈련을 강행했지만 자칫하면 불상사가 날 뻔했다. 이를 통하여 소중한 경험을 한 것이다.

　오산 공군기지에 기습 강하하여 기지를 확보하는 훈련을 미 특전부대

---

[23] 헬기에서 로프를 내려주면 로프에 매달리거나 헬기에 탑승하여 탈출하는 기술

와 연합으로 계획하였다. 이는 전시에 북한 후방지역 비행장을 확보하여 이를 거점으로 대규모 보병부대를 투입하고자 하는 작전이다. 미 특수작전 비행단 소속의 MC-130을 이용하여 5개 팀이 기습 강하로 공군기지를 확보하는 훈련이다. 본 훈련은 수요일이었는데, 월요일 예행연습을 하기로 하였다. 하지만 비가 와서 예행연습을 취소하였다. 그러자 같이 훈련하기로 한 미 특전사 연락장교 소령이 훈련 취소에 대해 내게 항의하였다. 비가 와도 강하하는 데는 문제가 없는 게 사실이다. 하지만 집단 강하에 사용하는 T-10 낙하산(일명 '멍텅구리' 낙하산이라고 하여 조종이 되지 않아 집단강하시 낙하산끼리 충돌을 방지할 수 있음.)이 충분하지 않아 예행연습에 사용하여 비에 젖으면 이틀 후에 본 훈련에는 사용할 수 없어 취소한 것이다.

    나는 미 연락장교에게 설명하였으나 미 연락장교는 내가 훈련의지가 부족하여 훈련을 취소한 것으로 생각하는 것 같았다. 나는 부아가 치밀어 본 훈련에 동참하여 강하하겠다고 했다. 그러자 연합훈련인 만큼 미군도 내 계급에 맞추어 참모장 대령[24]이 강하하기로 했다. 첫 패스 1번 강하는 내가, 2번은 미 참모장이 하기로 계획하였다. 날이 어두워지기 시작하는 EENT를 기해서 MC-130 항공기로 기습 강하하는 것이다. 당일에도 비가 부슬부슬 내리고 안개가 끼었지만 첫 패스는 무사히 강하하였다. 다음 패스가 문제였다. 나는 착륙하여 강하 통제소로 갔다. 거기에는 특전사 부사령관(준장)과 미 특전사 요원이 강하를 통제하고 있었는데, 안개로 인하여 기지 내 안전지역인 활주로로 진입하지 못하자 강하 명령을 내리지 못하

---

24 데이빗 맥스웰(David Maxwell) 대령은 미국 특수부대 출신으로 전역 후 랜드연구소(Rand Corporation)에서 선임 연구원으로 활동하였음.

고 있었다. 몇 번에 걸쳐 시도하였으나 계속 안전지역으로 들어오지 못했다. 점점 안개가 심해지고 빗줄기가 굵어져 미 강하 통제관이 내게 훈련을 취소해달라고 건의했다. 하지만 나는 거절하고 계속 시도하라고 했다. 한참이 지나자 다시 취소해 달라고 건의하여 그때는 내가 슬며시 양보하면서 미 조종사의 조종 능력을 나무랐다. 나는 그때 미군에게 한 방 먹인 것 같은 마음에 우쭐해졌다.

1공수여단장 시절 이야기이다. 특전사는 분기에 1회 이상 강하훈련을 의무적으로 해야 한다. 야외훈련이 있을 경우에 이와 병행하면 된다. 그렇지 못한 경우에는 별도로 강하만 한다. 이러할 경우 우리 부대는 야간강하는 하지 않고 주간강하만 하였다. 그러자 사령관은 내게 실전과 같은 야간강하를 하도록 종용하였다. 나는 사령관에게 다음과 같이 말씀드렸다. "야간강하가 실전과 유사한 것은 사실입니다. 하지만 야간강하를 하면 환자가 너무 많이 발생합니다. 야간강하는 훈련 효과가 없습니다. 야간강하를 많이 한다고 해서 숙달되지 않습니다. 어차피 전시에는 야간 맹목강하를 하므로 재수 없으면 다칠 수밖에 없습니다. 훈련은 효과가 있어야 하는 것인데, 효과가 없으므로 한 번 정도만 경험하면 됩니다."

강한 훈련도 좋지만 효과 없는 훈련이 있다. 야간강하가 대표적인 훈련이다. 그리고 겨울에 추위를 극복하기 위한 알통구보, 강물에 입수, 졸음을 참기 위한 주야 전도훈련 등이 그런 것이다. 생리적인 현상을 훈련으로 극복할 수 없는 것이다.

건제(建制)를 유지한 해외파병

우리 군은 해외 파병 시에 특정 부대를 모체로 하여 부족한 특정 병과,

주특기를 전군에서 선발한다. 모체부대에 해당 병과, 주특기가 있는 경우에도 능력이 미흡하다고 판단되면 교체하는 경우가 흔하다. 특임단장 시절 이야기다. 특임단에서 1개 지역대를 선발하여 해외 파병하도록 결정되었다. 대대장, 참모들과 토의 결과 장○○ 소령이 지휘하는 지역대를 파병하기로 하였다. 장○○ 소령은 지역대원 중에 일부 인원을 교체해 줄 것을 건의해 왔다. 나는 거절하면서 장○○ 소령을 나무랐다. '못난 부하는 없다. 지휘관에 따라서 부하는 변한다. 만들면 된다. 교체된 인원은 앞으로 군 생활을 어떻게 할 수 있겠나?' 부대 화합을 위해서라도 건제를 유지하라고 했다. 더구나 파병으로 끝나는 게 아니라 6개월 후에 다시 복귀한다. 복귀 후에 부대 지휘도 고려해야 한다.

군의 전투력은 무기, 장비, 병력과 같은 유형전투력과 사기, 교육훈련, 정신전력과 같은 무형전투력으로 이루어졌다. 단순히 보이는 것이 전투력이 아니다. 보이지 않는 지휘관에 대한 믿음도 중요하다. 우리 지휘관은 본인을 위해서라면 부하를 버릴 수 있는 사람이라고 생각한다면 어느 부하가 충성을 다하겠는가? 지휘관은 부하 한 명, 한 명을 귀하게 여겨야 한다. 한 명이라도 낙오한다면 지휘에 실패했다고 생각해야 한다. 마찬가지로 전방부대에서 GOP 부대를 교대할 경우, 일부 병사를 교체하는 경우가 다반사다. 이는 재검토해야 한다. 건제를 유지하여 투입하는 게 옳다. 당장 편의를 위해 소탐대실(小貪大失)하는 우를 범해서는 안 된다.

해외 파병시 대부분 부대는 초기 몇 개월은 문제없이 보낸다. 그러나 중반이 지나고 나면 사고가 자주 발생한다. 해외라는 특수성도 있지만 원인은 부대원끼리 화합에 균열이 생겨서이다. 원래부터 같이 생활하던 동료가 아닌 경우가 많다. 또한 귀국하면 헤어질 인원들이다. 서로 마음이 맞지 않을 경우, 참을 이유가 없다. 자기 하고 싶은 대로 한다. 서로 갈등하는 것이 당연하다. 그러다 보니 파병 후에 모임을 하는 경우는 거의 없다. 단지 파병 지휘관이 출세 가도를 달릴 경우, 이해관계에 의해 모이는 경우가 있을 뿐이다. 해외 파병부대는 매우 중요하다. 이들 부대는 최대한 건제를 유지해서 보내야 한다. 그래야 단결되어 전투력 발휘가 가능하다. 현재와 같이 선발하여 급조한다면 개인은 훌륭할지 모르나 조직력은 약한 부대가 된다.

해외 파병시 해외 파병부대는 전투 임무가 아니라 민사작전 위주로 임무를 수행하기 때문인지 모르겠다. 윗분들은 이를 알기에 방치하지 않나 하는 생각도 해본다.

또한 해외파병부대의 구성인원 일부를 선발하여 구성하다 보니 파병하는 데 시간이 걸린다. 경우에 따라 완전성보다 신속성이 중요한 경우가 많다. 급히 파병이 요구되는 긴박한 상황에 우리 군은 신속히 대처하지 못하고 실기(失機)할 경우가 있다. 이를 방지하기 위해서라도 평시에 완전성을 갖춘 부대를 구비할 필요가 있다. 언제, 어디라도 필요한 곳이 있다면 신속히 투입이 가능한 부대를 상설 구비하는 것이 국익에 도움된다. 그런 부대는 개인 휴가도 제한하여 즉각출동 태세를 유지하여야 한다. 그러기 위해서는 항상 두 개의 부대를 준비하여 상호 교대로 임무수행이 가능하도록 해야 한다.

부대 편성 원칙

교육사에서 중령으로 근무할 때 이야기이다. 그 당시 이라크에 파병을 결정하여 자이툰 사단을 편성하였다. 베트남 전쟁 이후 처음으로 전투부대를 파병하는 만큼 관심이 많았다. 자이툰 사단에 전훈분석단을 포함하여 파병할 것을 교육사는 요구하였다. 사단이 수행한 전투를 분석하여 차후에 교리·교육훈련·장비편성 등에 반영할 수 있기 때문이다. 육본은 전훈분석단을 사단장 예하에 편성하였다. 이는 잘못된 편성이다. 전훈분석단이 사단장 통제하에 있으면 객관적이고 올바르게 전투를 분석할 수 없다. 사단장 입맛에 맞게 보고서를 작성할 수밖에 없는 것이다. 정부의 감사원이 독립기관인 이치와 같다.

평시 보병사단 예하 연대는 전시에 전투지원·전투근무지원부대를 받아서 전투단이 된다. 단위부대에 대를 붙이는 것은 분대, 소대, 중대, 대대, 연대까지이다. 그 이상은 여단, 사단, 군단으로 명칭한다. 그 이유는 다음과 같다. 대(隊)는 단(團)을 이루는 구성단위라는 의미가 강하며 통상 같은 병종으로 구성된다. 즉 분대, 소대, 중대, 대대, 연대는 보병 위주로 편성된 부대이다. 이 부대들은 전투부대 위주로 구성되어 독립작전을 수행하기 곤란하다. 그런 이유로 전시 연대에 전투지원·전투근무지원부대를 지원하여 독립작전이 가능하도록 전투단을 편성하는 것이다. 단(團)은 영어로 Group으로 표기한다. 무리를 짓는다는 의미로 군사적으로 여러 병종들이 집합을 말한다. 제병협동부대라는 의미이다. 하지만 제병협동부대가 아니라도 단을 붙이는 부대가 있다. 포병여단, 포병단, 공병여단 등이 그 예이다. 이 부대는 단일 병과로 구성되었지만 성격이 상이한 여러 부대가 모여졌으므로 단을 붙인 것이다. 원칙적으로 단은 전투지원·전투근무지원 기능을 갖춘 제병협동부대에 붙이는 것이 타당하다.

우리 군은 기계화 사단 예하 부대를 여단이라고 한다. 이는 잘못된 명칭이다. 위에서 말했듯이 여단이란 명칭은 전투지원·전투근무지원부대를 갖추고 있어서 독립작전이 가능한 경우에 붙이는 것이 맞다. 하지만 우리 군의 기계화 사단 예하 여단은 그런 기능을 갖추고 있지 않다. 우리 군에서 독립작전 능력을 갖고 있는 여단은 기갑여단과 특전여단이다. 이런 여단은 전투지원·전투근무지원부대를 갖고 있다. 여단장도 병과 마크를 달지 않는 장군(준장)이 한다. 제병협동부대이기에 그렇게 하는 것이다.

단순히 단(團)만 붙인 부대도 있다. 특수임무단, 전투단 등이 그 예이다. 이 경우도 단은 Group을 의미하는 것으로 여단보다는 작은 규모의 부대일지는 몰라도 전투지원·전투근무지원부대를 갖고 있다. 단순히 여단보다 작은 부대라는 개념으로 사용하는 것은 잘못된 것이다.

언제인가 교육사에서 부대 편성에 관한 책을 발간한다고 하여 나는 많은 기대를 했다. 하지만 발간된 책에는 부대 편성의 원칙이나 명칭 사용 등 실무에 필요한 것은 없었다. 단지 우리 군의 편성과 관련하여 변천사가 수록되었다. 이제는 우리 군도 스스로 군사력을 건설해야 한다. 그러기 위해서는 왜 분대는 10명으로 편성하는지, 사단은 왜 3개 보병연대, 1개 포병연대로 구성하는지 등을 알아야 한다. 그래야 장차 필요한 부대를 우리가 디자인하여 창설할 수 있을 것이다.

균형된 병과(兵科) 발전

전쟁하기 위해서는 육군, 해군, 공군, 해병대가 균형되게 발전하여야 전 영역(지상, 공중, 해상)에서 적을 격퇴할 수 있다. 마찬가지로 지상에서 승리하기 위해서 육군의 부대들도 균형되게 발전되어야 시너지 효과를 발휘할 수 있다. 육군은 기능별로 전투·전투지원·전투지원근무 3개 기능으로 구분하기도 하고, 지휘통제·기동·화력·정보·지속지원·방호 6대 기능으로 구분하기도 한다. 이런 구분은 전시 지휘통제본부(Command And Control Center: 指揮統制本部)를 운영할 때에 기초가 되기도 하고, 작전

명령을 작성할 때 이를 기초로 부대를 구분하기도 한다. 미래 전투양상을 고려하여 비전을 작성할 때는 지휘통제·기동·화력·정보·지속지원·방호 6대 기능을 기준으로 한다. 이와 같이 필요에 따라서 기능별로 구분하여 사용하지만 평시 부대를 기능별로 편성하여 운영하지 않는다.

평시 부대는 보병사단을 기본으로 하여 군단, 지상작전사령부, 인사·군수·교육사령부 등 각종 지원사령부로 운영한다. 기본이 되는 건제부대인 보병사단은 23개 제병과가 모두 편성된 제병협동부대이다. 사단은 특수병과(7개), 전투병과(8개), 기술병과(4개), 행정병과(4개) 모두를 아우르고 있다. 하지만 사단장은 통상 보병, 포병, 기갑 출신 장군이 지휘하며 그 외 병과 출신이 보병사단을 지휘한 경우는 거의 없다. 인사·군수사령부도 통상 보병, 포병 출신이 지휘한다. 육군참모총장의 경우도 마찬가지다.

장군으로 진급하면 군복에서 병과 마크를 제거한다. 그 이유는 장군은 전 병과를 지휘·통솔할 수 있는 능력이 있다고 보며, 어느 병과에 치우치지 말하는 뜻이다. 이와 같은 논리로 보병, 포병, 기갑 출신 장군은 사단장이 되어 타 병과를 지휘·통솔하는 것이다. 마찬가지로 이런 논리라면 보병, 포병, 기갑 출신이 아니라도 사단을 지휘할 수 있어야 한다. 하지만 우리 군의 현실은 그렇지 못하다.

교육사 교훈차장으로 근무할 당시에 병과발전TF 장으로 임명되어 육군의 23개 병과를 연구하였다. 그때 느낀 점이 많았다.

병참·병기·수송 병과는 군수(전투근무지원, 지속지원) 기능 병과이다. 이들 병과의 최고 계급은 준장이다. 그 이상으로 진급은 제한된다. 군수지원단은 통상 군단급을 지원하는 군수부대로 정비대대, 보급대대, 수송대대로 구성된다. 대대장은 병참·병기·수송병과 중령이 한다. 하지만 단장은 보병 군수직능 장교가 한다. 병참·병기·수송 병과는 중령이 거의 최고 계급이다. 병참·병기·수송 병과는 대령이 되어도 지휘관 보직이 거의 없다. 2년에 한 명이 대령에서 준장으로 진급한다. 그야말로 하늘에서 별 따기이다. 이럴진대 병참·병기·수송 병과 장교들의 근무 의욕이 있겠는가? 이런 점을 시정해야 한다. 그 당시 이를 시정하려고 육참총장에게 보고하였으나 다음으로 미루었다. 현재는 병참·병기·수송 병과를 군수로 통합하여 운영한다고 한다. 바람직하게 되었다. 다행이다.

군악대는 최고 계급이 중령이었다. 그것도 내 기억에 전군(全軍)에 5명이었다. 그중에 누구 한 명이 전역하여야 군악 소령 중에서 중령으로 진급한다. 마찬가지로 희망이 없다. 더구나 군악은 부관병과에서 관리한다. 군악대는 음악을 통하여 부대의 사기를 고양하는 것을 목적으로 한다. 이런 차원이라면 정훈 병과에 소속되는 것이 타당하다. 하지만 의식행사 시에 부관병과에서 군악대를 통제한다는 이유로 부관병과에서 군악 장교를 통제한다. 그러면서 군악 장교는 오로지 군악대 업무만 한다. 부관병과가 담당하는 행정업무는 주지 않는다. 당연히 대령 이상으로 진급할 기회가 없다.

조직에 벽이 많으면 좋지 않다. 전문성도 중요하지만 전문성이라는 칸막이를 넘나들 수 있도록 해야 한다. 그래야 시너지 효과를 발휘할 수 있으며 누구나 희망을 갖고 근무할 수 있다. 내가 갈 길이 정해져 한계가 있다면 누가 열심히 하겠는가? 육군참모총장도 특수병과 출신 장군이 할 수 있어야 한다. 비율에 맞게 적절하게 돌아가면서 균형있게 해야 골고루 병과가 발전하며, 이에 따라 균형되게 조직이 발전한다.

위 이야기와는 다소 차원이 다른 이야기이지만 부연하고자 한다. 교육사 교리부에서 중령 실무자 때 이야기다. 그 당시 군 인사법과 육군규정에는 헌병 병과가 행정병과로 되어 있다. 그러다 보니 헌병 병과 출신 예비역은 예비군 지휘관 시험에 응시할 수 없었다. 전투병과로 분류된 보병, 포병, 기갑, 정보, 공병, 항공, 정보통신, 방공 등만이 가능했다. 군 인사법과 육군규정에서는 병과를 구분할 때, 전장에서 역할(기능)과는 무관하게 전투·기술·행정·특수 병과로 구분하였다.

헌병 병과가 예비군 지휘관 시험에 응시하기 위해서는 헌병 병과가 최소한 포병, 정보, 공병, 정보통신, 방공처럼 전투지원 기능을 수행한다는 근거가 필요했다. 그 당시 헌병은 사고 예방, 범죄 수사를 주로 하였다. 이는 행정적인 업무이다. 하지만 전시 헌병은 후방지역 작전을 담당한다. 즉 부대를 방호하는 전투임무를 수행하고 낙오자를 통제하는 임무도 수행한다. 이를 고려했을 때, 헌병 병과는 전투병과가 될 수 있다. 교범에 이런 내용을 포함시켰다. 그래서인지 그 후부터 헌병도 예비군 지휘관 시험에 응시할 수 있었다.

군대는 전쟁하는 조직

군의 임무는 평시에는 강군을 양성하여 적이 얕보지 못하도록 함으로써 전쟁을 억제하는 것이며, 만약 적이 오판하여 전쟁을 일으킨다면 적을 무찌르고 승리하는 것이다. 평시든 전시든 군은 전쟁에 대비하는 조직이라는 뜻이다. 따라서 군의 인력, 조직 등 모든 제도는 전쟁에 초점을 맞추어야 한다. 하지만 우리 군은 전쟁을 경험한 지 오래되었다. 6·25전쟁과 베트남전 이후 근 50년 동안 전쟁을 경험하지 못했다. 그러다 보니 우리 군은 전쟁에 대한 준비보다는 평시 안정적인 부대운영에 매진하는 경향이 있다. 따라서 훈련(전투)을 잘하는 간부보다는 부대관리를 잘하는 간부를 높게 평가한다.

　육군대학에서 교수부장으로 근무할 때 이야기이다. 소령 중에서 우수한 장교를 선발하여 1년간 교육하는 지휘참모과정을 신설하였다. 이를 담당할 전술담임교관으로 육군에서 10명의 우수한 중령 장교를 선발하여 육군대학으로 보직하였다. 보직신고를 받는 날, 나는 이들에게 다음과 같이 이야기하였다. '육군에서 매우 우수한 장교를 선발하였다. 여러분도 그렇게 생각하고 자부심을 가질 것이다. 그러나 나는 그렇게 생각하지 않는다. 육군에서 평시 부대관리를 잘하는 최고의 행정적인 장교를 선발했다고 생각한다.' 듣는 중령들이 매우 기분이 언짢았을 것이다. 하지만 그게 사실이다.

　군인은 전쟁을 통하여 평가받아야 한다. 아무리 평시 훌륭하다는 평가를 받아도 전쟁에서 패배한다면 아무런 의미도 없다. 나는 이들에게 전투감각을 길러주기 위해서 매일 2시간 이상의 교육과 토의를 진행하였다. 평시 군 생활 중에 생각해 보지 못한 것을 주제로 주고 토의하도록 했다. 예를 들어 '군인이 머리를 짧게 깎는 이유', '6하 원칙과 작전명령 서식과 관계', '전장기능과 병과와 관계' 등…. 전투경험이 없는 군대는 교육기관이 중요하다. 학교기관에서 과거 전쟁을 통해서 얻은 교훈인 전쟁사, 전투사례, 교리 등을 가르친다. 학교기관 칠판이 평시 전투 현장이다.

　군에 많은 인명사고가 발생한다. 위험한 훈련 중에 사망하는 사건도 있고, 부대생활에 적응하지 못한 병사가 자살하거나 총기사고를 일으키는 경우가 있다. 이를 수사하는 과정에서 군이라는 폐쇄성으로 인하여 투명하지 못하게 진행되는 경우가 많았다. 그러다 보니 국민으로부터 불신이 있는 것도 사실이다. 그런 이유로 2022년에 군의 사망사고를 민간 경찰에서 수사하기로 군사법원법을 개정하였다. 이는 군은 전시를 대비하는 조직이라는 특성을 고려하지 않고 개정한 결과이다.

군 지휘관은 전시에 총탄이 빗발치듯 쏟아지는 전장에서 부하들이 죽을 줄 알면서도 이들을 공격 앞으로 돌진시켜야 한다. 그래야 임무를 완수하여 나라를 지켜낼 수 있다. 이런 특성을 가진 군대는 평시에도 다른 조직과 다를 수밖에 없다. 즉 지휘권을 확립해 주어야 한다. 부대원이 경찰에 의해 수사받는 것을 보고만 있는 지휘관을 부대원이 존경할 리 없다. 비록 사망사고, 성범죄 사고에 국한한다고 하지만 경찰에 의해서 수사받고 심지어는 지휘관도 경찰에 의해 수사를 받는다면 어떻게 지휘권이 확립될 것인가? 군사경찰(헌병)을 믿을 수 없다면 이를 믿을 수 있는 조직으로 만들어야지 이들에게서 임무를 박탈하는 것은 잘못된 것이다. 가장 신뢰받아야 하는 군대를 믿지 못하여 민간 경찰에 의해 수사를 받는 군대라면 해체하는 것이 정답이다.

군대는 전시를 기준으로 제도가 만들어져야 한다. 한 10년 전으로 생각된다. 전방 경계부대에서 사고가 많이 발생하자 전방 경계부대에 우수한 병사를 배치하기로 방침을 세웠다는 보도를 보았다. 이는 전쟁을 위해 존재하는 군대의 임무를 망각하고 임시방편으로 세운 정책이다. 평시에는 경계부대가 중요할지 모르나 전시에 전방 경계부대는 철수하는 부대이다. 격렬한 전투가 벌어지는 전투지역 전단에 배치되는 부대에 우수 자원을 배치하는 것이 맞다. 평시 부대운영을 고려하여 경계부대에 우수한 병력을 배치하는 것은 군대의 임무를 망각한 처사이다.

또한 군에서 총기로 인한 자살사고가 많이 일어난다고 실탄 없이 보초 근무를 서게 하고, 내무반의 총기는 쇠사슬로 연결하여 시건 장치를 해둔다. 이는 매우 잘못된 것이다. 이런 군대라면 차라리 없는 것이 나을 것이다. 스위스는 개인 집에서도 총을 보관한다. 이스라엘 군대는 외출 중에도 총을 휴대한다.

신병 교육대와 인권

　2005년 논산 훈련소에서 일어난 일이다. 훈련병들이 화장실을 청소하지 않았다는 이유로 훈련병들에게 인분을 찍어 먹도록 한 사건이 있었다. 이것으로 인하여 중대장은 구속되었고 국방장관이 대국민 사과한 사건이다. 이는 분명히 비인격적인 사건으로 있어서는 안 될 일이다. 그 후에도 훈련소는 비인격적인 처사로 인하여 문제가 발생하였고, 언론에 보도됨으로써 국민의 관심 대상이 되었다. 그러다 보니 현재 논산 훈련소를 비롯한 신병교육대는 일반부대보다도 좋은 여건에서 생활한다.

　신병교육대는 20년을 자유로운 생활을 하던 민간 청년을 군대라는 조직에 동화시켜 군인을 만드는 곳이다. 그것도 단지 5주 만에 민간인을 군인으로 변화시켜야 한다. 많은 시간이 있다면 천천히 논리적으로 이해시켜 군인답게 행동하도록 하면 된다. 하지만 시간이 많지 않다. 18개월 근무하고 제대하는 병사들에게 군인이 될 때까지 마냥 기다릴 수 없다. 당연히 충격요법으로 고통스러운 훈련과 행동을 강요한다. 그렇게 함으로써 과거 민간인의 생활방식을 잊고 새로운 군대문화에 적응하도록 한다. 세뇌(洗腦)를 시키는 것이다. 뇌를 세척하여 과거를 잊게 하는 것이다. 당연히 비인간적인 요소가 따른다. 그래야 짧은 시간에 군인을 만들 수 있다. 신병교육대의 이러한 역할을 이해하여야 한다. 하지만 현재 신병교육대는 여론의 뭇매를 맞다 보니 그렇지 못한 조직이 되었다. 이것도 하나의 포퓰리즘의 병폐이다.

　군대이건 일반조직이건 조직의 목표가 있다. 조직의 목표를 달성하도록 하는 것이 합목적적이고, 이것이 합리적이다. 신병교육대에서 심하게 얼차려[25] 교육한다고 해서 이것을 비합리적이고 비인간적으로 보면 안 된다. 일반부대보다 신병교육대의 얼차려 교육이 심할 수 있다. 신병교육대의 목표와 일반부대의 목표가 다르기 때문이다. 인간이 태어날 때부터 하늘로부터 부여받은 천부인권은 같다. 하지만 천부인권의 범위 내에서 일반 인권은 시간과 장소에 따라서 다르게 적용하는 것이 합리적이고 합목적적인 생각이다. 예를 들어서 전쟁을 수행하는 군인은 국가와 국민을 위해서 살인한다. 하지만 이는 죄가 되지 않는다. 전쟁에서 적을 죽이는 것은 내 국민의 천부인권을 지키기 위한 행동이기 때문이다.

군인과 운동

군대에 갔다 온 사람은 술 먹는 자리에서 축구 이야기를 한다. 여자들이 제일 싫어하는 이야기라고 한다. 이렇듯이 군대 생활의 기억에는 훈련보다도 축구, 족구 등 운동을 기억한다. 그만큼 군대에서는 운동을 많이 한다. 충분한 오락시설이 없기 때문이기도 하고 운동은 체력을 단련시켜주기에 지휘관이 권장하기도 한다.

통상 많이 하는 운동은 상호 협력이 필요한 단체운동이다. 축구, 족구, 농구, 배구 등이 그런 운동이다. 이런 운동은 개인이 잘한다고 승리하는 것이 아니다. 팀워크가 중요하다. 서로 합심해서 시너지 효과를 만들어야 승리할 수 있다. 전투도 마찬가지다. 개인보다는 분대, 소대, 중대가 중요하다. 아무리 개인이 잘해도 합심하지 않으면 전투에서 패한다. 이런 이

---

25 군의 기율을 바로잡기 위하여 상급자가 하급자에게 비폭력적 방법으로 육체적 고통을 주는 일.

유로 과거부터 지휘관들은 평상시 병사들에게 단체운동을 많이 하도록 했다. 하지만 언제부터인가 일부 지휘관들이 마라톤, 자전거 타기, 헬스, 등산 등 개인운동을 권장한다. 아마 단체운동은 몸싸움이 많아 환자가 발생해서 권장하지 않는 것 같다. 이는 구더기 무서워 된장을 담지 않는다는 속담과 같이 잘못된 처사이다.

군대에서 운동을 비롯한 모든 활동의 기준은 전투에 도움이 되냐 아니냐를 기준으로 해야 한다. 특히 마라톤, 자전거 타기, 헬스, 등산 등은 개인 건강관리에 도움이 되는 운동이지 전투에 필요한 협동정신을 키우지는 않는다. 오히려 이들 운동은 개인 웰빙을 위한 것이다. 전투에 방해된다. 예를 들어 헬스를 통해서 멋지게 몸을 가꾸었는데, 햇볕 아래에서 훈련하여 얼굴을 태우고 싶겠는가? 뽀얀 얼굴에 위장크림을 칠하고 싶겠는가? 더 나아가 전투에서 죽고 싶겠는가? 전투는 자기희생을 전제로 한다. 자기를 귀하게 여기면 목숨을 버리기 싫은 것이다. 개인운동의 단점은 여기에 있다. 개인운동은 조직보다 개인을 중요시하는 운동이다. 개인을 사랑하는 운동이다. 전투처럼 전우를 위해 희생을 요구하지 않는다. 하지만 단체운동은 개인의 희생을 전제한다. 전투에서와 같이 조직을 위해 양보해야 하고 희생해야 한다. 개인운동을 많이 하다 보면 점점 개인주의 성향으로 된다. 전투에서 전우의 생명을 아랑곳하지 않고 자기만을 위하는 비겁한 군인이 될 수 있다. 군 지휘관은 이 점에 유의하여 부대를 지휘해야 한다.

어느 장군은 스키를 좋아하여 사단장 시절에 겨울만 되면 부하들과 스키장을 갔다고 자랑했다. 참 철없는 장군이다. 또 어느 장군은 자전거 타기를 좋아하여 휴일이면 참모들과 위수지역을 벗어나면서까지 자전거를 탔다고 자랑했다. 한참 모자라는 장군이다. 본인만 하면 된다. 왜 부하들까지 동원하여 군대를 개인주의자로 만들어 망치는가? 과거 장군들은 전쟁을 해보았다. 군인이 무엇인지를 안다. 전쟁하지 않은 장군도 전쟁을 해본 선배들에게 배워서 그대로 했다. 하지만 요즈음은 전쟁을 해본 군인도, 전쟁을 아는 군인도 없다. 그러다 보니 생각 없는 철없는 짓을 많이 한다. 참 어처구니가 없다.

전투모와 베레모

사단 참모장을 할 때이다. 특전사뿐만 아니라 일반부대도 베레모를 착용하는 것에 대한 찬반 투표를 위해 식당 앞에 투표 판을 설치해 놓았다. 나는 반대 칸에 딱지를 붙였다. 이를 보던 부사단장님이 내게 '참모장은 특전사 출신이라서 반대하지' 하셨다. 하여간 대부분 찬성하였다. 그 후 얼마 지나지 않아서 육군 전체가 베레모를 착용하는 것으로 정책이 바뀌었다. 아직 이 제도는 유지되고 있다. 하지만 이는 재고되어야 한다. 그 이유는 다음과 같다.

베레모는 햇빛을 가려주지 못한다. 그래서 대부분 베레모를 쓰는 부대는 선글라스를 쓴다. 또한 비와 바람도 막아주지 못한다. 전투모를 썼을 경우는 고개만 숙이면 비와 바람을 막을 수 있다. 그뿐만 아니라 야간 산악행군시에 앞사람이 나뭇가지를 치고 갈 경우에 나뭇가지가 뒷사람을 친다. 이 경우 전투모를 착용하고 고개를 숙이면 나뭇가지가 얼굴을 때리는 것을 막을 수 있으나 베레모는 불가하다. 전시에는 철모를 착용한다고 하지만 그렇지 않을 경우도 있다. 더욱이 문제가 되는 것은 베레모를 멋있게 착용하기가 어렵다는 것이다. 통상 특전사에 근무하는 부사관들도 3년 이상 근무해야 베레모를 멋있게 쓴다. 육군 참모총장이 언론에 나올 경우가 있다. 이 경우 제대로 베레모를 쓴 것을 본 적이 없다. 우스꽝스러운 모습이다. 이럴진대 병사들이 베레모를 쓴 모습이야 어떠하겠는가? 보이스카우트 대원이 베레모를 쓴 모습이다. 군인다움이란 찾아볼 수 없다. 그러다 보니 외출시에 병사들이 베레모를 쓰지 않고 다닌다. 베레모 착용으로 군기 빠진 군인을 만드는 것이다. 조속히 베레모 착용을 폐지하고 전투모를 착용하도록 해야 한다.

특전부사관(副士官)

특전사 대대장 시절 이야기이다. 육군 전체에서 특전사 출신 대령, 장군이 드물었다. 여단 참모장(대령), 여단장(준장)으로 보직할 수 있는 장교를 구하기 힘든 정도였다. 특전사 출신은 대부분 특전사 내에서 장기간 근무하다 보니 경력 관리가 잘 되지 못해 진급에 어려움을 겪기 때문이다. 특전사령관으로 부임한 정○○ 장군은 이를 안타깝게 여겨 신임 대대장을 선발하면서 대령 진급이 가능한 경력 좋은 보병출신 중령을 많이 영입하였다. 내 동기생도 선발되어 나와 같은 시기에 대대장을 하였다.

어느날 동기생이 내게 불평을 하였다. "특전사 폭파주특기 부사관이 곱셈·나눗셈도 못 한다. 어떻게 전시 폭약량을 계산하나, 참 한심하다."라면서 특전사 부사관들의 무식함을 탓하였다. 나는 특전사 출신으로 듣기 싫었다. "특전팀에 폭파주특기 부사관이 3명이다. 1명만 계산할 줄 알면 된다. 2명은 계산하는 인원이 아니고 설치조다. 계산만 하면 뭐하냐. 설치하는 것이 중요하지." 맞다. 특전부사관은 계산할 줄 모른다. 하지만 위험을 무릅쓰고 적지에 들어가 폭약을 설치하는 것을 잘한다. 특전사는 그런 군인이다. 좋은 두뇌도 중요하지만 특전부대원에겐 강한 체력, 불굴의 투지, 희생정신이 더 중요하다.

특전부대 발전 세미나에 참석하면 늘 나는 이 점을 이야기한다. 머리 좋은 부사관을 선발하는 것도 중요하지만 충성스럽고, 용감하고, 강건한 사람을 특전부대원으로 선발해야 한다. 그래야 임무 수행이 가능하다. 머리 좋은 사람은 1명만 있어도 된다. 마찬가지로 군인이 그런 직업이다. 머리 좋은 사람은 평시에 용감하고 잘하지만, 전시에는 비겁할 소지가 많다. 머리가 좋기 때문에 죽음을 알고 두려워하기 때문이다. 군인은 머리보다는 용감함이 먼저이다.

특전부사관 대부분은 학창 시절에 공부를 잘하지 못했다. 그러다 보니 학력을 중시하는 우리 사회에서 늘 열등의식을 갖고 있다. 나는 특전부사관에게 다음과 같은 이야기를 하여 자존감을 높여 주었다.

"여러분은 여자 친구와 해변으로 놀러 가서 동네 깡패들이 행패를 부리면 싸워서 여자 친구를 지켜줄 힘도 있고 용기도 있다. 하지만 공부만 잘해서 좋은 대학 나온 사람들은 절대로 여자 친구 지키지도 못하고 본인도 못 지킨다. 힘도 없고 용기도 없다. 내게 딸이 있다면 여러분에게 준다. 힘도 없고 용기도 없는 놈에게 못 준다. 집안에 강도가 들어와도 마찬가지다. 법이 멀리 있는 곳에는 힘이 있어야 나와 가족을 지킬 수 있다."

우리는 평화로운 시기에 태어나 좋은 시절에 살고 있다. 폭력을 행사할 일이 없다. 또한 폭력이 발생하면 경찰이, 법이 해결해 준다. 하지만 원시사회에서는 힘만이 나와 가족을 지켜주는 시대였다. 또한 전쟁시에도 마찬가지로 힘만이 생존을 보장한다. 무법천지가 되는 것이다. 공부만 잘하는 사람들은 지금과 같이 좋은 시대에서는 생존이 가능하지만 전쟁, 무법천지 혼란이 오면 생존 자체가 불가능할 수도 있다. 지금 시대에 태어나서 공부 잘한다고 우쭐해서는 안 된다. 공부는 못 해도 자기와 가족을 스스로 지킬 수 있는 특전부사관은 존경받을 충분한 가치가 있다.

특전부사관과 관련된 또 다른 이야기이다. 내가 특전사에서 감찰참모를 할 때이다. 육사 2년 선배가 특전사에 근무 경험이 없음에도 불구하고 ○공수여단 여단장으로 보직되었다. 몇 달이 지나서 나는 ○공수여단을 방문하였다. 그러자 여단장은 나를 잘 만났다고 생각하고 특전부사관들에 대하여 불평을 늘어 놓았다. 자기가 부대를 순시하다가 주임원사에게 한 나무를 가리키며 저 나무는 모양이 좋지 못하다고 했다고 한다. 그러자 다음날 주임원사가 그 나무를 베어버렸다고 하였다. 그러면서 특전사는 왜 그리 단순하냐며 무슨 말을 못 하겠다고 했다. 나는 그 선배에게 그것을 모르고 여단장을 나왔냐고 핀잔을 주면서, 특전부사관들의 특징에 대하여 다음과 같이 이야기해 주었다. 특전부사관은 지휘관이 명령하면 선과 악을 따지지 않고 무조건 수행합니다. 심지어는 옥상에서 뛰라고 해도 죽을 줄 알면서, 아니면 몰라서인지 하여간 뛰어내립니다. 이 점을 꼭 기억하고 지휘하여야 합니다.

위의 이런 특징으로 인해서 광주사태가 발생했는지도 모른다. 그 당시 투입됐던 부사관을 만나보면 지휘관 명령에 의해서 행동했고, 살기 위해서 행동했음을 알 수 있다. 그들에게는 자기의 행동이 어떤 영향을 미친다는 것을 알지 못했을 것이다.

| **부연하는 글** | 우리는 부사관이든 장교든 선발할 때, 성장하면서 고생한 사람이 군 생활에 잘 적응할 거라 생각한다. 하지만 그렇지 않다. 고생한 사람은 어느 정도까지는 열심히 한다. 그러다가 고난이 닥쳐서 이를 극복하기 어렵게 되면 쉽게 자기의 자존심을 포기하고 불명예스럽게 행동한

다. 하지만 좋은 집안에서 유복하게 자란 사람은 고난이 닥쳐도 자존심을 버리지 않고 명예를 지키려고 한다. 좋은 가정에서 자란 사람은 처음에는 강해 보이지 않으나 궁극에는 강하다. 일반화하기는 곤란하지만 이 점을 참고해야 한다.

사(여)단장의 권한

1여단장 시절의 이야기다. 2009년 신종플루가 크게 유행했다. 그러다 보니 육군참모총장 지침으로 병사의 외출(박)을 제한하는 조치가 취해졌다. 가능한 휴가도 보내지 않았다. 하지만 우리 여단은 큰 제한을 두지 않고 외출(박), 휴가를 실시하였다. 어느날 사령관님으로부터 전화가 왔다. 왜 1여단은 병사들 휴가를 실시하느냐는 질책성 문의였다. 나는 사령관님에게 이렇게 말하였다. "우리 부대원 중에 영외거주 간부가 60%입니다. 부대가 서울 시내에 위치하여 퇴근을 시내로 합니다. 영내에 거주하는 병사들만 외출(박), 휴가를 보내지 않는다고 신종플루가 예방되지 않습니다." 하였다. 전방부대는 영외거주자들이 퇴근을 해도 시골이라 일반인과 접촉이 많지 않으므로 그야말로 신종플루로부터 보호된다. 이런 부대에서 병사들이 외출(박), 휴가를 가면 많은 사람과 접촉하고 귀대하므로 신종플루에 감염될 우려가 있다. 하지만 시내에 위치한 부대는 이미 영외거주자들이 퇴근하여 일반인과 접촉이 많다. 이런 부대에서 병사들의 외출(박), 휴가 통제는 무의미하다. 사령관님은 더 이상 내게 이 건에 대하여 말씀하지 않았다.

사(여)단장은 부대관리, 교육훈련에 관하여 전권을 갖고 있다. 군단장급 이상 작전사령관은 작전에 관하여 예하 지휘관에 강력한 명령권을 행사할 수 있지만 부대관리, 교육훈련에 대하여 간섭할 수 없다. 단지 권유만 할 뿐이다. 과거 ○○사단장이 병사들에게 상호 존댓말을 사용하라고 지시하였다. 참모총장은 이를 못마땅하게 여겼으나 사단장에게 직접적으로 지시를 철회하라고 명령하지 못했다.

나는 육본 지휘관 회의에 참석할 때마다 장군들의 소신 없는 행동에 실망하곤 했다. 본인들의 권한에 있는 사안도 참모총장에게 지침을 내려달라고 했다. 예를 들어서 오전에 1시간 체력단련을 하고 일과를 시작하고 싶은데, 육본에서 지침이 없다면서 참모총장 지침을 내려 달라고 했다. 사(여)단장의 권한을 몰라서인지, 아니면 책임을 회피하려고 하는지 모르겠지만 하여간 장군답지 않은 행동을 했다.

권한과 책임은 같이 다닌다. 동전의 양면이다. 권한이 있으면 책임도 있다. 작전 외에 부대에서 일어나는 사고는 전적으로 사(여)단장 이하 지휘관의 책임이다. 왜냐면 사(여)단장에게 작전 외의 대부분 권한을 주었기 때문이다. 하지만 우리나라는 작전 외에 일어난 사고를 군단장, 참모총장에게 책임을 물은 적이 많다. 이는 잘못된 것이다. 과거 ○○사단 의무대에서 가혹행위로 병사가 사망하였을 때, 이에 대하여 지휘 책임으로 사단장은 물론이거니와 군단장, 참모총장이 사임하였다. 이런 일이 비일비재(非一非再)하니 군단장, 참모총장이 사(여)단장 권한인 부대관리, 교육훈련도 간섭할 수밖에 없다. 당연히 사(여)단장도 책임지지 않으려고 참모총장에게 의존하는 현상이 발생한다. 벼룩 잡으려 초가삼간 태우는 격으로 군의 근간을 흔드는 잘못된 조치이다. 군의 사(여)단장은 장군이다. 장군은 자기가 지휘하는 부대의 교육훈련과 부대관리에 대하여 소신있게 권한을 행사하고 결과에 대하여 책임지면 된다.

법령은 대한민국 국민이면 누구나 지켜야 하는 것이며, 이를 어기었을 경우 형사처벌을 받는다. 하지만 규정은 특정한 조직의 효율적인 운영에 필요한 규칙을 정한 것으로 조직 내부에서 합의한 것이다. 장군은 군대 조직을 이끌어 가는 자이다. 군대를 이끌어 가기 위해 장군이 규정을 제정한다. 이런 입장에 있는 장군이 규정에 얽매이는 것은 자승자박(自繩自縛)이다. 현 상황을 판단하여 규정을 따라서는 일을 그르친다고 판단하면 이를 어길 수 있는 것이 장군이다. 이런 이유로 과거 대부분 육군 규정에 장군급 지휘관은 규정을 변경하여 적용할 수 있음이 명시되어 있었다. 하지만 언제부터인가 이런 단서 조항이 없어졌다. 아마 평시 행정군대가 되다 보니 경직되어 예하 지휘관에게 융통성을 주지 않은 결과라 생각한다.

남재준 참모총장은 '장군의 판단 기준은 상급 지휘관의 명령도 아니고 규정도 아니다. 오직 국가 이익만을 생각해서 판단해야 한다.'고 강조했다. 이것이 장군의 도(道)다. 소신있는 남재준 장군 같은 분이 그리워진다.

지휘관과 외박

군에서 간부들은 월 2박3일 외박(휴가)을 간다. 하지만 지휘관들은 통상 외박을 가지 않고 업무를 한다. 지휘관이 자리를 비운다는 것이 부담도 되고 상급 지휘관이 외박을 가지 않는 경우가 많아서 눈치를 보는 것이다. 지휘관일수록 외박을 꼭 가야 한다. 그 이유는 그래야 부하들도 눈치를 보지 않고 외박을 갈 수 있다는 것 이외 지휘관 정신건강을 위해서, 부대를 건강히 지휘하기 위해서 가야 한다.

직업 중에 자칫하면 독선에 빠져서 본인이 평범한 인간이라는 것을 잊고 교만해지는 직업이 있다. 군인, 교도관, 경찰, 판·검사, 선생, 의사, 목사, 신부, 스님 등이 그런 직종이다. 이들 직업의 특성은 이들이 상대하는 사람들이 그들에게 감히 대들 수 없는 직업이다. 교회 신자들이 어떻게 목사, 신부에 대들 수 있나? 또한 환자들이 의사에게, 죄수가 교도관에게, 피의자가 경찰에게, 죄인이 판·검사에게, 군에서 부하가 지휘관에게 옳은 말도 함부로 하지 못한다. 그러다 보면 이들 직업은 자기가 신(神)이 된 것으로 착각하기 쉽다. 본인이 평범한 인간이 아니라 그들 앞에서 신이 된 것으로 교만해지기 십상이다. 그래서 이들 직업은 수시로 인성교육을 하여야 한다. 본인이 인간임을 자각해야 한다. 하지만 이들은 대부분 인성교육이 필요 없다고 느껴서인지 인성교육을 받지 않는다.

그래서 이들 직업은 휴식이 필요하다. 즉 자기 성찰의 기회가 있어야 한다. 직업의 울타리를 떠나 일반적인 사회, 인간을 만나서 본인이 특별한 인간이 아니라 평범한 인간 중 하나임을 자각하는 기회가 필요하다. 이런 이유로 군 지휘관은 월 1회 꼭 외박을 나가 사회친구를 만나고, 밥도 먹고, 술도 먹고 하여 일반적인 사회를 보아야 한다. 그렇게 내 부하도 나도 그저 평범한 인간에 불과하다는 것을 깨우쳐야 정상적인 부대 지휘를 할 수 있다. 간혹 이런 직업에서 상상하지 못한 비인간적인 사건이 발생하는 경우가 있다. 대부분 이런 경우, 인간이 인간임을 잊고 신으로 착각하고 교만해서 생기는 사건이다. 꼭 이런 직업이 아니라도 인간은 늘 교만해지려는 습성이 있다. 아담과 이브처럼 교만해지면 신은 벌을 내려 이를 바로잡는다. 교만해지기 전에 인간은 스스로 자기를 통제해야 한다.

병사와 취침

육사생도 생활도 군대와 마찬가지로 야간에 경계 근무를 한다. 일과 후 야간에 잠을 자다가 일어나서 1시간씩 경계(보초) 근무를 한 후 다시 취침하는 것이다. 통상 1학년은 실내에서 불침번을, 2학년은 실외에서 동초 근무를 한다. 지금 내 나이에 잠을 자다가 중간에 일어나는 것은 별로 어렵지 않지만, 생도 시절은 젊은 나이라 중간에 일어나는 것은 정말 고역이었다. 더구나 여름에는 모기, 겨울에는 추위로 인해 고통스러웠다.

전방부대는 통상 장교나 부사관은 보초 대신에 당직 근무를 하는데, 하룻밤을 꼬박 새고 오전에 휴식으로 취침한다. 하지만 병사들은 육사생도 시절과 마찬가지로 잠을 자다가 일어나서 1시간이나 1시간 30분을 보초 근무 후에 다시 취침하는 형태로 경계근무가 이루어지며 휴식이 보장되지 않는다. 특전사 공수여단의 경우에는 경계근무 전담부대를 지정하여 야간에 경계근무를 전담하고 오전에 휴식을 보장하는 경우도 있으나 이는 극히 예외인 경우다.

야외 울타리 경계 근무는 보초의 지루함으로 인한 경계 태만과 추위, 더위 등을 고려하여 피로하지 않게 2시간을 초과하지 않도록 한다. 어쩔 수 없이 하룻밤을 꼬박 샐 수는 없어 여러 명이 교대로 근무할 수밖에 없다. 하지만 실내에서 근무하는 전산실 대기, 통신 교환, 불침번 등은 야간에 꼬박 근무하더라도 근무의 질 저하, 피로도 등 문제가 없다. 오히려 같은 인원이 계속 근무, 업무의 단절이 없어서 좋은 점도 있다. 그리고 근무 후 오전에 취침을 보장하므로 여러 명이 자다가 깨어서 근무하는 번거로움이 없어서 좋다. 한 명이 희생하면 여러 병사는 편히 잠을 잘 수 있다.

병사들은 대개 20대 초반으로 가장 잠이 많을 때다. 잠은 신체, 정신에 휴식을 제공한다. 군 생활 중에서 가장 어려운 것이 보초 근무라고 이야기하는 병사들이 많다. 잠을 못 자면 신체도 피곤하지만 정신도 맑지 못하고 괜히 짜증스럽다.

내가 군 생활하던 시절에 사단에서 연대장이 선정한 관심 병사들을 모아서 월 1회 2박3일, 군종 장교가 주관하여 캠프를 운영하였다. 관심 병사는 대개 GOP 부대에 근무하는 병사로 우울증이 있는 병사들이 많았다. 프로그램에는 운동, 정신교육, 종교행사, 불우시설 방문 등이 있었다. 나는 사단 참모장으로 캠프 계획을 보고받으면 꼭 취침 시간을 확인하고 늘리도록 했다. GOP 부대 근무하는 병사들은 취침 시간이 부족하다. 그러다 보니 늘 정신이 맑지 못하고 신체도 피곤해한다. 당연히 멘탈이 약한 병사들은 우울증 증세가 온다. 잠을 충분히 자도록 하면 대개 없어지는 증상이다. 캠프 프로그램 중에 병사들이 취침을 제일 좋아한다고 했다. 그뿐만 아니라 취침 후에 병사들의 얼굴이 밝아지고 긍정적으로 변했다는 보고를 받았다.

인간은 잘 먹고, 잘 자면 신체와 정신 모두가 건강하다는 증거이다. 부하와 동고동락(同苦同樂)하기 위해서는 밥을 같이 먹고, 같이 자는 것이 기본이다. 잠을 뒤척이는 병사, 밥을 잘 먹지 않는 병사는 반드시 문제가 있는 병사이다. 군대에서 가장 최소 단위 조직인 분대는 같이 생활하는 것이 중요하다. 적어도 분대장은 분대원과 같이 밥을 먹고, 자야 한다. 그래야 분대원의 신상을 파악하고 조치할 수 있다. 전투력 발휘의 핵심인 팀워크를 위해서….

병사와 식사

특전사 공수여단은 대대단위로 훈련한다. 주둔지를 떠나 야외훈련이 많다. 매년 야외전술종합훈련(5주), 동계훈련(1주), 해상훈련(2~3주) 등이 있으며 팀스프리트, 을지연습 간에 별도의 훈련을 하기도 한다. 대개의 훈련은 주둔지를 100km 이상 벗어나 훈련하므로 대대장 책임하에 현지에서 부식을 구매하여 취사한다. 대대장이 훈련 일정, 현지 시장, 조리 능력 등을 고려하여 메뉴를 선정한다.

13공수여단에서 대대장을 하던 때의 이야기다. 겨울에 전술종합훈련을 강원도로 갔다. 3주 동안 전술훈련을 하고 천리(400km)행군을 하여 부대로 복귀한다. 대대가 함께 있을 경우에는 대대에서 통합하여 취사한다. 하지만 행군 간에는 대대에서 쌀과 부식을 팀별로 나누어 주어 팀별로 반합을 이용하여 야전에서 취사한다. 행군 도중에 밥을 해서 먹어야 하므로 겨울이라 눈도 쌓이고, 추위로 인하여 야전에서 음식을 조리하기에 편리한 마른 반찬(멸치조림, 짱아치, 통조림 등) 위주로 팀에 분배하였다. 이로 인해 문제가 발생하였다. 내가 잘못 판단한 것이다.

천리행군은 8박9일로 진행된다. 하루에 통상 50km를 행군해야 하므로 체력소모가 많은 훈련이다. 나는 이를 고려하지 못한 것이다. 부대원들의 취사의 어려움을 해결해 주려고 하였는데, 오히려 부대원들의 체력에 문제가 발생하여 환자가 많이 발생하였다. 마른 반찬으로는 식욕을 돋우지 못해서 식사량이 적어지고 육류가 아니므로 훈련에 필요한 칼로리를 채우지 못했다.

다음 해에도 겨울에 같은 지역으로 훈련을 나가 거의 같은 코스로 천리행군을 하였다. 나는 돼지고기, 닭고기, 생선 통조림 등 육류 위주로 지원하였다. 팀원들은 김치에 육류를 넣어 찌개를 끓이거나 볶아서 먹었다. 매콤하고 짜고 달아서 식사량도 많아져 행군에 필요한 에너지를 충분히 섭취할 수 있었다. 당연히 환자도 적게 발생하였다.

우리는 먹는 것을 중요하게 생각하지 않는 경향이 있다. 과거 부모님 세대는 끼니를 걱정할 정도로 가난한 시절에 태어났으므로 먹는 것을 매우 소중히 여기고 중요시하였다. 지금도 부모님 세대는 식탁에서 손주들에게 많이 먹으라고 하신다. 하지만 우리는 풍족한 시대를 살아서 오히려 많이 먹어서 비만을 걱정하는 세대이다. 그러다 보니 먹는 것에 대하여 대수롭지 않게 여긴다. 하지만 군인과 같이 젊고 체력이 중요한 직업은 잘 먹어야 한다. 그래야 힘든 훈련도 견디어 낼 수 있다. 힘든 훈련을 해 보지 않은 군인은 먹는 것의 중요성을 모른다.

특임단장 시절에 간부들이 병사들과 별도로 먹는 간부식을 없애고, 부대 전체를 병사식으로 전환하였다. 그 당시 공수여단에서는 하사 3호봉부터 영외거주를 하였고 따라서 하사 3호봉은 당연히 간부식을 하였다. 그러다 보니 간부식을 하는 인원 중에 대부분은 젊은 간부들이고 50세 이상은 여단장을 비롯한 영관 장교 극소수와 원사 40여 명으로 50명이 채 되지 않았다. 하지만 간부식당은 이들 기호에 맞추어 곰탕, 소고기 무국, 된장국 등 젊은이가 선호하지 않는 메뉴로 편성되었다. 나는 대대장 시절의 경험이 있어서 이를 시정하도록 하였다. 전투팀에 소속된 젊은 간부들이 잘 먹어야 하지 체력 소모가 덜한 곳에서 근무하는 여단장과 원사들에 맞추어 메뉴를 편성하지 않도록 했다. 그 후에는 아예 간부들을 설득하여 간부식당도 폐쇄하고 부대 전원이 병사식을 함으로써 정확히 계산된 칼로리가 반영된 메뉴로 식사하도록 했다.

군인과 날씨

군인은 날씨에 매우 민감한 직업이다. 그 이유는 군인이라는 직업은 야외에서 주로 활동이 이루어지기에 날씨에 영향을 많이 받기 때문이다. 지금이야 다르겠지만 내가 초급장교 시절, 내무반에는 에어컨이 없었을 뿐만 아니라 내무반 건물 자체도 단열이 되지 않아 여름이면 잠을 자지 못할 정도로 더웠다. 더구나 내무반은 통상 1개 소대(30여 명)가 함께 취침하다 보니 더욱 더웠다. 선풍기를 돌려 보지만 그것으로도 되지 않아 내무반 바닥에 물을 뿌려 온도를 식히기도 하였다. 폭염이 계속될 경우는 아예 연병장에 천막을 치고 야외에서 잤다. 또한 여름에 야외로 훈련을 가면 산 속에서 생활하다 보니 잠자는 것이 고역이었다. 몸을 씻지 못해 개운하지 않고 매우 찝찝하니 잠이 오지 않는다. 이러다 보니 사람 냄새 때문인지 모기가 기승을 부린다. 오죽했으면 산모기는 전투화도 뚫고 들어온다고 했을 정도다. 그래도 여름은 겨울보다는 낫다. 쉽게 말해 여름에 더우면 옷을 벗으면 된다. 하지만 겨울에는 옷을 입어야 하는데, 활동이 많은 군인 옷을 입는데는 한계가 있기 때문이다. 더구나 그 당시 우리나라 군인 피복은 방한이 되지 못했다.

나는 초급장교 시절, 창설하는 특공연대에 근무했었다. 아직 부대 막사가 완공되기 전이라 임시로 24인용 천막을 치고 겨울을 보냈다. 경유 난로를 설치했으나 2차 세계대전에서 미군이 사용했던 것으로 추정되는 제작연도인 1940년대가 그대로 새겨져 있었다. 기름이 부족하던 시절이라 밤 12시 못 가서 기름이 바닥이 났다. 더구나 매연이 얼마나 심했던지 아침에 코를 풀면 시커먼 이물질이 묻어나곤 했다. 또한 야외훈련으로 산 속에서 잠을 자려면 개인당 담요 두 장으로 한 장은 깔고, 한 장은 덮었는데, 어찌나 추운지 잠을 잘 수 없었다. 바닥에 한기가 올라오지 못 하도록 낙엽을 깔지만 그것도 잠시 효과가 있을 뿐, 시간이 지나면 눌어져 맨땅이나 마찬가지가 된다. 군 생활 중에 한여름과 한겨울 나기가 참 어려웠다.

기온만이 문제가 되는 것은 아니었다. 눈비도 군 생활에 많은 영향을 끼친다. 대부분 군부대는 산골짜기에 있다. 폭우가 오면 산사태로 인하여 막사가 매몰되기도 한다. 또한 야외훈련시에 폭우로 인한 급류로 인명사고가 날 수 있다. 눈도 마찬가지다. 폭설로 인하여 훈련 간에 동사한 경우는 흔히 발생한다. 대부분 동계 피복과 장비가 부실하여 생기는 사고이기도 하며, 훈련준비 부족이거나 지휘관의 판단 미숙으로 일어나기도 한다.

나는 임관 후 13년을 대대급 이하 부대에서 근무하면서 야외훈련을 많이 했다. 그러다 보니 날씨에 매우 민감하여 어느 정도 예상도 하고 대처하는 법도 터득했다. 여기서 다 기술할 수는 없지만 몇 가지만 소개하고 자 한다.

먼저 여름에는 일일 최고 기온을 보기보다는 최저 기온을 보고 날씨를 판단하는 것이 현명하다. 최고 기온은 한낮 13시를 전후한 기온으로 한여름에는 통상 33℃ 이상으로 어차피 더울 것으로 예상하고 있으므로 활동에 영향을 덜 준다. 하지만 최저 기온은 새벽 4~5시를 전후한 기온으로 25℃ 이상일 때는 열대야가 발생, 잠을 설치게 하여 인간 활동에 영향을 많이 주기 때문이다. 따라서 여름에는 최저 기온을 살펴보고 25℃ 이상이면 이에 대한 대책을 강구하는 것이 현명한 처사이다.

반대로 겨울에는 최저 기온보다 최고 기온을 보고 판단하는 것이 효과적이다. 최고 기온이 영상일 경우에는 낮에는 얼었던 도로가 녹는 등 비교적 따듯하다. 전방부대에서 야간에 눈이 내리면 병사들이 조기에 기상하여 길가에 눈을 치운다. 그래야 전방 부대에 식량을 비롯한 보급을 할 수 있다. 눈이 오는 날이면 야간 당직 근무자는 비상이 걸린다. 도로의 눈을 치우지 못하면 출근하는 지휘관에게 꾸지람을 듣기 때문이다. 나는 전방부대 근무 경험은 사단 참모장(대령)으로 근무한 경험밖에 없다. 눈이 오는 날이면 나는 기상을 파악하여 당직근무자에게 눈을 치우는 범위를 지시하여 주었다. 최저 기온이 영상일 경우에는 음지와 비탈길만 눈을 치우게 하였다. 왜냐면 낮이 되면 눈이 녹을 것이 예상되기 때문이다. 밤새 눈이 오면 새벽에 조기 기상하여 10시까지 눈을 치운다. 그런데 최고 기온이 영상인 날에는 10시쯤 되면 눈이 녹아버린다. 허탈하다. 잠도 못자고 눈을 치웠는데… 헛수고를 한 것이다. 그래서인지 몰라도 야전부대 근무 경험이 없는 참모장임에도 불구하고 부하들이 좋아했다.

여름에 행군, 구보 등 훈련을 하다가 온열손상으로 인해 병사가 쓰러지는 경우가 자주 발생한다. 이럴 경우 바로 수액을 맞추지 않으면 탈진하여 생명이 위독하다. 나는 훈련 간 필히 수액을 지참하여 훈련하도록 했다. 깊은 산중에서 이런 일이 발생하면 난감하다. 더구나 야간이거나 기상이 좋지 않을 경우는 응급헬기도 뜰 수 없기 때문이다. 일단 수액을 맞추면 통상 30분 정도가 지나면 회복이 된다. 경험이 없는 지휘관인 경우에 탈진 환자가 발생하면 환자를 후송하는 데 관심을 갖는다. 하지만 후송으로 인하여 시간이 지체되면 탈진 환자의 경우는 점점 탈진이 가속화되어 회복하지 못하고 병원에 도착 전에 사망하는 경우가 많다. 이를 방지하기 위해서는 여름철에는 반드시 의무병에게 수액을 휴대시켜야 한다. 수액을 먼저 맞추고 후송해야 한다. 또한 탈진 환자뿐만 아니라 생각지도 못한 비상상황이 발생할 수 있으므로 가급적 훈련지역은 도로에서 30분 이내 지역을 선정하여야 한다. 깊은 산중에서 비상상황이 발생하면 조치가 늦어져 인명사고로 이어질 수 있음을 지휘관은 명심해야 한다.

외로운 직책

내가 대위 시절에 전방부대에서 일어난 사고로 생각된다. GOP에서 근무하던 대대 작전장교 소령이 자살한 사건이 발생했다. 대대의 장교는 대대장(중령), 대대작전장교(소령), 인사·정보·군수장교(중위, 대위) 3명, 중대장(대위) 3명, 소대장(소위, 중위) 10명 정도로 구성된다. 구성에서 보듯이 대대작전장교는 대대의 유일한 소령으로 가슴속 마음을 나눌 수 있는 비슷한 또래가 없다. 대대장이 마음이 넓어서 이를 헤아려 준다면 다행이지만 그렇지 못하면 그야말로 속수무책이다. GOP라 퇴근도 거의 못한다. 술도 마실 수 없다. 혼자 스트레스를 삭힐 수밖에 없다. 도량이 넓은 사람이라면 이를 이겨낼 수 있겠지만 그렇지 못한 사람은 멘탈이 무너진다. 더구나 가족과 관계도 소원하다면 탈출구가 없다. 그래서 발생한 사고였다.

인간(人)은 주변에 기댈 사람이 있어야 한다. 이야기를 나눌 사람이 없다면 너무 외롭다. 하지만 이야기 나눌 사람이 있다고 무조건 좋은 것은 아니다. 부대 복지시설인 매점, 목욕탕 등에 근무하는 병사는 통상 2명이다. 하루 종일 2명이 같이 생활한다. 훈련도 없고 간섭하는 사람도 적은 직책이므로 매우 편할 것으로 일반적으로 생각한다. 하지만 이들 2명의 사이가 좋지 않다면 이런 고역이 따로 없다. 더구나 하급자는 하루하루가 고통의 연속일 것이다. 지휘관은 이런 직책을 유심히 관찰해야 한다. 이런 이유로 통상 일정 기간이 지나면 교체해 주는 것이 맞다. 사관학교 시절에 1년에 두세 번 분대를 재편성하였다. 이것도 그런 이유일 것이다.

군대에서 태생적으로 외로운 계급이 있다. 준위 계급이다. 이들은 전문직이라 부대에 1명이 근무하는 경우가 많다. 장교도 아니고 부사관도 아니다. 주변에 말을 나눌 사람이 부족하다. 지휘관은 이들을 주변과 어울리게 해주어야 한다. 부하를 외롭게 하지 말아야 한다. 주변에 사람이 없으면 지휘관이 시간을 내서라도 채워주어야 한다.

정말 외로운 직책은 지휘관이다. 지휘관은 부대의 외로운 사람을 기대어 주어야 하지만 정작 본인은 누가 기대어 주지 않는다. 더구나 가족과 떨어져 부대 내 공관에 거주하는 경우는 본인 스스로 외로움을 이겨내야 한다. 통상 부대는 전방 시골에 위치하므로 문화시설, 동아리 등이 있을 리 없다. 있다 하더라고 지휘관이 한가하게 동참할 수 없다. 지휘관은 당연히 혼자 지내는 시간이 많아 늘 외롭다. 그래서 지휘관은 취미가 있어야 한다. 그 취미는 혼자 즐기는 취미일 수밖에 없다. 그런 이유로 지휘관은 예술을 취미로 한 경우가 좋다. 미술, 문학, 음악 등은 혼자 할 수 있기 때문이다. 하지만 겉으로 보기에는 군인과 어울리지 않는 취미다. 그래서인지 대부분 지휘관들은 외로움을 극복하기 위해서 운동을 많이 한다. 그것도 피곤할 정도로 한다. 그리고 일찍 잠에 든다. 내가 모셨던 지휘관은 내게 다음과 같은 이야기를 했다. 지휘관은 퇴근하면 몸이 피곤해야 한다. 그래야 잡생각을 하지 않는다. 몸이 피곤해야 정신이 맑다고 했다. 그래서인지는 몰라도 그분은 예하 지휘관이 외로울 시간도 주지 않았다. 일과 후에 늘 테니스, 축구를 하고 지친 몸으로 퇴근하였다.

부하와 인간적인 이야기를 할 수도 있으나 쉽지는 않다. 인간이라는 한계로 인하여 자칫하면 부하가 지휘관을 깔볼 수 있기 때문이다. 그러나 이를 극복하고 부하와 인간적인 이야기를 할 수 있어야 한다. 지휘관과 부하 이전에 전우이기 때문이다. 부하도 지휘관과 인간적인 이야기를 할 수 있어야 진정한 인간의 사랑을 느낄 수 있으며 존경심이 우러날 수 있다. 이런 군대라면 백전백승하는 단결된 군대일 것이다.

군인과 회식

'악마가 바쁠 때, 술을 보낸다'고 한다.[26] 그만큼 술은 악의 근원이란 의

---

[26] 유대인의 탈무드에 나오는 명언

미이다. 하지만 술은 조직 사회를 부드럽게 하는 역할을 한다. 공식적인 일과에서 하지 못한 대화가 오갈 수 있다. 상·하가 술자리에서만큼은 격의 없이 이야기할 수 있다. 하지만 술이 사고의 원인이 되는 것은 사실이다. 이는 계급 고하를 막론한다.

사단 참모장 시절 이야기이다. 사단장, 부사단장, 연대장, 참모장 등 대령급 이상 지휘부가 모여서 회식을 할 때가 있다. 나는 참모장으로 사단 살림을 맡아서 하는 직책이다. 당연히 회식 시작부터 끝까지 확인·감독해야 할 책임이 있다. 회식이 끝나고 나면 나는 반드시 연대장들이 숙소에 들어갔나를 확인하였다. 대부분 연대장은 가족 없이 혼자 관사에서 산다. 연대장이지만 그들도 인간이다. 술이 한 잔 들어가면 외롭기도 하여 술을 더 하고 싶고 여자 생각이 나는 것이 당연하다. 하지만 그럴 경우 너무나 큰 사건으로 비화될 소지가 있다. 나는 이를 방지하기 위해 늘 관사에 들어온 것을 확인하였다. 연대장들도 이를 알기에 어쩔 수 없이 회식 후 바로 관사로 향한다. 인간은 통제가 필요한 것이다. 비록 연대장이고, 대령이고 성숙된 인간이라고 생각되지만 인간은 나약하다. 언제나 벼랑 끝에 선 존재임을 알아야 한다.

간혹 회식에 만취된 간부들이 있다. 이들을 식별하여 동료에게 집까지 안전하게 귀가하도록 해야 한다. 식별하기 위해 회식 중에 주의 깊게 관찰해야 한다. 군대 회식에는 일정한 규칙이 있다. 누군가가 건배를 제의하면 자기 자리로 돌아와 앉아야 한다. 앉지 않는 사람은 술에 만취한 사람이다. 또한 회식이 끝날 때 주관한 상관은 일일이 악수한다. 그러면서 취기 정도를 파악해야 한다. 만취한 사람이 있으면 주위 동료에게 집까지 바래다주라고 하고, 또한 반드시 결과를 보고받아야 한다. 술은 조직의 윤활 유지만 악의 근원이기도 하다. 상관은 지혜로 이를 이겨내야 한다. 그래야 조직을 관리할 수 있다. 그래야 상관의 자격이 있다.

통합 회의(결산)

어느 조직이나 업무의 진행 정도를 점검하기 위해서 회의를 한다. 일일, 주간, 월간, 분기, 연말 회의를 한다. 군대도 예외는 아니다. 다음은 특전사 공수여단에서 근무하던 때의 이야기다.

공수여단은 통상 4개 대대가 한 울타리에서 생활한다. 여단장은 08시에 상황실에서 매일 여단 운영에 대한 보고를 받고, 필요한 지침을 준다. 오후에는 참모장이 참모들과 일일 회의(결산)를 하여 이를 종합하여 여단장에게 보고, 하루 일과를 마무리한다. 이러한 패턴이 통상적인 여단급 이상 부대의 하루 일과이다. 통상 회의에는 참모부서만 참석하고 예하 대대는 참석하지 않는다. 예하 대대에 필요한 내용은 회의 후에 참모 계통을 통해서 전파한다.

대대는 참모 조직이 있지만 작전장교를 제외하고는 군 경험이 짧은 위관 장교가 대부분이므로 대대장이 예하 지휘관인 지역대장(소령)이 참석한 가운데 회의를 진행하고 여단장 지침을 기초로 대대운영에 대한 지침을 준다. 대대는 같은 건물에서 생활하므로 이게 가능하다.

지역대장은 대대 회의에서 결정된 부대운영 지침을 일정한 시간을 정하지 않고 필요한 시간에 중대장들에게 설명하거나 아니면 직접 지역대원 전체를 모아서 설명함으로써 여단장으로부터 말단 병사까지 같은 방향으로 여단이 움직이게 된다. 대부분 우리 군대는 이와 같은 절차로 부대를 지휘한다. 하지만 이와 같은 절차는 너무나 많은 단계를 거친다. 여단-대대-지역대-중대-부대원의 다섯 단계이다. 그러다 보니 여단장의 지침이 왜곡될 수도 있고, 시간적으로도 오래 걸리며, 특히 하향식으로 진행되어 말단 병사의 의견이 여단까지 반영될 여지가 없다. 같은 울타리에 있으면서 단계를 거쳐서 업무가 지시된다는 것은 효율적이지 못했다.

 13공수여단에서 대대장으로 근무할 때, 여단장 주관으로 매주 토요일 오전에 여단 전체가 모여서 한 주를 마무리하고 다음 주에 할 업무를 정리하는 시간을 가졌다. 나는 이를 보고 배워서 특임단장과 1공수여단장으로 근무할 때, 여단 통합회의(결산)를 다음과 같이 하였다.

 내가 여단장을 할 시절에는 토요일이 휴일로 변경되어서 금요일 오후에 통합 결산을 하였다. 여단 전체가 통합 결산을 하고 제대별로 마무리를 짓고 퇴근할 수 있도록 15시에 시작하여 16시에 마치도록 했다. 장소는 가능한 부드러운 분위기를 연출하도록 야외에서 많이 했으나 우천시에는 부득이 체육관에서 했다. 먼저 여단장이 마이크를 잡고 지난 한 주에 대한 결산으로 각 부대가 행한 일을 언급하면서 특별히 공적인 있는 부대나 개인에게 칭찬의 박수를, 혹은 포상하였으며 아쉬운 일에 대하여 반성했다. 그 후에는 참모 부서별로 다음 주에 부대가 해야 할 업무에 대하여 설명하고, 연락 및 강조 사항을 전파하였다. 그 후에는 부대원의 애로 및 건의사항을 듣고 답하는 형식으로 진행하였으며, 전입 부대원 소개, 칭찬 릴레이, 장기자랑 등 이벤트를 계획하여 즐거운 시간이 되도록 유도했다. 고대 그리스 아테네 아고라 광장처럼 수직적인 계급 의식을 없애고 자유스러운 토론의 장소가 되도록 하였다.

 나는 이를 운영하면서 다음과 같은 원칙을 지키려고 했다. 첫째, 즐겁게 운영하여 항상 기다려지는 시간이 되도록 했다. 둘째, 상호 칭찬하는 분위기를 만들어 우애 있는 부대원이 되도록 했다. 셋째, 다음 주의 부대 운영을 알려주어 걱정하지 않도록 했다. 넷째, 인간적인 여단장의 모습으로 진행했다.

부임하여 3개월 정도 지나니 부대원이 여단장과 마주치더라고 피하지 않고 웃으며 인사를 건넬 정도가 되었다.

회의는 통합하여 동시에 하는 게 장점이 많다. 같은 울타리에서 생활하며 같은 지휘관 예하에 있는 조직이라면 더욱 그렇게 해야 시간도 절약하고 지휘관의 지시사항이 왜곡되지 않는다. 또한 아래 사람의 의견을 현장에서 들어야 왜곡되지 않는다. 회의를 어떻게 하는 것이 효율적일까? 부대의 특성을 고려하여 생각해보는 것이 중요하다.

군인과 동식물

특수임무단장 시절의 이야기이다. 부대 주둔지가 시내의 작은 산골짜기를 끼고 있어 울타리는 시내와 접하였다. 그러다 보니 주변 민가에서 버려진 유기견이 부대로 들어왔다. 이들은 부대원들의 눈을 피해서 취사장 근처를 서성이며 먹이를 찾았고, 부대 막사 주위를 맴돌다 부대원들이 던져주는 음식물을 먹고 허기진 배를 추슬렀다. 간혹 개를 싫어하는 부대원들이 돌을 던지고 하여 대부분 유기견들은 부대원을 기피하였다. 하지만 유독 하얀 유기견 한 마리는 부대원을 쫓아다니며 부대원이 울타리 경계를 위해 보초를 서러 갈 때에 동행하여 같이 보초를 서기도 하였다.

이를 보고받은 나는 유기견에게 이름을 백룡(우리 부대 고유명칭인 흑룡부대의 대칭으로 이름 지음)이라고 지어주고 군번줄을 만들어 목에 걸어주었다. 그리고 헌병대장에게 백룡이를 사무실에서 키우도록 하였다. 그리고 이를 통합결산 시간을 이용하여 전 부대원에게 공표하였다. 또한 다른 유기견들도 허기진 배를 채울 수 있도록 취사장 근처에 잔반을 놓아두도록 했다. 그리고 부대원들에게 개가 인간과 같이 살게 된 경위, 개의 인간에 대한 충성심 등을 설명해 주면서 부대 내에 들어온 개도 우리 부대원이라고 생각하고 돌 던지지 말고 잘 대해 주도록 했다.

어느날 부대를 가로지르는 흑룡천에 새 한 마리가 홀로 생활하는 것을 발견하였다. 약간의 물이 고인 같은 자리에서 물고기를 잡아먹으면서 살았다. 며칠이 지나도 떠나지 않고 머물렀다. 아마 철새인 거 같았다. 무리에서 낙오된 것으로 보였다. 대대장, 참모들이 오리 종류일 거라고 했다. 낙오된 오리가 생활하는 곳은 흑룡천 다리가 있는 곳으로 부대원들이 중식을 하러 가려면 그곳을 거쳐야 하는 곳이었다. 나는 매일 지나면서 오리가 혼자 노는 것이 안타까웠다. 낙오된 오리가 암놈인지 수놈인지 구별이 되지 않아, 암수 포함하여 오리를 몇 마리를 구매하여 흑룡천에 키우도록 했다. 당연히 먹이는 식당 근무 병사들이 챙겨 주었다. 그러자 종류는 서로 다르지만 오리는 어울려 사이좋게 지냈다.

나는 통합결산 시간을 통하여 오리에 걸친 사연을 부대원에게 알려주면서 다음과 같이 이야기했다. "모든 동물은 어울려 살아간다. 사람도 마찬가지다. 친구가 없으면 외로워 살지 못한다. 친구가 필요하고 친구가 되어주어야 한다. 그래야 외롭지 않다." 오리에게도 백룡이와 같이 군번줄을 목에 걸어주고 우리 부대 전우라 생각하고 잘해주도록 하였다.

어느 일요일 출타 후에 부대로 들어오는데, 일직사령이 정문에서 나를 맞이하면서 부대에 사망사고가 있다고 보고하였다. 나는 놀라서 멈칫했는데, 낙오된 오리가 사망했다고 했다. 나는 오리를 땅속 깊게 묻어주어 짐승들이 파먹지 못하도록 했다. 통합결산 시간에 오리의 사망을 알리면서 부대원들과 명복을 비는 묵념을 하였다. 내 생각에 오리가 늙어서 무리와 같이 시베리아로 날아가지 못하고 낙오되어 우리 부대에 정착했던 것 같았다. 미물이지만 우리 부대원들의 따듯한 대우를 받으면서 천수를 다하고 죽었다고 생각하니 마음이 편했다.

1공수여단장 시절의 이야기이다. 여단 영내에 사방 50m 정도의 연못이 있어 잉어, 붕어 등 고기가 많이 서식했다. 연못 가운데는 정자가 있어서 부대원 면회객들이 자주 이용하였다. 그 당시 휴일에 조식으로 햄버거가 제공되는데, 부대원이 잘 먹지 않아서 많이 남았다. 나는 남은 햄버거 빵을 건조시켜 연못 정자에 놓아두고 물고기 밥으로 사용하도록 했다. 그리고 정자에 종을 매달아 물고기 밥을 줄 때, 종을 치고 주도록 했다. 여기에 길들여진 물고기들이 종소리에 모여드는 광경이 장관이었다. 이를 보는 부대원들과 면회객은 매우 기뻐하며 즐거워하였다.

군인은 전쟁시 적을 죽여야 하는 직업이다. 그러다 보니 생명의 존엄에 대하여 자칫하면 쉽게 생각할 수 있다. 하찮은 개, 오리, 물고기 등 미물이라도 생명을 가진 동물을 사랑하는 것을 알려주어야 한다. 그래야 전시에 적이라 할지라도 생명을 빼앗을 경우에 신중을 기할 수 있을 것이다. 그런 차원에서 군 지휘관은 생명이 있는 미물은 아끼고 보살피는 모습을 부하에게 보여주어야 한다. 그런 것을 통해 부하들은 생명의 존엄성에 대하여 보고 배운다.

군인과 돈

중국 춘추시대 제나라의 재상 관중은 '창고에 곡식이 가득하면 사람들이 자연스럽게 예절을 알고, 체면도 알고, 지켜야 할 도리를 알게 된다'고 하였다. 재물이 있어야 사람답게 살 수 있다는 것을 의미하는 말이다. 어떤 직업이든 돈은 중요하다. 돈이 있어야 먹고 살 수 있으며 자식들도 교육시키고 주변과 어울릴 수 있다.

돈은 인간의 욕망을 채워주는 수단이 된다. 그러다 보니 돈은 삶의 동기를 부여한다. 따라서 돈이 없는 사람은 돈을 벌기 위해 어떤 일이든 마다하지 않고 노력한다. 하지만 돈이 많으면 인간은 욕망을 채우려 하고 현실이 좋으며 인생을 즐기려 한다. 당연히 생명에 대한 애착이 크다. 많은 돈을 놓아두고 죽기 싫은 것이다.

군인은 생명을 담보로 하는 직업이다. 국가 위기시에 목숨을 걸고 임무를 수행한다. 가장 소중한 생명을 버리고 싶은 사람은 없다. 위에서 말했듯이 더구나 재산이 많은 사람은 죽기 싫다. 특별한 사람을 제외하고는 애초부터 군인이라는 직업을 가지려 하지 않는다. 실제로 부자 집안의 자식이 직업군인처럼 생명을 담보로 하는 직업인 소방관, 경찰관을 택한 예는 거의 없다.

생명을 담보로 하는 직업인 군인에게 봉급을 많이 준다면 어떻게 행동할까? 부자들이 생활하는 행태를 보일 것이다. 전쟁터에 참가할 인원을 모집할 때, 지원을 하지 않을 것이다. 현실이 너무 좋은데 굳이 전쟁터에 가서 죽고 싶지 않을 것이다. 또한 전쟁터에 갔다 하더라도 전투를 회피하려고 할 것이다. 이는 인간의 본성이다.

생명을 담보로 하는 직업에게 현직에 있을 때 돈으로 보상하면 안 된다. 그 대신에 진급으로 보상하여 명예를 높여 주어야 한다. 당연히 계급별로 차등이 있어야 더 높은 계급을 위해 열심히 한다. 하지만 전역 후 혹은, 순직하거나 전사할 경우에 비로소 돈(연금)으로 보상하고 높게 예우해야 한다. 그래야 명예(진급)를 위해 군인은 죽음을 무릅쓰고 적진에 뛰어들며, 소방관은 불 구덩이를 마다하지 않고, 경찰은 강도와 싸운다. 이게 인간이다.

　백제의 계백 장군이 가족을 죽이고 전쟁터에 나갔다. 돌아와서 볼 가족이 없기에, 세속의 인연이 없기에 죽어도 좋다는 심정으로 용감히 싸울 수 있는 것이다. 이는 마치 신부, 스님들이 자기 신념을 위해 과감하게 희생할 수 있는 것과 같은 이치이다. 신부, 스님들은 가족이 없고, 재산이 없기에 이것이 가능하다. 과거 장수들이 전쟁터에 나갈 때 결의를 다지면서 건배 잔을 깨어버리고 출전하였다고 한다. 이것도 같은 이치이다. 죽음을 각오하는 것이다. 뒤돌아 보지 않고 싸우겠다는 의지의 표현인 것이다. 군인 직업은 이런 특성이 있다는 점을 알아야 한다.

군인과 해외여행

　1공수여단장 때 이야기다. 예하 1개 대대가 레바논 동명부대 해외파병에서 복귀하였다. 파병에서 복귀를 하면 대대원 전체에게 25일 간의 휴가가 주어진다. 성공적으로 임무를 마치고 복귀한 대대장을 위하여 복귀 다음 날 여단 참모, 예하 대대장을 포함하여 회식을 하였다. 이 자리에서 대대장은 휴가기간 동안에 해외여행을 다녀오겠다고 내게 보고하였다. 나는 충격을 받았다. 대대장은 매우 중요한 직책이다. 적의 군사도발뿐만 아니라 부대원의 사고발생시에 대대장이 현장에서 조치해야 할 것이 매우 많다. 이런 이유로 대대장뿐만 아니라 지휘관은 통상 휴가라 할지라도 신속히 부대로 복귀하지 못하는 도서지역, 산악지역 등 오지에 가지 않는다. 하물며 해외는 엄두도 내지 못하는 것이 상례이다. 나는 비행기 표를 예약했다는 보고를 받고도 해외여행을 승인하지 않았다.

　군대는 전쟁에 대비하는 조직이다. 전쟁이 쉽게 일어나지 않지만 일어나게 되면 국가의 존망이 달려있다. 이런 이유로 국가는 언제 일어날지 모를 전쟁에 대비하여 막대한 예산을 들여서 군대를 양성한다. 군인은 이 점을 간과해서는 안 된다. 비록 오늘 평안할지라도 이에 대비하는 것이 군인의 의무이다.

6·25 전쟁이 끝난 지도 70년이 지났다. 또한 북한의 직접적인 무장침투도 거의 없다. 단지 무력시위 차원의 미사일 도발만 있다. 이러다 보니 위기감이 무디어졌다. 전방 중대장이 신혼여행을 해외로 간다. 이를 보고받은 지휘관은 허락한다. 이는 잘못되었다. 혹시 지휘관이 아닌 참모부에 속한 간부가 해외로 여행을 간다면 상황에 따라서 가능하다고 본다. 또는 위급상황 발생시에 신속히 출동하지 않아도 되는 학교기관에 근무할 경우에도 가능할 수가 있다. 하지만 그렇지 않은 경우에 해외여행을 자제하는 것이 군인의 본분에 맞다.

군인과 종교

나는 중위 시절 특수전학교 특수훈련과에서 근무하였다. 특수전학교는 특전사 부대원이 되기 위해서 필히 거쳐야 하는 곳으로 특수부대원에게 필요한 기초교육은 물론이거니와 중급, 고급 교육을 담당하는 곳이다. 나는 그중에서도 난이도가 높은 교육인 고공강하(스카이다이빙), 스쿠버다이빙, 스키 교육을 하는 특수훈련과에서 고공강하 교관을 하였다. 특수전학교의 교육 중에서 일반강하, 고공강하, 스쿠버다이빙 교육은 힘도 들고 난이도도 높지만 위험한 교육이다. 자칫 실수로 생명을 잃을 수 있는 교육이다. 그러다 보니 일반 군인들보다 당연히 종교생활을 많이 할 것으로 생각했다. 하지만 정반대였다. 공수교육과, 특수교육과 교관 및 조교 중에서 종교생활하는 군인은 거의 찾아볼 수 없었다. 이들이 다른 과와 다른 점이 있다면 일과 후에도 같은 과 교관 및 조교 전체가 같이 활동하는 시간이 많다는 것이다. 휴일에도 운동도 같이 하고 회식도 자주 하는 점이 다른 과와 달랐다.

내가 기본공수교육 교관을 할 때 경험이다. 군종목사 4명이 일반 군인들과 함께 기본공수교육을 받았다. 이들은 특공연대에 보직될 군종목사들로 부대원들의 공수강하훈련시에 동참하여 강하를 하여야 하므로 기본공수교육을 의무적으로 받은 것이다. 마지막 지상훈련을 마치고 첫 낙하산 강하 시에 나는 군종목사들에게 질문을 하였다. "강하시에 무슨 생각을 할 것이냐?" 그러자 한결같이 군종목사들은 "하느님께 기도할 것입니다."라고 했다.

첫 강하가 끝나고 이상 유무를 확인하기 위해 내 앞으로 집합했다. 나는 강하시에 하느님께 기도했냐를 물었다. 그러자 깜박했다고 하면서 낙하산이 펴지지 않으면 예비낙하산을 펼 준비만 했다고 하였다. 나는 이를 보면서 많은 것을 느꼈다. 종교도 여유가 있을 때 가능하지 당장 생명에 위협을 받을 때는 생명 걱정이 먼저임을 알았다. 종교에 대하여 많은 생각을 하게 되었다.

군인은 임무를 수행하기 위해서는 생명을 버려야 한다. 과감하게 생명을 버릴 수 있는 군대는 강군이다. 생명을 버리면서 적진으로 돌진하는 데는 여러 가지 이유가 있다. 전투현장에서는 옆에서 죽은 전우의 원수를 갚기 위해서, 지휘관의 명령이 무서워서이거나 존경하는 마음으로, 국가(국민)에 대한 애국심으로, 전장에서 장렬한 죽음은 천국으로 가는 길이라서….

전장에서 장렬한 죽음은 천국으로 가는 길이라고 믿는 종교적 내세관

(來世觀)을 가진 군대는 바이킹, 이슬람 군대가 그 예이다. 아마 신라의 화랑들도 불교를 믿었으므로 그러하였을 것이다. 군대에서 종교는 병사들에게 내세를 믿게 하여 죽음의 두려움으로부터 조금이라도 자유로워질 수 있게 할 수 있다. 이런 점에서 대부분 군대는 종교생활을 권장한다.

부하와 동일한 복장

특공연대에서 대대 작전장교를 할 때 이야기이다. 1989년 3월로 기억한다. 우리 대대는 팀스프리트 훈련시 미 1군단에 작전통제되어 참가하였다. 미 1군단이 팀스프리트 훈련을 위하여 미 본토에서 한국으로 전개한 것이다. 우리 대대 임무는 미 1군단의 작전을 위하여 적 후방지역에서 침투하여 적의 정보를 수집하는 것이다. 미 1군단에는 우리 대대 외에 한국군 2개 사단도 작전통제 되었다.

훈련 전의 부대 편성식에서 일어난 일이다. 현실적으로 전 병력이 참가하여 편성식을 할 수 없으므로 지휘부만 참가하였다. 미군 사(여)단, 한국군 사단, 그 외 부대 지휘부가 연병장에 정렬하였다. 나는 미군 사(여)단장을 식별할 수 없었다. 미군의 경우 장군, 장교, 병사 모두 동일 복장을 하고 있어서 누가 지휘관인지 구별할 수 없었다. 똑같이 철모, 탄띠, 개인화기를 착용하고 방독면을 휴대하고 있었다. 하지만 한국군의 경우 장군 지휘관은 지휘봉을 들고 장군 벨트에 권총을 차고, 전투모를 쓰고 있어 일반 군인과 구별되었다. 사단장 전속부관이 철모를 들고 있다가 식이 시작되기 직전에 사단장에게 건넨다. 왜냐면 그 당시 장군들은 머리에 기름을 발랐으므로 철모를 쓰면 머리가 헝클어지기에 철모 쓰는 시간을 최대한 적게 하기 위함이다. 나는 이 모습을 보면서 너무나 창피하였다. 팀스프리트는 실전과 유사하게 하는 대규모 기동훈련이다. 아마 세계에서 가장 큰 훈련일 것이다. 한·미 연합사가 계획하여 실시하는 훈련이지만 우리나라에서 하는 훈련이며 우리나라를 위해서 하는 훈련이다. 여기에 참가하는 한국군 장군 지휘관의 수준이 이 정도였다.

다행히 요즘 군대는 과거와는 달리 장군 복장과 병사 복장이 많이 같아졌다. 지휘관은 부하와 동일한 복장을 하여야 한다. 부하와 동일체 의식을 갖기 위해서이기도 하지만 전술적으로도 적이 지휘관을 식별할 수 없게 하기 위해서이다. 강릉 대침투 작전 간에 기무부대 대령이 전사하셨다. 일반 부대원과 복장이 달라서 쉽게 구별된 것도 원인을 제공했을 것이라 생각한다.

전방 사단에서 참모장을 할 때 이야기다. 나는 참모장을 하면서 사단장 두 분과 같이 근무하였다. 전방 사단장은 GOP를 담당하는 연대와 대대에 관심이 많다. 평시 다른 부대들은 교육훈련에 매진하지만 GOP 부대는 전방 철책을 지키는 부대로 전시와 유사하게 적을 경계하는 부대이다. 당연히 실탄을 장전하고 생활하다 보니 근무 강도가 세다. 사고의 위험성도 많다.

사단장은 거의 매일 전방 GOP 부대나 GP를 방문하였다. 이들 부대는 철모를 쓰고 총을 휴대하고 생활한다. 적으로부터 불시에 공격을 받을 수 있기 때문이다. 당연히 이 지역은 민간인이 출입할 수 없다. 출입시에는 사전에 통보하여 승인받아야 한다. 출입하는 사단장도 철모를 착용하고 무장을 하여야 한다. 하지만 두 분의 사단장은 철모를 착용하지 않았다. 거추장스러워서이다.

솔선수범의 기본은 동일한 복장을 하는 것이다. 체육대회를 하면 체육복을 착용해야 한다. 단 10분만 참가하고 다른 일정이 있다고 해도 체육복을 착용하고 참가했다가 다시 환복을 하고 다른 일정에 참가해야 한다. 그래야 상급자와 하급자가 일체감을 느낄 수 있다. 손자병법에 상하동욕자승(上下同慾者勝)[27]이라고 했다. 나는 평소 예하 지휘관에게 솔선수범의 기본은 부하와 복장을 같이 하는 것이라고 말하곤 했다. 초급 지휘관으로 갈수록 동일한 복장은 더욱 중요하다. 부하들이 작업복을 입었으면 지휘자도 작업복을 입어야 작업에 참여할 수 있다. 그래야 존경받는 상급자가 될 수 있다.

부하와 동일한 식사

내가 중령일 때 이야기다. 육군본부를 방문하였을 때, 대령과 장군들은 별도의 식당에서 별도의 식단으로 중식을 했다. 나는 매우 기분이 나빴다. 사람을 차별하는 것 같았다. 목숨을 걸고 전쟁을 같이 하는 군인끼리 평시 밥을 따로 먹는다는 것은 이해할 수 없었다. 지금이 조선시대의 신분사회도 아닌데….

하여간 대부분의 부대는 간부식당을 별도로 운영한다. 규모가 큰 사령부급 부대 경우는 육군본부와 같이 대령 이상과 이하를 구분하여 운영하기도 한다. 고향 시골에서 결혼, 환갑 등 잔치를 할 경우 동네 최고 어르신들은 안방에, 다음 어른들은 마루에, 청년들은 마당에 천막을 치고 밥을 먹었다. 장소는 차이가 있었으나 먹는 밥은 똑같았다. 하물며 거지가 와도 문밖에 밥을 차려 주지만 내용은 같았다.

그런데 동고동락(同苦同樂)하는 군대에서 신분별로 먹은 밥이 다르다

---

[27] 손자병법 모공(謀攻) 편에 나오는 말로 조직원 모두가 하고자 하는 바가 같으면 승리한다는 의미

는 것은 잘못이다. 과거 서양 군대의 장교는 귀족만이 될 수 있었다. 그런 이유로 군대문화의 전통이 깊은 서양에서는 장교와 병사의 의식주를 구분하였다. 장군과 소위는 같이 목욕하여도, 소위와 상사가 같이 목욕하지 않는 것이 서양 군대의 전통이다. 하지만 우리나라의 경우는 다르다. 개인의 의지에 따라 장교, 부사관, 병사를 선택하여 입대한다. 신분의 차이가 아니다. 지금 대부분 야전부대에서는 간부식당을 운영하지 않는다. 신분별로 식당을 운영하는 것이 잘못이라 그렇게 하는 것이 아니라, 간부식당을 운영할 병사가 없어서이며 비효율적이라 그렇게 한다. 이유야 어떻든 간에 잘된 일이다.

좋은 부대일수록 상급자와 하급자 간의 간격이 작다. 그래야만 단결된 부대가 된다. 단결된 부대가 되어야 전쟁에 승리하여 국민의 생명과 재산을 보호하고 내 생명과 부하 생명도 유지할 수 있다. 계급 간의 간격이 크면 의사소통에 문제가 생긴다. 의사소통이 단절되면 평시에는 표시가 나지 않지만 전시에는 이로 인해서 큰 문제가 발생한다. 전시에는 급변하는 상황에 신속하게 대처해야 한다. 신속히 대처하지 못하면 백전백패한다. 예를 들어서 포탄이 날아오는데, 계급고하가 어디에 있나? 먼저 보는 사람이 먼저 경고해야 한다. 이등병이라도 장군에게 피하라고 소리쳐야 생명을 구할 수 있는 것이 전쟁이다.

전쟁기획 능력

육군대학은 소령으로 진급한 장교들을 대상으로 지휘참모 과정의 교육을 하는 곳이다. 수료 후에는 대대 작전장교, 연대·사단·군단 참모 직책을 수행한다. 그러다 보니 대부분 전술 위주로 교육한다. 일부 작전술, 전략 과목이 있지만 주는 공격, 방어전술 등 전술이다.

전술제대인 군단급 이하 제대는 전쟁을 기획하지는 않는다. 따라서 전술 위주로 교육하는 것은 당연하지만, 중령 이상으로 진급하게 되면 육군본부, 합참, 국방부에서 근무하는 기회가 많으므로 전쟁기획을 알아야 한다. 전술교육은 주로 정보, 작전 위주의 교육으로 진행되어 전쟁기획에 필요한 인사, 군수, 동원에 대하여 소홀한 편이었다.

육군대학 교수부장으로 있을 때, 인사·군수·동원 교관들에게 지시하여 전쟁기획에 필요한 교육 내용을 수집하라고 육군본부, 합참, 국방부로 출장을 보냈다. 출장을 다녀온 교관들이 가져온 것은 고작 2시간 분량의 교육 내용이었다. 나는 지휘참모 과정 수료 전에 1주일 정도는 전쟁기획에 대하여 교육하고 싶었다. 매우 실망하였다. 어느 날 동기생인 군수 특기인 장군을 만나서 그 이유를 물었다. 그 동기생은 멋쩍어하면서 그게 현실이라고 했다. 흔히 군수 장교들이 작전 특기 장교들에게 '작전은 전투에서 승리하지만, 군수는 전쟁에서 승리한다.'라면서 비아냥거렸다. 하지만 현실은 작전도 군수도 마찬가지로 전쟁을 기획할 수준이 못 되었다. 작전은 전투 수준에 머물러 있고, 군수는 준비가 되어 있지 않았다.

우리 군은 전쟁을 기획해 보지 못했을 뿐만 아니라 우리 스스로 군대를 건설하지도 못했다. 전시작전권이 한·미 연합사령관에 있다 보니 우리 군은 지나치게 미군에게 의존적이다. 연합사가 한·미 공동으로 구성되어 있지만 미군이 주도권을 갖고 업무를 수행한다. 전시작전권을 우리가 행사하게 되면 당연히 전쟁기획 능력을 구비해야 한다.

노무현 정권에서 전시작전권 환수를 주장하였다. 물론 국가 주권행사와 국가안보 강화 차원이라기보다는 반미적인 사고로 전시작전권 환수를 주장한 측면이 많은 것은 사실이다. 그래서인지 우파 정치인과 예비역들은 전시작전권 환수를 반대하였다. 현역 군도 이를 반대하는 분위기였다. 나는 그 당시 전시전작권 환수를 반대한 군의 분위기를 보면서 안타까웠다. 앞에서 언급한 한국군이 전쟁기획 능력이 없는 것이 바로 전시전작권을 스스로 행사하지 못한 데서 오는 폐단이다. 국가안보를 미군에게 의존해서 오는 군대의 폐단도 문제지만, 더 나아가 국민 전체가 안보 불감증에 빠지는 병폐를 낳았다. 적어도 정치권은 국방비 증액에 따른 국가예산 문제가 있어서 반대할 수 있지만, 군인은 찬성하는 것이 정상이라고 생각한다. 그래야 전쟁기획 능력을 키울 수 있을 뿐만 아니라 군의 발전을 가져올 수 있다. 전시작전권을 전환받는 것이 군 발전을 위한 영순위 조치이다.

북한이 핵무기를 개발하여 고도화를 완성해도 정치권은 물론이거니와 군조차 핵무기 개발을 주장하지 않는다. 정치권이야 핵무기를 개발하려면 많은 돈도 들어가고 외교적으로 문제가 발생할 수 있기에 미군에 의존하고자 하는 것은 당연한 것이다. 하지만 군인까지 정치·외교를 생각할 필요는 없다. 오로지 국가안보 차원에서 핵무기 개발을 주장해야 하는데, 정치권에 종속되어서인지 아니면 핵무기 개발은 군사문제가 아니라 정치문제라 생각해서인지 관여하려고 하지 않는다. 이런 것들이 군을 정치화하하고 약하게 만드는 것이다.

전시작전권을 전환받기 전이라도 전쟁을 기획하고 군대를 건설하는 방법을 배워야 한다. 우선 미군을 비롯한 선진 군대의 노하우를 배워 학교 기관에서부터 가르쳐야 한다. 전쟁수행에 필요한 것이 무엇인지, 기획은 어떻게 하는지, 준비는 어떻게 하는지 등… 이런 것이 완성되어야 전시작전권이 환수되더라고 정상적으로 군을 운용할 수 있다.

우리 군은 군령권은 합참의장이, 군정권은 각 군 총장이 행사한다. 매년 을지연습[28]은 전시를 대비하여 국방부뿐만 아니라 정부 부처까지 포함하여 훈련한다. 이때 군사연습은 국방부가 합참과 각 군을 통제하여 실시, 군령권과 군정권을 행사한다. 합참의장은 육·해·공군 작전사령부를 지휘하게 되며, 직접적인 작전은 한·미연합사령관이 통제한다. 이때 전투근무지원에 해당하는 인력, 산업 동원 등은 각 군 총장이 수행한다. 나는 교육사에 근무할 때 을지연습 관찰관으로 임명되어 육군본부의 연습을 관찰한 적이 있었다. 연습 간 육군본부에서 조치할 것은 전방부대의 부족한 병력, 장비, 물자 등을 후방에서 조달하여 적시 적소에 지원하는 것이다. 실제로 움직이는 연습이 아니고 도상으로 하는 연습이라 지원한 결과가 눈으로 나타나는 것은 아니다. 하지만 지금까지의 군 생활 경험으로 판단하여도 터무니없는 조치가 많으며 비현실적인 것이 많았다. 그동안 우리 군이 작전 위주로 군을 양성하여 인사·군수·동원에 등한시한 결과라 생각한다. 전시 임무에 적합하게 각 군 참모총장을 작전 직능을 가진 장교보다는 인사·군수·동원 직능 장교를 보직하는 것이 합리적이다. 하지만 지금까지 참모총장은 대부분 작전 직능 장교들을 보직했다. 이런 점이 전쟁기획 능력이 발전하지 못한 이유이기도 하다.

또한 인사 직능 장교들도 인력 분야의 전문가보다는 보직 분야의 전문가를 장군으로 진급시켰다. 군수 직능 장교들도 편성부대보다는 시설부대에서 근무하는 것을 높게 평가해야 한다. 그래야 보는 시야가 넓어지고 다양하고 복잡한 군수업무에 정통할 수 있다. 동원 직능 장교들이 3성 장군으로 진급한 예를 볼 수 없다. 만약에 전쟁을 준비하는 군이라면 그렇지

---

28 연습은 작전계획 그대로 훈련하여 문제점을 도출, 개선하는 것이다. 따라서 반복 훈련이 없다. 반면 훈련은 작전계획을 숙달시키기 위한 것으로 반복 훈련이 가능하다.

않을 것이다. 이런 점이 개선되어야 각 분야가 균형 발전되어 전쟁을 기획할 수 있는 군이 될 것이다.

낙후된 개인 장구류 개선

나는 특전사, 특공연대, 수색대대에서 근무를 많이 하다 보니 야외훈련을 많이 하였다. 특히 중대장까지는 직접 군장을 메고 팀원들과 동일한 행동을 하였으므로 개인 장구 사용에 숙달되어야 했다. 이런 가운데 나는 개인 장구의 많은 불편함을 체험할 수 있었다. 야전에서 숙박을 하기 위한 텐트는 무겁고 설치하기 매우 불편했고, 침낭은 미군의 닭털 침낭에 비해 무겁고 추웠다. 그뿐만 아니라 장구류인 야전삽, 반합 등도 무겁고 불편하기는 마찬가지였다. 처음에는 불편함을 알고도 너무나 당연히 받아들이고 감수했으나 시간이 지나면서 우리 군대의 낙후성에 불평을 하면서 그 원인이 어디에 있나? 생각하게 되었다. 그 당시 우리나라 경제가 발전하지 못했다 하더라도 피복류, 장구류는 성의만 있으면 충분히 좋은 것으로 보급할 수 있는 실정은 되었다고 판단되었기 때문이다.

나는 중령이 되어서 교육사에 근무하면서 그 원인을 알았다. 교육사는 교육은 물론이거니와 군에 필요한 무기·장비, 시설, 교리 등 전력소요를 도출하여 전력화하는 부서이다. 그래서 교육사의 모토는 '미래 전력 창출, 현존 전력 극대화'이다.

'미래 전력 창출'은 미래의 싸우는 방법을 상정하여 여기에 필요한 전력소요를 도출하는 것으로 육군본부, 교육사에서 수행하게 된다. 국방장관, 합참의장, 참모총장 등이 이 분야에 관심이 많고 법과 규정이 잘 정비되어 문제없이 진행된다.

하지만 '현존 전력 극대화'는 현재 운영하는 전력의 문제점을 파악하고 이를 개선하는 것으로 말단 야전부대에서 소요가 도출되어야만 전력화가 가능하다. 내가 야전에서 사용하는 텐트를 개선하기 위해서는 사용자인 야전에서 개선 요구가 있어야 하는 것이다. 야전부대에 이를 수행하는 특정 부서는 존재하지 않는다. 특별히 관심 있는 사람에 의해 교육사로 전투발전요구서를 제출해야만 소요가 집계된다. 더구나 전쟁이 없다 보니 실전적으로 무기·장비를 운영하지 못해 문제점을 도출하기 어려운 실정이다. 하지만 실 전투는 아니더라고 실전같은 훈련을 통하여 개선 소요를 도출해야 할 것이다. 이를 해결하기 위해서 야전부대 작전·교훈참모는 훈련 후 결과 보고서에 반드시 전투발전요구를 포함시켜 교육사로 건의해야 한다. 그래야만 이를 근거로 전력 소요를 검토하여 반영할 수 있다. 이런 활동이 활발히 이루어져야 야전부대에 필요한 무기·장비뿐만 아니라 시설, 교리 등 전투발전 요소를 개선할 수 있을 것이다.

전쟁을 하는 미군의 경우는 전훈분석단이 편성되어 현장에서 전투를 관찰하고 무엇이 문제인지, 무엇이 필요한지를 확인하고 검토한다. 하지만 우리의 경우는 전쟁이 없다 보니 전훈분석단과 같이 야전부대에 필요한 전력 소요를 도출하는 부서가 없다. 그 대신 야전부대 기동훈련, 전투지휘훈련(BCTP), KCTC 훈련을 통하여 전력 소요를 검토하고 도출하는 활동을 활발히 하여야 한다. 이로써 우리 군에서 사용하는 현존 전투력이 발전할 것이다.

부연하자면 전력 소요와 이에 대한 운용성 검토는 작전 특기 장교가 결정하는 것이 맞다. 하지만 이를 전력화하기 위한 사업은 기획 특기 장교가 담당하여야 한다. 하지만 우리 군은 기획 특기 장교들이 소요 결정과 운용성 검토까지 하는 우를 범하고 있다. 기획 장교들은 야전 생활에 취약하므로 전력 소요와 운용성 검토까지 하기에는 경험이 부족하다. 또한 자칫하면 연구개발부서, 획득부서, 업체와 이해관계가 얽히어 판단에 오류를 범할 수 있다. 여기서 전력 소요는 전투발전체계를, 전력화는 기획관리체계를 기준으로 업무를 수행하면 된다.

BCTP와 KCTC 훈련

나는 BCTP 훈련 단장을 했다. 전투지휘훈련은 육군 교육사 주관하에 사단급 및 군단급 지휘관과 참모의 실전적 전투 지휘 통제 능력 향상을 위해 실시하는 훈련이다. 첨단 컴퓨터 모의 기법을 이용하여 작전의 성공과 실패를 실전과 유사한 상황하에서 경험해 봄으로써 취약점을 발견하고 훈련 소요를 염출하며 이를 수정 보완하기 위한 훈련이다.[29] 이 훈련은 전투지휘훈련단의 전문대항군에 의해서 상황을 조성하고 훈련부대는 조성된 상황에 대한 조치를 한다. 실기동 없이 도상으로 진행한다. 이 훈련의 대상은 사(여)단급 이상 부대 지휘관 및 참모이다. 그들의 지휘조치 능력 향상에 목적이 있다. 전시 사(여)단급 이상 부대의 지휘관 및 참모는 실시간 조치보다 상급부대, 인접부대, 예하부대의 보고를 받고 상황을 판단하여 상황에 맞는 조치를 한다. 그러므로 실기동 훈련을 하지 않더라도 전문대항군에 의하여 도상으로 상황을 조성하여도 지휘관 및 참모가 훈련하는 데 문제가 없다. 즉 전시에 사(여)단~군단급 지휘관 및 참모가 조

---

29 Battle Command Training Program, 戰鬪指揮訓練. 육군 교육사 주관하에 사단급 및 군단급 지휘관과 참모의 실전적 전투 지휘 통제 능력 향상을 위해 실시하는 훈련. 첨단 컴퓨터 모의 기법을 이용하여 작전의 성공과 실패를 실전과 유사한 상황하에서 경험해 봄으로써 취약점을 발견하고 훈련 소요를 염출하며 이를 수정·보완하기 위한 훈련이다.(인터넷 검색, 국방과학기술용어사전)

치하는 모습과 평시 전투지휘훈련(BCTP)의 모습은 매우 유사하다. 따라서 도상으로 훈련을 진행하더라도 훈련효과를 달성할 수 있다.

이에 반하여 전시 대대급 이하 부대는 직접 눈으로 적의 행동을 보고 상황을 판단하여 실시간 조치해야 한다. 일부 대대장의 경우는 보고를 받아서 조치하는 부분이 있겠으나 중대장, 소대장의 경우는 눈으로 전장을 직접 관찰하고 실시간 조치해야 한다. 대부분 예하부대의 보고를 받거나 직접 상황을 눈으로 관찰하여 실시간 조치하는 것이 많다. 따라서 대대급 이하 부대는 대항군이 실제 움직이는 것을 보고 이에 대응하여 조치하는 훈련을 해야 한다. 즉 실시간 쌍방훈련으로 진행해야 전시와 유사한 훈련이 된다.

우리는 실기동 쌍방훈련이 전시와 가장 유사한 훈련으로 최선이나 현실 여건이 그렇지 못하여 도상훈련을 실시한다고 생각한다. 하지만 위에서 설명했듯이 여단급(연대전투단) 이상 부대는 도상훈련을 하더라고 훈련목적 달성에 문제가 없다. 단지 대대급 이하 부대는 도상훈련을 실시할 경우에 부대 성격상 훈련목적 달성이 어렵다. 대대급 이하 부대는 적의 움직임을 각개 병사들의 눈으로 관찰하고 즉시 상급자에게 보고하여야 하며, 대응사격 등 실시간 조치해야 하기 때문에 도상훈련으로는 한계가 있다.

또한 전투지원부대인 포병, 공병, 통신 부대도 실기동 쌍방훈련을 하지 않아도 전시와 유사하게 훈련할 수 있다. 이들 부대는 전투부대를 지원하는 기능을 수행하므로 전투부대에서 요구하는 것을 조치한다. 즉 이들 부대 스스로 적의 행동을 보고 판단하여 실시간 조치하는 부대가 아니므로 일방훈련으로 진행하더라도 훈련성과 달성에 문제가 없다.

예를 들어 포병부대의 경우 실시간 사격은 보병에서 요청하는 표적을 타격하는 것이지 포병부대 스스로 표적을 찾아서 사격하는 것은 거의 없다. 계획된 표적도 정보부대에서 식별한 표적에 대하여 화력협조회의를 통해서 사격을 하는 것이므로 실시간 조치는 아니다. 따라서 일방훈련으로 주둔지에서 도상으로 진행하여도 훈련효과를 달성할 수 있다. 하지만 포병도 훈련의 성격에 따라서 실기동 쌍방훈련이 필요할 경우도 있다. 적 특작(特作)부대의 기습에 대비한 훈련을 할 경우에는 실기동 쌍방훈련이 필요한 경우이다. 이 경우는 보병부대를 지원하는 경우가 아니라 자기 부대를 방호하기 위해 직접 적을 상대함으로 적의 움직임에 따라서 실시간 조치가 필요하기 때문이다.

현재 KCTC 훈련에 전투단, 여단급 부대도 포함한다. 따라서 전투지원부대, 전투근무지원부대도 참가한다. 이는 재검토가 필요하다. 앞에서 언급했듯이 보병 대대급 이하 부대는 실기동 쌍방훈련이 필요하므로 이들만 별도로 쌍방훈련으로 진행하면 된다. 전투단에 포함되는 전투지원·전투근무지원부대는 예하 보병 대대를 지원하는 부대로 적을 직접 상대하지 않는다. 따라서 조성된 상황에 따라서 일방훈련으로 진행하더라고 훈련효과를 달성할 수 있다. 따라서 KCTC 단에 와서 훈련하지 않고 주둔지에서 일방훈련으로 진행하여도 훈련효과 달성에 문제가 없다. 전투지원·전투근무지원부대까지 출동하여 KCTC 단에서 훈련하기 위해서 많은 예산, 시간, 인력 소모가 많다. 재검토가 필요하다.

전투(작전)수행 기능·병과·전투발전 분야의 관계

미래 전투(작전)수행 개념을 작성할 때는 전투(작전)수행 기능별로 한다. 즉 기동, 화력, 정보, 지휘통제, 작전지속, 방호로 구분하여 미래에 어떻게 싸울 것인가를 구상한다. 그리고 이를 기초로 전력소요를 도출할 때는 전투발전 핵심 7대 분야인 무기·장비·물자, 구조·편성, 교리, 간부계발, 시설, 인적자원, 교육훈련 분야로 구분한다. 하지만 이것도 실제로 전력화하기 위해 실무를 추진할 때는 병과별로 한다. 간부들이 이점을 이해해야 한다.

전투(작전)수행개념은 CCC를 운영할 때에 적용된다. 통상 CCC는 기동반, 화력반, 정보반, 작전지속반 등 전투(작전)수행 기능별로 구분하여 운용한다. 이는 부대 구분에도 적용할 수 있으며, 병과를 구분하는 데 적용할 수 있다. 하지만 전투발전 핵심 7대 분야는 또 다른 차원임을 이해하여야 한다.

쉽게 생각해서 싸우는 모습을 상상할 때는 전투(작전)수행 기능별로 하면 되고, 이를 전력화하기 위해 업무를 추진할 때는 실제 운용되는 각 병과별로 담당하여야 한다. 그리고 각 병과는 전투발전 핵심 7대 분야별로 전력화 소요를 도출하여 추진한다.

제대별(梯隊別) 역할

나는 임관 후 수색대대, 특공연대, 특전사, 교육사에서만 근무하다가 대령으로 진급하여 처음으로 보병 7사단 참모장으로 근무했다. 일반 야전부대는 처음이었다. 야전부대 경험이 없는 내가 참모장으로 내정되자 사단장은 나를 기피하려고 육본에 문의하였으나 육본에서 대령 보직을 변경하려면 참모총장의 승인이 있어야 한다고 하여 포기하였다고 한다.

하여간 나는 그렇게 보병 7사단 참모장으로 1년간 근무하였다. 그러면서 느낀 점이 너무 많다. 나는 야전부대에 근무하지 않았지만 고등군사반

(OAC)[30], 지휘참모대학에서 졸업성적이 10% 내에 들었다. 또한 육군대학, 교육사 교리부에서 5년간 군사교리를 교육하거나 연구하여 《보병연대》, 《보병사단》, 《후방지역작전》 등 다수의 야전교범을 직접 작성하거나 감수하였다. 그러나 일반 장교보다 군사 경험은 일천하였다. 하지만 군사이론은 비교적 많이 연구하고 습득하였다.

내가 부임하자 사단장은 내게 직할대는 참모장이 연대장 역할을 하라고 하였다. 그 대신 사단장은 예하 연대·대대 지휘에 대부분 시간을 할애했다. 연대장은 통상 군 생활을 20년 이상한 장교들이고 나이도 45세 이상이다. 대대장은 군 생활 15년 이상이고 40세 정도이다. 이들은 연대·대대 정도를 지휘할 충분한 역량이 있다. 하지만 사단장은 연대장·대대장을 못 믿어 자주 방문하여 지도하였다. 상대적으로 직할대는 참모장에게 맡기고 등한시하였다.

전시에 사단은 3개의 전투단을 구성하여 전투에 임한다. 전투단은 보병연대를 모체로 전투지원·전투근무지원부대인 포병대대와 직할대인 수색·전차·통신·보수·정비·화학 대대 등에서 일부 부대를 할당받아서 구성된다. 전투단의 전투력은 보병연대 자체 전투력도 중요하지만, 직할대인 전투지원·전투근무지원부대의 지원에 좌우된다. 사단장은 평시 이들 부대에 관심을 가져야 한다. 편성상의 문제점이 무엇인가? 훈련의 문제점은 무엇이 있는지 파악하고 개선해야 한다. 직할대장은 중령, 소령이기 때문이고, 사단 내에 동일 병과의 상급자가 없기 때문이다. 참모장은 대령으로 병

---

30 Officer Advanced Course, 초급장교가 중위로서의 임무 수행을 마치고 입소하는 교육과정. 주로 중대장 임무를 수행할 때 필요한 분야와 이 외에도 참모 업무를 할 때 필요한 분야도 병행해서 24주간 훈련받는다. 정식 명칭은 대위 지휘참모과정이지만 육군에서는 고군반으로 통칭하며 해군, 해병대에서 부르는 명칭은 고등군사반, 공군은 없다(인터넷, 나무위키에서 검색)

과가 있으나 사단장은 장군으로 병과를 초월한다. 모든 병과를 아우르는 능력이 있다. 하지만 우리 군대의 대부분 사단장은 직할대에는 관심이 없다. 참모장에게 맡기고 본인은 전방 연대에 관심을 집중한다. 이는 잘못된 것이다.

보병사단은 제병협동부대이다. 23개의 모든 병과가 다 있다. 법무, 군의, 군종을 비롯하여 수의까지도 있다. 통상 시쳇말로 사단은 아기만 못 낳지 다 할 수 있다고 한다. 사단은 타 부대의 지원 없이도 스스로 부대를 운영할 수 있음을 의미한다. 즉 독립작전이 가능한 부대이다. 또한 모든 사단의 편제는 동일하다. 3개 보병연대, 1개 포병연대, 직할대로 구성되어 있다. 사단은 건제부대[31]로 예하부대가 같이 동일체로 움직여야 전투력 발휘가 가능함을 의미한다.

즉 사단은 인접 사단으로 예하부대를 파견할 수 없는 부대이다. 왜냐하면 파견받는 사단에서 다른 사단으로부터 받은 부대를 지원할 수 있는 여력이 없다. 사단은 예하 보병 3개 연대만을 지원할 수 있는 포병연대와 직할대로 구성되어 있기 때문이다. 부득이 지원해야 한다면 전투단을 구성해서 파견해야 한다. 하지만 이 경우도 많은 문제점을 야기한다. 지휘통제도 어려움이 있고, 더욱이 전투근무지원이 제한된다. 따라서 부득이 지원할 경우에는 일시적으로만 해야 한다.

사단 참모장으로 군단·사단 전투지휘훈련(BCTP)에 참가하였다. 군단장은 육본 정작(情作)부장을 하고 군단장으로 부임하였고, 사단장도 작전

---

31 법령에 의하여 창설된 부대의 기본제대로 편제상 단일지휘관 하에 고정 편성된 부대를 말하며, 건제부대에 대한 지휘, 통제는 교리 또는 규정이 정하는 바에 의함. 군 편제 규정에 따라, 단일 지휘관 밑에 고정 결합된 조직을 말하며, 이러한 부대는 그 본래 편제를 함부로 무너뜨려 단결을 와해시키는 일이 없도록 하여야 함. (인터넷 검색, 군사용어사전)

분야에서 잔뼈가 굵은 분이었다. 하지만 훈련 간 건제부대인 사단의 예하 연대를 인접 부대로 파견(작전통제)하는 것을 다반사로 했다. 전술 원칙에 위배되는 것이다. 실제 전쟁 상황이라면 파견된 연대는 전투력을 발휘할 수 없다.

군단은 최고의 전술제대이다. 반면에 사단은 부대관리와 교육훈련의 기본제대이다. 여기에 맞추어 군단, 사단은 편제되어 있다. 즉 군단은 전술(작전)을 위하여 정보, 작전 분야가 충분히 편성된 데 비해 전투근무지원인 인사, 군수 분야 부서는 적게 편성되어 있다. 왜냐하면 군단의 예하 사단은 자체적으로 전투근무지원으로 해결하기에 군단의 전투근무지원은 군단 자체 직할부대만 지원하면 되기 때문이다. 그런데 실제 운영하는 것을 보면 여기에 어긋나 있다. 예를 들어 사단 예하 대대장 중에서 가장 뛰어나다고 판단되는 장교를 사단 작전참모로 보직한다. 군단 작전과장(중령)이나 작계과장(중령)은 사단 작전참모 보직을 받지 못한 사람이 한다. 군단 작전과장이 사단 작전참모보다 훨씬 작전분야의 중요 업무를 수행하는데도 이는 고려하지 않는다.

사단 내에 가장 훌륭한 중령은 사단 교훈참모로 보직해야 한다. 사단은 교육훈련의 기본제대로 작전을 하는 제대가 아니라 교육훈련을 하는 제대이기 때문이다. 사단은 예하부대를 잘 훈련시켜 군단 작전에 기여하는 부대이다.

군단은 예하 사단, 여단 등 필요에 따라서 부대 규모가 커지기도 하고 작아지기도 하는 부대이다. 당연히 부대운용(작전)에 융통성이 많다. 꾀(작전)를 부릴 수 있다. 작전에 의하여 승패가 달라진다. 하지만 사단은 앞에서 언급했듯이 건제부대로 편제가 고정되어 있다. 전시에 융통성 있는 부대운영(작전)이 어렵다. 통상 2개 전투단은 전방에, 1개 전투단은 예비로 후방에 배치하여 싸운다. 부대운영(작전)에 융통성이 없다. 따라서 사단은 군단의 작전계획을 충실히 따르기 위한 실행이 중요하다. 즉 부대관리와 교육훈련을 잘하여 사기 높은 단결된 부대, 교육훈련이 잘된 부대를 만들어 군단의 작전을 성공적으로 수행하는 것이 중요하다.

사단의 예하에는 보병연대, 포병연대, 직할대가 있다. 이들 신임 지휘관이 부임할 때마다 업무보고를 한다. 업무보고의 주된 내용은 자기 부대를 파악하여 진단해 보고 임기 동안 어떤 방향으로 지휘하겠다는 것을 1차 상급 지휘관에게 보고하는 것이다. 연대장은 사단장에게, 대대장은 연대장에게, 중대장은 대대장에게 한다. 대부분 지휘관으로 부임하면 자기의 의지를 실현하고 싶어 한다. 따라서 업무보고 내용은 부임 지휘관의 가치관을 반영하므로 각양각색이다.

나는 이것은 잘못이라고 생각한다. 사단은 동일체이다. 사단장이 추구하는 방향으로 부대관리와 교육훈련을 해야 한다. 예하 지휘관의 생각이 따로 있을 수 없다. 단지 사단장이 요구하는 방향 내에서 융통성이 있을 뿐인데, 예하 지휘관의 가치관을 반영한 업무보고는 불필요하다. 따라서 연대장 이하의 업무보고는 어떻게 부대를 지휘할지에 초점을 맞추어선 안 되고 사단장이 군단장에게 보고한 업무보고를 확인하고 부대를 진단하여 사단장의 업무보고를 구현할 방법을 제시하는 데 그쳐야 한다. 다음은 내가 생각하는 분대장, 소대장, 중대장, 대대장, 연대장의 역할이다.

분대장 분대는 통상 10여 명으로 구성되면 그 특징은 군 조직의 최하위 단위이며 동고동락(同苦同樂)하는 조직이라는 점이다. 분대는 동일 일과를 한다. 교육훈련, 작업을 같이 하기도 하고 밥도 같은 식탁에서 먹고 잠도 동일 공간에서 잔다. 이렇게 동고동락하는 사람끼리는 모두가 드러난다. 따라서 분대의 리더인 분대장에게 요구되는 것은 조직원들에게 모범을 보이는 것이다. 즉 솔선수범이 가장 필요한 덕목이다. 또한 분대장은 지휘만 하는 것이 아니라 분대가 맡은 업무 중에 일정한 부분을 맡아서 조직원과 같이 목표를 추구해야 한다. 즉 축구팀의 주장과 같은 역할을 해야 한다.

따라서 분대장에게는 축구 감독이나 코치와 같은 지휘역량과 전문성이 요구되지는 않는다. 분대장은 축구팀 주장과 같이 분대원과 동고동락하면서 이들을 이해해 주고 애로사항이 있으면 상급 지휘자인 소대장에게 보고하여 조치를 받으면 된다. 즉 매사에 열정적이고 성실하면 분대장 임무를 수행하는 데 어려움은 없다고 본다. 하지만 여기서 중요한 점은 인간적인 면을 갖추어야 한다. 왜냐면 분대는 동고동락하는 특징 때문에 분대장의 인간성이 가감 없이 드러나는 조직이다. 인간적인 매력이 없는 분대장인 경우에는 분대원들이 싫어하는 경우가 발생할 소지가 크다. 이런 점에서 분대장의 계급은 부사관으로 분대원과 신분상의 차이는 없는 것이 특징이다. 손자가 주장하는 리더의 덕목으로 보면 분대장은 최우선으로 인(仁)이 필요하다.

소대장 소대는 통상 소대본부와 3개 분대로 이루어져 30~40명으로 구성된다. 소대를 지휘하는 직책은 소대장으로 장교이다. 소대장은 3개의 분대를 지휘해야 한다. 오직 지휘자의 임무에 충실하기만 하면 된다. 그러나 소대장은 소대원들의 가시권에서 행동하게 되므로 모든 행동이 소대원들에게 노출된다. 허튼 행동을 하면 신뢰를 잃어버릴 수 있다는 점을 조심해야 한다. 따라서 소대장도 분대장과 같은 솔선수범, 따뜻한 인간애가 필요하다. 하지만 솔선수범, 따뜻한 인간적인 면에만 의존하여 지휘한다면 자칫 권위를 잃게 되어 전쟁이라는 위험한 상황에서 강력한 리더십이 필요할 때에 리더십 발휘가 어려워질 수 있다.

이런 이유로 소대장은 장교로 보직한다. 장교는 과거 유럽의 봉건주의 시대에는 평민인 부사관이나 병사와 달리 귀족으로 임관시켰다. 그렇게 함으로써 권위를 보장했다. 하지만 현재의 신분이 철폐된 시대에 장교는 좋은 학력과 우수한 신체조건과 두뇌를 필요로 한다. 그리하여 전쟁 상황이라는 복잡한 환경에서 부하들이 소대장을 믿고 의지할 수 있게 하여야 한다. 이런 이유에서 장교는 부사관과 달리 의무적으로든, 자발적으로든 부단히 공부하여 지식을 습득함으로써 부하로부터 존경을 받아야 한다. 손자가 주장하는 리더의 덕목으로 보면 소대장은 우선적으로 지(知), 인(仁), 용(勇)이 필요하다.

중대장 중대는 통상 중대본부, 3~4개 소대로 통상 150명 내외로 구성된다. 분대장과 소대장은 지휘자라고 하지만 중대장은 지휘관으로 호칭한다. 중대장은 대위 계급이 담당하며 예하에 5명 정도의 장교가 있다. 중대는 전투의 기본단위라고 한다. 전투의 기본단위라는 의미는 독립적인 전투를 할 수 있는 능력이 있는 기본 단위부대라는 의미이다. 즉 보병중대인 경우, 3개의 소총소대와 화기소대로 구성되어 전투의 기본이 되는 기동력과 화력을 보유하고 있다. 따라서 적을 제압하기 위해 주공 소대, 조공 소대, 예비 소대로 전투대형[32]을 편성할 수 있으며 화기 소대로 이들 보병 소대를 지원할 수 있음을 의미한다. 이런 의미에서 중대는 전술의 최소 단

---

32 《군사용어사전》의 정의 : 특별히 소총분대 및 소대를 위주로 만들어진 것이나 전투에 있어 소규모 부대의 통제 및 전술적 운용을 효과적으로 향상시킬 수 있는 전개대형.

위부대라고 해도 과언이 아니다.

중대장부터 지휘관으로 호칭하는 데는 이유가 있다. 지휘자의 의미는 대형 선두에서 진두지휘하는 솔선수범의 의미를 내포한다. 하지만 지휘관의 의미는 전장을 관찰하면서 상황에 따라 적시 적절한 전투지휘(전투대형 변경, 전진, 후퇴 등)를 하여야 함을 의미한다. 여기서 주시해야 하는 점은 중대장은 예하 참모를 가지지 않고 본인이 직접 전장을 관찰하여 판단하고 지시해야 하는 점이다. 따라서 중대장은 부대의 전진 속도와 동일하게 움직이면서 지휘해야 하므로 전술적 지식과 강인한 체력도 요구된다. 손자가 주장하는 리더의 덕목으로 보면 우선적으로 중대장은 소대장과 같이 지(知), 인(仁), 용(勇)이 필요하다.

대대장 대대는 통상 참모를 포함한 대대본부, 본부 중대, 3~4개 중대로 통상 500명 내외로 구성되어 있다. 대대의 리더인 대대장은 중령 계급으로 나이는 통상 40세 전후이다. 대대는 일반적으로 독립된 주둔지 내에서 생활하므로 동일 주거시설과 훈련장을 사용한다. 일상생활이 시간, 장소만 다를 뿐이지 거의 유사한 훈련과 일상생활을 한다. 그런 점에서는 분대, 소대, 중대와 다를 바는 없다. 하지만 대대는 앞의 부대와는 달리 참모조직을 갖고 있는 최하위 제대이다. 중대장은 참모의 조력 없이 중대장이 직접 상황을 판단하여 의사결정을 하지만 대대장은 인사, 정보, 작전, 군수참모의 조력을 받아 의사결정을 한다. 이는 대대급 부대의 규모는 1인에 의해서 지휘하기는 제한됨을 의미한다.

하지만 평시에는 동일 주둔지 내에 거주하므로 조직원들의 행동이 대대장의 가시권 안에 있다. 평시에는 참모의 조력 없이도 충분히 직접 지휘가 가능함을 의미한다. 마찬가지로 조직원들이 대대장의 행동을 가시권에서 관찰할 수 있다. 이런 점에서는 대대장도 중대장과 같은 리더십 덕목이 필요하기도 하다. 하지만 중대장 이하 리더와 같이 솔선수범, 인간애 등이 요구되지는 않는다. 왜냐면 구성원들과 개인적이고 비공식적인 접촉보다는 공식적인 접촉이 많기 때문에 오히려 신뢰를 얻는 것이 중요하다.

전시에 대대장은 조직원들을 직접 관찰할 수 없다. 중대장을 통하여 상황을 보고받고 이를 판단하여 지휘할 수밖에 없다. 그것도 전장이라는 복잡한 상황 때문에 본인이 모든 것을 보고받고 판단하기란 매우 어렵다. 따라서 참모조직을 활용하여 간접지휘를 해야 한다. 그러나 참모조직 중 작전과장은 소령이지만, 나머지 참모는 중위~대위의 위관장교로 구성된다. 지식과 경험면에서 대대장과의 차이가 너무 많이 난다. 이런 점에서 대대장은 참모조직을 활용하여 보고받고 상황은 판단하지만 결정은 스스로 해야 하는 경우가 많다. 이런 점을 감안한다면 손자가 주장하는 리더의 덕목으로 보면 대대장은 지(知), 신(信), 용(勇)이 필요하다.

연대(전투단)장 연대는 통상 참모를 포함한 연대본부, 본부 중대, 3~4개 대대로 통상 2000명 내외로 구성된다. 평시에 연대는 대대와는 떨어져 연대본부, 본부 중대, 일부 직할대와 같이 생활한다. 연대장은 연대를 구성하는 대부분 인원과 떨어져 일부 인원만 접촉하며 생활한다. 이러다 보니 평시에 연대장은 대대장을 통하여 간접지휘를 한다. 단지 연대장은 대대장을 지휘 감독하여 연대장의 요구하는 바가 달성되었는지 확인하는 기능을 한다. 하지만 이것도 연대장이 요구하는 것이기보다는 사단장의 부대관리와 교육훈련의 의지를 전달하고 사단장이 요구하는 바가 이루어지도록 관리, 감독하는 중간관리자로서 역할이다. 즉 연대장은 대대장의 활동을 사사건건 간섭하여 제한하면 안 된다. 대대장이 지휘할 수 있는 여건을 만들어 주고, 애로사항을 사단장에게 건의하여 이를 해결해 주고 책임지는 역할을 해야 한다.

연대의 참모들은 통상 소령급이다. 대부분 지휘참모대학을 졸업한 영관장교이므로 대대급 참모와는 그 수준이 다르다. 지휘참모대학은 장교가 받는 의무교육과정 중에 최고의 과정이다. 따라서 연대급 참모의 능력은 지식 면에서 연대장과 큰 차이는 없다고 보아야 한다. 단지 연대장과의 차이는 경험에서 오는 차이일 뿐이다. 따라서 연대장은 특별한 경우를 제외하고는 참모에게 구체적인 지시보다는 임무형 지시가 적합하다.

전시에 연대장은 사단으로부터 전투지원부대와 전투근무지원부대를 할당받아서 운영하여 예하 대대를 지원한다. 예하 대대의 임무는 통상 일정한 목표를 확보하는 것이다. 따라서 연대장은 전투지원부대와 전투근무지원부대를 적시 적절하게 지원하여 예하 대대의 기동 여건을 보장하는 것이다. 연대장은 전시에 할당받는 지원부대들을 평시에 관심을 갖고 훈련시켜야 한다(이들 부대는 평시에 사단 직할대로 편성되어 사단장 책임하에 훈련함). 이런 점을 고려하면 연대장은 2000여 명을 지휘하는 리더로서 지(知), 신(信), 인(仁), 엄(嚴), 용(勇) 모두 필요하다 하겠다.

육·해·공군·해병대 합동성 강화

직업군인의 탄생 직업군인의 시초는 동서양을 막론하고 근대 이전에는 용병 형태의 기사나 돈 많은 귀족의 사병으로부터 출발했다.

현대와 같이 평상시부터 군대에 복무하며 생업으로 삼는 직업군인은 프랑스 혁명의 나폴레옹 군대를 출발로 하여 19세기 근대 국가가 형성되면서 시작되었다. 근대 이전 봉건시대의 국가는 왕의 소유물로, 국가 간의 전쟁은 왕의 재산을 지키기 위한 왕들끼리의 전쟁이었다. 전투원도 주로 용병으로 이루어졌으며, 전쟁은 치열하게 싸우기보다는 적당한 수준에서 타협적으로 마무리되었다. 따라서 대부분의 전투는 소규모로 짧게 이루어졌다. 그러나 나폴레옹 전쟁 이후, 주권, 영토, 국민의 3요소를 갖춘 근대 국가가 형성되면서 전쟁은 왕들끼리의 싸움이 아닌, 국민의 주권과 영토, 생명을 지키기 위한 중대사가 되었다.

따라서 근대 국가는 국가를 방어하기 위해 평상시부터 군대를 유지하는 상비군 제도를 도입했다. 미국의 사회학자 찰스 틸리(Charles Tilly)는 "전쟁은 국가를 만들고, 국가는 전쟁을 한다."라고 말했듯이, 전쟁 준비는 국가의 필수불가결한 요소가 되었다. 한 국가가 전쟁에서 패하면 국가는 소멸하고, 국민은 영토와 주권을 잃고 노예로 전락할 수 있기 때문에 국가는 총력을 다해 전쟁을 준비했다. 국력이 총동원되다 보니 전쟁은 대규모, 장기화, 광역화되었고, 산업의 발달로 인해 다양한 무기체계가 전장에서 운용되었다. 이에 따라 전문적인 지식과 기술을 갖춘 직업군인이 탄생하게 된 것은 당연한 결과였다.

현대 대부분의 국가는 평시에 적정 규모의 상비군을 유지하다가, 전쟁이 발발하면 인력과 물자를 총동원해 전쟁을 수행한다. 이러한 상비군의 근간이 되는 것이 직업군인이다.

대부분의 국가는 모병제와 징병제를 통해 상비군을 충원하고 있다. 모병제는 개인의 자유 의사에 따라 직업군인을 지원하는 병역제도를 의미하는 반면 징병제는 국가가 국민에게 병역 의무를 강제로 부여해 일정 연령 이상의 국민들이 일정 기간 동안 군 복무를 해야 하는 제도이다. 평상시에는 모병제를 통해 상비군을 유지하지만, 전쟁이 발발하면 징병제로 전환하여 대규모 병력을 동원해 총력전을 펼친다.

현재 우리나라는 간부(장교, 부사관)는 모병제로, 사병은 징병제로 병력을 충원하고 있다. 하지만 병역 자원의 감소로 인해 모병제로의 전환이 논의되고 있다. 그러나 모병제로 전환할 경우, 우리나라의 뿌리 깊은 군인 천시 풍조로 인해 병역 자원의 질 저하가 우려되고 있는 상황이다.

육군·해군·공군·해병대 앞에서 설명한 것과 같이, 군대는 가족, 부족, 국가의 안전을 위해 생겨났다. 과거 대부분의 인간은 육지에서 살았고 활동 범위도 넓지 않았기 때문에, 군대는 주로 지상 전투에 적합하도록 발전했다. 그러나 문명이 발달하면서 인간의 활동 영역이 넓어지기 시작했다.

인간은 호기심이든 자원의 부족이든 바다를 건너 육지에 도달하기 위해 배를 제작하여 이동하게 되었다. 이 과정에서 다른 부족을 만나게 되었고, 영역 다툼이 일어나기 시작했다. 초기의 배는 단순히 이동수단에 불과했으나, 방어하는 입장에서는 침략자의 배가 육지에 닿기 전에 바다에서 침몰시키는 것이 더 효과적이었다. 이로 인해 바다에서의 전투가 필요해졌고, 배를 무장하는 과정에서 군함으로 발전했다. 이와 함께 바다에서 싸우는 기술이 필요해졌고, 이에 따라 해군이 탄생하게 되었다.

해병대는 배를 타고 이동해 지상 전투를 수행하는 부대로, 육군의 임무와 유사하다. 따라서 원래는 육군과 구별되는 별도의 해병대가 필요하지 않았으나, 전쟁을 거치며 일부 국가들이 별도의 해병대를 창설하고 운영하게 되었고, 해병대는 용감하게 싸워왔다. 그 결과, 대부분 국가는 해병대를 별도로 편성하여 그 전통을 유지하고 있다.

공군은 고대부터 존재했던 육군과 해군(해병대)과는 달리, 제1차 세계대전 때 항공기의 출현 이후에 발전한 군이다. 초기 공군은 주로 지상 전투를 지원하는 정찰, 화력 유도 등의 임무를 수행했으나, 항공기의 무장 능력과 항속거리가 발전하면서 적 후방 지역을 폭격하는 기능을 수행하게 되었다. 이에 따라 공군은 독자적인 영역을 인정받아 별도의 군으로 발전하게 되었다.

육군, 해군, 공군, 해병대는 과학의 발달과 더불어 각기 다른 영역(지상, 해상, 공중)에서 전투를 수행하면서 독자적인 전문성을 갖추게 되었다. 이와 같은 발전 과정에서 각 군은 전장 환경의 차이로 인해 서로 다른 특성을 가지게 되었다.

육군(해병대)은 지상에서 전투를 수행하며, 지형을 효과적으로 이용하는 것이 승리의 중요한 요소이다. 적과의 근접전투를 통해 생명에 대한 공포를 극복해야 하므로 강한 정신력이 요구되며, 전투력 발휘는 무기보다는 인력에 의존하는 경향이 크다. 이로 인해 조직의 중요성과 리더십이 강조된다.

반면 해군과 공군은 장애물이 없는 해상과 공중에서 전투를 수행하기 때문에, 먼저 보고 먼저 쏘는 것이 승리를 좌우한다. 따라서 인력보다는 우수한 무기체계가 생존과 승리를 보장하는 특성을 가지게 되었다.

이러한 차이로 인해 육군(해병대)은 리더십 향상과 단결된 전투력 발휘를 위한 교육훈련을 강조하는 반면, 해군과 공군은 우수한 무기체계를 확보하는 것이 전장에서 승리를 보장하는 중요한 요소로 인식된다. 이로 인해 각 군은 사고방식의 차이가 존재하며, 평시 업무 수행의 중점도 다르게 나타나 상호 불신하는 경향도 발생할 수 있다.

이러한 불협화음을 극복하고 각 군을 화합시켜 전투력을 극대화하는 것이 각 국가의 중요한 과제가 되었고, 이에 따라 합동성을 강화하려는 노력이 계속되고 있다.

합동성(육군+해군+공군+해병대) 강화 과거 전쟁은 주로 육군이 지상에서, 해군이 바다에서 전투를 수행하는 형태로 이루어졌다. 그러나 현대전에서는 전투가 일어나는 지역에 따라 병종(육군, 해군, 공군, 해병대)이 정해지는 것이 아니라, 각 병종이 함께 전투에 참가하는 형태로 이루어진다.

그 이유는 발달된 무기체계 덕분에 육군이 해군을, 해군과 공군이 육군을 지원할 수 있는 정보력과 화력을 갖추게 되었기 때문이다. 이를 통해 상대방과의 전투에서 승리하기 위해 육군, 해군, 공군, 해병대를 통합하여 전투력을 극대화하는 것이 필요해졌다.

군사력 건설에 있어서도 각 병종 간의 중복을 피하고 효율적으로 구성하는 것이 국가 재정에도 도움이 된다. 이 때문에 각국은 육군, 해군, 공군, 해병대를 어떻게 통합하여 싸울 것인지, 임무 분담을 어떻게 할 것인지, 그리고 이를 위해 어떤 무기체계를 구비할 것인지가 중요한 과제로 떠오르고 있다. 이에 따라 '합동성 강화'가 대두되었다.

특히 미국은 합동성 강화를 위해 선도적인 역할을 했다. 베트남 전쟁, 1980년 이란 인질 구출 작전, 1983년 그레나다 작전 등의 교훈을 바탕으로, 각 군 중심의 작전보다는 육군, 해군, 공군, 해병대가 상호 협조하는 합동 작전을 강화해야 한다는 필요성을 느꼈다. 1980년 이란 테헤란에서 미국 대사관 직원들을 구출하기 위한 '독수리 발톱 작전'에서는 각 군의 통신 수단이 서로 달라 협조가 어려웠고, 해군 헬리콥터와 공군 수송기가 충돌해 8명이 사망하는 사고가 발생해 작전이 실패한 바 있다. 이러한 문제를 해결하기 위해 상원 의원 배리 골드워터와 하원 의원 윌리엄 니콜스는 1986년 골드워터-니콜스 법을 발의했고, 이를 통해 합동참모의장의 역할을 강화하고, 대통령-국방부 장관-전투사령관 간의 지휘선과 책임을 명확히 했다. 이 법은 미군의 합동성 강화에 큰 기여를 했다. 1991년 걸프전에서 보여준 공지(空地)전투는 이 합동성 강화의 성과를 잘 보여주었으며, 이후 이라크전, 아프가니스탄전에서도 긍정적인 성과를 거두었다.

우리나라도 미국의 골드워터-니콜스 법에 자극을 받아, 노태우 정부 시절 1988년 오자복 국방부 장관이 '장기 국방태세 발전방향 연구계획(일명 818 계획)'을 대통령에게 보고했다. 노태우 대통령은 군 구조를 통합군제로 개편하고, 각 군의 통합을 통해 효율적인 군 운영을 추진해야 한다는 비전을 제시했다. 그러나 이 구상은 야당과 정치권의 강한 반발을 불러일으켰다. 통합군제가 시행될 경우 국방참모총장에게 군령과 군정을 모두 집중시킬 수 있다는 우려와 함께, 특히 해군과 공군에서는 육군이 주요 직위를 독식하며 자신들이 소외될 것이라는 불안감이 확산되었다. 또한, 각 군의 참모총장들의 위상이 저하될 것이라는 우려와 각 군의 이기주의가 맞물리면서, 818 계획은 끝내 좌절되었고, 현재와 같은 3군 병립의 합동군 제도가 한국군의 기본 체제로 정착하게 되었다.

합동성 강화를 위한 통합군제는 입법상의 어려움으로 실현되지 않았지만, 국방부 장관과 합동참모의장은 3군 병립의 합동군 제도 내에서 지속적으로 합동성을 강화하려는 노력을 이어왔다. 특히 합동참모본부의 기능을 강화해 각 군을 효율적으로 통제하려는 시도가 있었으나, 각 군 참모총장의 반대와 합참의장이 인사권을 갖지 않아 예하 부대에 대한 장악력에 한계가 있었고, 성공적인 결실을 보지 못했다.

2010년 천안함 폭침 사건을 계기로 각 군의 이기주의와 상호 이해 부족, 불협화음 등의 문제가 드러나면서 합동성 문제가 본격적으로 제기되었고, 2010년부터 매년 합참의장 주관 하에 합동성 강화 대토론회가 개최되고 있다.

합동성 강화는 두 가지 방법으로 추진되었다. 첫 번째 방법은, 합참이 각 군의 작전사령부를 직접 통제하는 대신 유사한 기능을 가진 부대를 단일 합동부대로 통합해 합참 예하에 두는 것이었다. 이에 따라 국군화생방방호사령부, 국군지휘통신사령부, 사이버작전사령부 등 여러 합동부대가 창설되었다.

첫 번째 방법인 합동부대를 운영하는 것은 기능이 유사한 전투지원 및 전투근무지원 부대를 통합하는 것이므로, 각 군이 별도로 운영하는 것보다 효율적이었다. 부대 통합에 따른 인원 배분 문제는 일부 잡음이 있었지만, 전반적으로 긍정적인 결과를 보였다. 하지만 평시에도 모든 부대를 전시 편성대로 유지하고 훈련하는 것이 전투력 발휘 면에서 효율적으로 보이지만 그렇지 않은 경우도 있음을 알아야 한다.

예를 들어, 보병사단의 경우 평시에는 보병 3개 연대, 포병 1개 연대, 수색대대, 전차대대, 공병, 화학, 수송, 보급, 정비 등의 각 병과 부대를 독립적으로 운영한다. 평시에는 병과별로 특성에 맞는 교육훈련과 장비 정비 등 부대 관리가 필요하기 때문이다. 그러다 전시가 되면, 보병연대를 중심으로 포병, 수색, 전차 등 다양한 병과 부대를 연대에 배속시켜 전투단을 구성하여 운영하는 방식으로 바뀐다. 이처럼 평시에는 별도로 운영하다가 전시에는 병과를 통합하여 단일 지휘 체계 아래에서 운영하는 것이 전투력 발휘에 유리한 경우도 있음을 알아야 한다.

마찬가지로, 평시에 육군, 해군, 공군, 해병대를 통합하여 합동부대를 운영하는 것이 유리한지, 아니면 평시에는 독립적으로 운영하다가 전시에 통합하는 것이 유리한지는 신중히 검토할 필요가 있다. 평시에는 각 군이 독립적으로 특성에 맞는 역할을 수행하면서도, 전시에는 통합 작전의 필요성을 고려해 효율적인 운영 방안을 찾는 것이 중요하다.

둘째 방법은 육·해·공군 및 해병대의 싸우는 방법(교리)을 통일하여 합동교리로 흡수하고, 합동 교육을 강화하는 것이었다. 이의 일환으로 육·해·공군 대학을 통합하여 합동군사대학이 창설되었지만, 창설 9년 만에 문제점이 발생하여 2020년 12월 1일 다시 각 군별로 분리되었다. 각 군의 고유한 전투 방식과 특성까지 통합하려는 시도는 무리가 있었기 때문이다.

전시에 육·해·공군·해병대가 함께 합동작전을 수행해야 할 경우는 상륙작전, 공수작전, 근접항공지원 등으로 제한적이다. 대부분의 작전은 특정 군이 주도하고, 나머지 군은 정보와 화력 지원을 제공하는 형태로 이루어진다. 따라서 지휘통제, 화력지원, 정보지원 면에서의 용어나 절차 통일은 필요하지만, 각 군의 싸우는 방식까지 통일할 필요는 없으며 통일이 가능하지도 않다. 오히려 이러한 시도는 오히려 각 군의 고유한 특성을 저해할 수 있다.

일부에서는 합동성을 지나치게 강조하며 "사자(육군, 해병대), 독수리(공군), 돌고래(해군)를 합쳐 오리를 만들게 된다"는 비유를 든다. 오리는 지상에서 뛰고, 해상에서 헤엄치며, 공중에서 날 수 있지만, 사자, 독수리, 돌고래와는 비교할 수 없는 나약한 전투력을 가진다. 각 군이 고유한 특성에 맞게 전장에서 싸우는 것이 효과적이며, 이를 억지로 통합하려는 시도는 무리라는 지적이다.

합동교리 체계가 모든 군에 동일하게 적용되면, 각 군의 교리와 전투 방식이 흔들리기 마련이다. 실제로 합동군사대학은 분리되었지만, 여전히 합동교범이 발간되고 있어, 이에 따른 부작용이 발생하고 있다. 합동성을 강조하는 과정에서 각 군의 전장 환경과 특성을 고려하지 않으면, 오히려 전투력 발휘에 부정적인 영향을 미칠 수 있다.

따라서 지휘통제, 화력지원, 정보지원에 관한 절차와 용어는 통일할 필요가 있다. 하지만 각 군의 고유한 싸우는 방법은 통합하는 대신, 전시 작전예규나 명령으로 합동작전을 수행할 때 상호 협력할 사항을 명시하는 방법이 바람직할 것이다. 평상시에는 각 군의 특성에 맞는 교육과 훈련을 진행하면서, 전시에 합동작전이 필요한 경우에만 상호 협력하는 방식이 더 효율적일 것이다.

위에서 시도한 합동성 강화를 위한 두 가지 방법 외에도, 각 군의 탄생 배경과 독자성을 이해하고 인정하는 것이 중요하다. 각 군이 사용하는 무기체계와 싸우는 방식을 이해해야 합동성 강화가 원활해지고, 육·해·공군·해병대 중 어느 군의 지휘관이 합참의장이 되더라도 각 군을 효과적으로 운용할 수 있다. 합동성 강화의 핵심은 상호 이해와 신뢰 회복에 있다. 이를 위해 각 군의 특성을 이해하는 것이 필수적이다.

육군(해병대)은 지상에서 싸우며, 전투가 이루어지는 장소는 산악, 하천 등 다양한 자연 지형지물과 건물, 공장, 댐과 같은 인공 지형지물이 포함된 복잡한 환경이다. 이 환경에서 승리하기 위해서는 지형을 최대한 활용하거나 극복해야 한다. 과거 전쟁 사례에서, 적은 병력과 열악한 무기로도 훌륭한 지휘관의 지략과 부대원의 정신력으로 강력한 적을 무찌른 사례가 많다. 육군은 직접 대면하여 적과 싸우며, 생명의 위협을 느끼는 상황에서 강인한 정신력이 필수적이다. 따라서 육군에서 지휘관의 리더십은 전승의 핵심 요소이다.

육군의 보병학교 모토인 '나를 따르라'와 육군대학의 '전술의 전당, 지략으로 승리하자'는 이러한 리더십과 지략을 강조하는 이유이다. 육군과 해병대는 적과 직접적으로 대면해 싸우는 특성 때문에, 평시와 전시에 싸우는 장소가 달라진다. 전시에는 주둔지를 떠나 진지로 이동하여 전투를 수행한다. 이로 인해 육군은 평시 주둔지에 대한 투자가 소홀해져 상대적으로 생활환경이 열악해지는 경향이 있다. 해군과 공군 간부들이 육군의 사단사령부나 군단사령부를 방문할 때 그 열악한 시설에 놀란다.

또한, 육군은 해·공군에 비해 인력에 대한 의존도가 높다. 상대적으로 많은 병력을 보유하고 있어, 내무반, 편의시설, 복장, 급식 등을 개선하려면 막대한 예산이 소요된다. 이러한 이유로 육군은 해·공군보다 열악한 환경에서 생활하는 경우가 많다.

해군과 공군은 해상과 공중이라는 특수한 환경에서 싸우며, 특히 해상과 공중은 장애물이 없는 개활지이다. 해군의 수중 작전만이 예외이다. 이 환경에서는 '먼저 보고 먼저 쏘는 자가 이긴다'는 원리가 적용되며, 이는 무기체계가 전투의 승패를 좌우하는 핵심 요소임을 의미한다. 아무리 교육과 훈련이 잘된 인적 자원을 보유하고 있더라도, 우수한 무기로 장비된 군대와 싸우면 승리하기 어렵다. 이 때문에 해·공군은 멀리 보고, 멀리 쏠 수 있는 장비와 무기체계를 갖추는 것이 매우 중요하다.

해·공군의 이러한 전투 특성을 육군(해병대)이 이해해야 할 중요한 점이다. 해·공군 장교들이 지휘참모대학에서 상대적으로 여유 있는 학업을 진행하는 이유도 여기에서 비롯된다. 육군(해병대) 장교들은 밤을 새워 전술과 리더십에 대해 공부하지만, 해·공군 장교들은 무기체계 운용에 중점을 두기 때문에 접근 방식이 다르다. 이는 두 개 군의 전투 환경과 요구되는 능력의 차이에서 발생한 것으로, 해·공군은 적을 직접 대면하지 않고 표적으로 인식해 간접사격을 하며, 무기체계의 효율적 운용이 중요하다. 이에 따라 해·공군은 지휘관의 리더십보다는 경영적인 마인드, 즉 조직의 통솔보다는 관리가 필요하다.

또한 해·공군은 평시 주둔지가 전시에도 그대로 전투진지가 되는 특성이 있다. 이로 인해 평시 주둔지에 대한 투자가 곧 전투력 향상으로 이어진다. 육군 장교들이 해·공군 부대를 방문하여 시설이 웅장한 것을 보고 놀라는 것도 이런 배경을 알면 이해할 수 있다.

합동성을 강화하려면 합동부대 창설과 합동교리 정립이 중요하지만, 각 군의 고유한 특성과 자부심을 이해하고 존중하는 것이 먼저이다. 육군, 해군, 공군, 해병대 각각이 자신만의 전술적 운용 방식과 역할에 대한 자부심을 가지고 있다. 이들을 이해하고 협력해야만 성공적인 합동작전을 수행할 수 있으며, 합참의장이나 지휘관이 각 군을 지휘할 때 발생할 수 있는 오해나 불신을 해소할 수 있을 것이다.

결국, 합동성 강화를 위해서는 상호 이해와 신뢰가 무엇보다 중요하며, 이를 바탕으로 각 군의 무기체계와 전술적 특성을 충분히 고려한 작전계획이 수립되어야 한다.

제
3
장

내가 겪은 상관
−부하는 실험 대상이 아니다

좋은 것은 부하 먼저

　○○사령부에서 근무할 때 이야기다. 사령관이 새로 부임하였다. 육군본부에서 근무하다 중장으로 진급하여 바로 사령관으로 오셨다. 본인이 생각하기에 사령부라고 하면 건물도 좋고 내부 집기류도 좋을 것이라 생각한 것 같다. 그러나 막상 와보니 형편없었다. 본인이 육군본부에 불용예산을 요청하여 추가로 예산을 배정받았다. 아마 육본 실무자들이 전관예우를 해준 덕분이라 생각한다. 이 예산으로 사령관 집무실 집기류를 교체하고, 사령관과 참모들이 사용하는 식당을 리모델링하였다. 이러니 부하들이 사령관을 존경할 리가 없다. 예산 사용의 우선순위는 먼저 전쟁에 필요한 것, 둘째 부하들의 복지이다. 상급자 본인을 위한 것이 마지막이 되어야 한다. 그래야 부하들에게 존경받는 지휘관이 된다.

　지휘관으로 부임해서 하지 말아야 할 것이 있다. 바로 본인과 관련된 집무실, 공관을 수리하지 말아야 한다. 완전히 기능이 고장 나서 사용이 불가하기 전에는 그냥 지내는 것이 좋다. 지휘관은 빈손으로 왔다가 빈손으로 가는 것이 원칙이다. 수리할 곳이 있다면 보직 마감 직전에 후임 지휘관을 위해서 수리하는 것이 원칙이고 보기도 좋다.

　지휘관으로 부임해서 조심해야 할 게 있다. 부하들은 부임한 지휘관이 부대를 위하는 사람인지 아니면 출세만을 위한 사람인지 지켜본다. 출세만을 위한 사람으로 인식되지 않으려면 다음의 행동은 하지 말아야 한다. 부하들과 회식하지 않았으면 기무부대장, 헌병대장, 상급부대 참모와 회식하지 말아야 한다. 적어도 2차 하급자까지 회식을 한 후에 천천히 기무부대장, 헌병대장, 상급부대 참모와 자리를 마련해야 한다. 본인의 집무실, 관사가 불편하더라고 이와 관련된 일체의 이야기를 하지 말아야 한다. 정

불편하다면 부하들의 사무실 환경을 개선해 준 후에 천천히 하는 것이 좋다. 지휘관의 힘은 부하의 존경으로부터 나온다. 상급 지휘관이 나를 인정해도 부하가 나를 불신한다면 아무 의미 없는 일다. 이 점을 명심하고 부하로부터 존경받도록 해야 한다. 그 후 부하의 힘을 얻어서 상급 지휘관에게 신임을 얻어야 오래 간다.

감동을 주는 지휘관

특공연대 중대장 시절 이야기다. 1년에 한 번 천리행군을 한다. 천리행군은 400km를 8박9일 간에 행군으로 주파하는 훈련이다. 주둔지 생활과 반대로 오후 17시에 아침을 먹고 출발하여 밤 24시에 점심을, 새벽 5시를 전후로 도착하여 저녁을 먹는다. 통상 일일 40km를 걷는다. 산악, 야지, 도로 등 가리지 않고 안전하고 빠른 길을 선택하여 행군로를 선정한다. 특전사에서는 중대별로 천리행군을 했다. 중대원은 10명 내외로 한 눈에 들어왔다. 그러나 특공연대 중대는 10명 내외로 구성된 5개 소대가 있다. 중대 인원은 60명 내외이다. 소대장이 군대 경험이 일천해 소대별로 행군을 시키지 못하고 중대장이 인솔하여 함께 행군을 해야만 했다. 그러다 보니 자연적으로 중대장의 심적 부담이 컸다. 특전사나 특공연대는 통상 연 1회 대대별로 야외전술종합훈련이란 명목으로 4~6주간 야외 훈련을 한다. 마지막 부대로 복귀하면서 천리행군을 하는 것이다.

4~6주간 집을 떠나서 야외에서 의식주를 해결해야 한다. 부대원들도 힘이 들지만 특히 이를 책임지고 훈련하는 대대장, 중대장은 긴장의 연속이었다. 특히 중대장은 병사와 동일한 군장을 착용하고 행군하면서 병사들을 직접 지휘해야 한다. 정신적으로뿐만 아니라 육체적으로도 힘들다.

그렇다고 누구와 이야기할 사람도 없다. 혼자 고민하고 삭히면서 훈련에 임한다.

일일 계획된 행군을 마치고 통상 산골짜기에서 숙영한다. 그러다 보니 하루 행군의 마지막은 산골짜기로 향하는 외통길인 경우가 많다. 차량도 없고, 인적도 없는 길이다. 그 당시 대대장님은 골짜기 외통길에서 기다리다가 중대장을 찾았다. 중대원들은 선임 소대장 인솔하에 행군을 계속 시키고 대대장은 나와 함께 이런저런 이야기를 하면서 시간을 보냈다. 그리고 중대원이 숙영지에 도착할 즈음에 대대장 차를 태워서 중대 숙영지로 보내주었다. 군장을 메고 병사들과 동일하게 행군하는 중대장이 안쓰러워 쉬게 해준 것이다. 나는 이런 대대장님을 잊을 수 없다. 이뿐만 아니었다.

중대에 사고가 있었다. 대대장님은 상황보고 시간에 화를 내시면서 중대장인 내게 대대장실로 와서 사고에 대하여 대면 보고하라고 하였다고 한다. 나는 잔뜩 긴장하고 대대장실을 노크하였다. 그러자 대대장님은 웃으면서 '중대장 하기 힘들지, 나도 중대장 시절이 제일 힘들었어…' 하시면서 커피를 주셨다. 사고에 대하여는 일절 일언반구도 없으셨다. 이런 대대장님에게 내가 충성을 다할 수밖에 없었다. 지금도 내가 가장 존경하는 상급자 중 한 분이다.

예하 지휘관에 대한 배려

공수여단 대대장 시절 이야기다. 여단장님은 새로 부임하는 대대장, 지역대장은 부임 후 3개월이 지나야 낙하산 강하를 하도록 했다. 3개월 체력 단련으로 몸을 만든 후 강하를 하도록 한 것이다. 지역대장으로 부임하는 소령은 통상 육군대학에서 공부만 하다가 전입, 체력이 저하되어 있다. 대대장으로 부임하는 중령도 마찬가지로 소령 실무자로 사령부급 참모부서에서 야근하며 업무에 매진하다가 중령으로 진급하여 대대장으로 부임한다.

당연히 체력이 바닥이다. 그 상태로 낙하산 강하를 하다가 골절상을 입는 경우가 허다하므로 이를 방지하기 위해서이다. 골절상을 입게 되면 부대지휘도 어렵지만, 개인적으로도 치명적이다. 이를 고려하여 취한 조치이다. 현명한 여단장님이었다.

그뿐만 아니라. 축구 시합할 때, 대대장에게는 부대원들이 1m 이내에 접근하지 못하도록 했다. 대대장은 40대이다. 부대원들은 대부분 하사, 중사, 위관장교로 20대이다. 이들과 충돌하면 다친다. 이를 방지하고자 여단장은 명령으로 축구 시합 중에 부대원들이 대대장에게 1m 이내로 접근하지 못하도록 한 것이다. 여단장님의 예하 지휘관인 대대장에 대한 배려였다.

특전사는 여름에 대대별로 2~3주간 바닷가에서 해상훈련을 한다. 여름이다 보니 낮이 길어 훈련 후에는 운동경기를 많이 한다. 여름에 강한 체력을 만들어 겨울을 지낸다. 인접 대대장이 해상훈련 중에 여단장에게 철인 5종 경기를 하겠다고 보고하였다. 보고 받은 여단장은 대대장에게 '대대장! 철인 5종 경기를 해보았냐?'고 물으셨다. 당연히 대대장은 해보지 못했다고 했다. 그러자 여단장은 '부하에게 훈련을 시키려면 지휘관이 직접 해 본 것만 해야 한다. 해 보지 않았으면 오랜 시간 심사숙고한 후에 필요한 조치를 강구하고 해야 한다.' 하셨다.

나는 지금도 여단장님의 말씀을 기억하고 있다. 부하는 실험의 대상이 아니다. 내가 직접 경험해 본 후 훈련해야 한다. 예측이 안 되는 훈련을 해서는 안 된다. 그래서 군인은 경험이 필요하다. 계급이 높다고 모든 것을 안다고 생각하면 안 된다.

　미군 장군 윌리엄 C 웨스트모어랜드 장군은 101 공정사단장으로 근무할 때, 공수강하 훈련시 강풍이 불면 맨 먼저 강하하여 바람의 세기를 점검하고 훈련을 강행하였다. 지휘관은 본인이 직접 경험을 한 후에 부하에게 강요하여야 한다. 그래야 사고를 예방할 수 있을 뿐만 아니라 부하들이 지휘관을 믿고 따른다.

역지사지(易地思之)

　사단 참모장 시절 이야기이다. 나는 참모장으로 두 분의 사단장과 같이 근무했다. 새로 사단장이 부임하면 군사령관에게 업무보고를 한다. 두 분 다 군사령관이 직접 사단을 방문하여 업무보고를 받았다. 군사령관 방문에 대비하여 업무보고를 준비할 때 이야기다. 통상 보고 하루 전에 사단장은 참모들이 작성한 슬라이드를 검토하고 수정 및 보완 사항을 지적해 준다.

　한 분의 사단장은 내일 보고 전까지 수정 및 보완할 수 있는 정도만 지적해 주었다. 보완할 내용이 더 있지만 시간을 고려하여 적당히 지적하였다. 그리고 퇴근하면서 참모들이 야근할 것을 예측하고 야식을 보내 주었다. 하지만 다른 분의 사단장은 보고 1시간 전까지 수정 사항을 지시하여 참모들이 이를 감당하지 못하였다. 시간 내로 도저히 수정할 수 없었다. 나는 사단장이 지적한 사항을 고치지 말고 그냥 보고하도록 했다. 그것을 수정하려고 하면 오히려 보고를 망칠 것이기 때문이다.

　지휘관은 업무를 잘 알아야 한다. 지휘관의 말 한마디는 부하에게는 명령이다. 특히 군인은 무조건 지휘관의 명령을 따라야 한다. 그러기에 군 지휘관은 신중하게 명령을 내려야 한다. 앞에서 언급한 사단장이 나빠서 그렇게 지시한 것이 아니다. 그렇게 시간이 걸릴 줄 몰라서 잘못된 지시를 내리는 것이다. 지휘관은 업무에 정통해야 하는 이유이다.

참모장으로 출근 첫날 사단장이 퇴근하는 것을 알고 배웅을 나갔다. 그러자 사단장은 내게 '참모장이 그렇게 할 일이 없나? 특별히 보고할 내용이 있으면 몰라도 앞으로는 퇴근시 배웅하지 말라.'고 하였다. 바쁜 참모장을 배려하여 못하게 한 것이다. 지휘관은 부하의 마음을 헤아려야 한다. 부하를 개인 비서로 생각하면 안 된다. 나는 사단장에게 이를 배워 실천하려고 노력했다.

식목일에 통상 사단장은 기념식수를 한다. 기념식수에 참모들도 같이 참석하여 흙을 한 삽 더한다. 하지만 나는 여기에 참가하지 않고 부대 울타리를 돌아보면서 부대를 순찰하였다. 이를 사단장 사모가 본 것이다. 사모는 사단장에게 이번 참모장은 참 군인이라고 했다고 한다. 내 부임 전 2명의 참모장은 모두 사단장을 따라다니며 참모처럼 행동했다고 한다. 하지만 나는 그렇게 하지 않았다. 참모장으로 사단장이 가지 못하는 곳을 순찰한 것이다. 지휘관만을 좇는 참모(장)가 되면 안 된다.

특전사 작전처장을 할 때이다. 내 방의 책상을 사령관을 바라보는 방향에서 반대 방향으로 옮기었다. 그러자 기무반장이 '작전처장이 사령관을 바라보면서 근무해야지 왜 책상을 옮기셨습니까? 하면서 농담을 하였다.' 나는 '사령관을 바라보고 근무하는 것은 개인에게 충성하는 것이고, 사령관이 바라보는 방향을 보고 근무하는 것은 조직에 충성하는 것이다.' 하였다. 그렇게 하는 것이 맞다. 사령관을 바라보고 근무하게 되면 사령관이 지시하는 것만 하게 된다. 하지만 사령관이 바라보는 방향을 보게 되면 멀리보고 업무를 하게 된다. 이것이 진정한 조직에 대한 충성이다.

진정한 부하 사랑

　공수여단에서 대대장을 할 때 이야기이다. 여단에 나무가 많았지만 대부분 플라타너스와 미루나무였다. 봄만 되면 꽃가루가 날려서 생활에 불편을 주었다. 여단장은 이런 나무를 베어서 판매하게 하였고, 수익금으로 밤나무, 감나무 등 유실수를 심게 했다. 유실수를 심어서 과일이라도 수확하여 부사관 기금으로 활용하라고 하셨다. 부대에 은행나무가 많았으나 대부분 수나무로 열매를 맺지 못하자 여단장은 암나무로 접을 붙여 열매를 열게 하였다. 장교들은 2년 정도 근무하고 부대를 떠나지만 부사관은 전역 때까지 부대에서 근무하므로 부사관들을 배려한 것이다.
　또한 부사관들이 전역 후에 일자리를 가질 수 있게 자동차 정비 교육을 했다. 본인도 교육에 참석하므로 참모장, 대대장, 참모들 거의 부대원 모두가 교육을 받았다. 그리고 많은 인원이 정비기능사 자격증을 획득했다. 여단장님은 전역 후 부하들의 직업까지도 걱정해 주는 분이었다.
　군의관과 법무관들은 통상 약간의 군사교육을 받고 중위, 대위 계급으로 군에 입대한다. 계급이 장교이지 군인정신은 제로이다. 그러면서 의사, 법관이라는 신분으로 중위, 대위 이상의 대우를 받으려고 한다. 여단장님은 이런 군의관과 법무관을 똑같은 군인으로 대했다. 산악구보, 사격, 운동 등에서 공수여단 부대원과 같은 행동을 요구했다. 심지어 권투 시합을 시키기도 하여 코피까지 흘리도록 했다. 당연히 처음에는 반발했으나 시간이 지나 적응하였을 뿐만 아니라 오히려 적극적으로 했다. 태어나서 처음으로 산악구보, 태권도, 권투시합을 해본 것이다. 군의관과 법무관들의 부족한 면을 채워준 것이다.
　군의관과 법무관은 여단장님을 존경하였다. 그 당시 근무했던 법무관이 전역 후에 결혼식 주례를 여단장님께 부탁하기도 했다. 군의관과 법무관들은 부사관들과 같이 운동하고 훈련하면서 부사관을 이해하였다. 그뿐만 아니라 본인이 못 갖춘 무도 실력, 체력, 건강한 신체 등을 부사관들은 갖추고 있다는 것을 알게 되면서 부사관들을 무시하지 않고 진정으로 이해하고 잘 대해 주었다. 여단장님의 깊은 뜻을 알 수 있었다. 여단장님은 진정으로 부하를 위하는 분이었다.

내가 특수임무단장을 할 때, 나는 원사들과 매일 아침 운동을 같이 하였다. 1개 공수여단에 원사들이 통상 50명 이상이다. 이들은 군에 청춘을 바쳤다. 과거에는 1년에 두 번 천리행군을 한 적도 있다. 매일 완전군장 10km 구보를 했다. 겨울이면 동계훈련, 여름에는 해상훈련, 크고 작은 훈련의 연속이었다.

그러다 보니 무릎 관절은 닳아 산악구보는 물론이거니와 평지 구보도 힘들다. 젊은 팀원들과 같이 뛸 수 없다. 대부분 독신숙소 관리, 보일러실 관리, 테니스장 관리 등 허접한 일을 맡긴다. 후배들에게 면목이 서질 않는다. 체력단련 시간에도 나오지 않고 혼자서 지낸다. 청춘을 군에 바쳤으나 늙어서 이제는 쓸모없다고 대접해 주지 않는 분위기다. 이들이 안타까웠다.

나는 매일 아침 체력단련 시간에 원사들과 같이 부대 울타리 주변을 순찰 겸 걷기 운동을 하고 같이 목욕하였다. 속옷을 넣을 수 있는 배낭을 주문 제작하여 지급해 주었다. 단장인 내가 솔선하여 배낭을 메고 앞장서서 했다. 오후 체력단련 시간에는 원사들과 테니스를 쳤다. 그 당시만 해도 테니스를 못하는 원사가 많아서 가르쳐 주었다. 전역 후에 테니스 동호회에 나가 활동도 해야 건강을 유지하고 주변으로부터 대접을 받는다는 명분으로 나는 원사들에게 반강제적으로 운동을 하도록 했다.

그 후부터 후배들이 나이 많은 원사들을 무시하지 않았다. 단장과 늘 같이 운동도 하고 회식도 하니 원사들 눈치를 보는 것이다. 그리고 건강도 좋아져 부대 생활도 활발히 하였다. 지금도 이들을 만나면 내게 고맙다고 한다. 테니스를 배워서 몸도 건강하고 전역 후 소일거리가 있어서 좋다고 한다.

제 4 장

내가 나눈 후배들과의 대화[33]
- 적(敵)과의 협상엔 당근과 채찍 필요

---

33 육군대학에서 같이 근무하던 전술담임교관과 헤어진 후에 이들을 위해 밴드에 올린 글임

연대장 역할에 대하여 / 2015.5.29.

군단은 최고의 전술제대라고 합니다. 전술제대의 의미는 작전술제대인 사령부급에서 세운 마스터플랜에 맞추어 계획을 시행하는 부대라는 의미입니다. 이와 같은 이유로 군단은 군사령부에 예속된 사단을 작전계획에 따라(군단의 역할에 따라) 군단에 할당을 주어 전술적 임무를 수행하게 하는 것입니다. 그러다 보니 자연적으로 군단은 정보·작전 위주로 편성되어 지휘통제의 역할을 주로 합니다.

그러나 사단은 23개 병과가 모두 모인 제병협동부대로 완전성을 갖춘 부대입니다. 모든 군대의 표준이 되는 기준부대(건제부대)이며 다재다능한 부대로 어떤 임무든지 수행이 가능한 부대입니다. 사단은 3각 편제로 고정되어 있어 작전의 융통성 발휘가 제한됩니다. 단지 많은 훈련과 부대관리를 통하여 제병협동 전투력을 극대화하여 전투에서 승리하는 부대이지 지휘관의 창의적인 전술적 융통성으로 전투에서 승리를 추구하는 부대가 아닙니다. 따라서 우리는 사단을 교육훈련과 부대관리의 핵심부대라고 합니다. 이 말은 역으로 생각하면 사단장은 부대관리와 교육훈련에 대하여 모든 책임을 지고 있다는 것이며, 따라서 예하 지휘관은 전적으로 사단장을 핵심으로 사단장 지휘의도에 맞게 부대를 운영하여 단결된 전투력을 발휘하여야 하는 것입니다. 즉 연대장의 지휘의도는 철저하게 사단장의 지휘의도와 교육훈련 지침 범위 내에서 이루어져야 합니다. 연대장도 지휘관인데 자기 방식대로 지휘의도를 갖고 지휘해야 한다고 생각하면 안 됩니다. 저는 평소에 연대장 이하 지휘관은 지휘방침을 수립하면 안 된다고 생각합니다. 연대장 이하 지휘관은 사단장 지휘방침을 어떻게 구체화하여 실행할 것인가를 세우는 것이 역할에 맞다고 생각합니다.

우리나라 군대는 통상 대대 단위로 울타리를 치고 생활합니다. 그러다 보니 병사들을 직접 지휘하는 지휘관은 대대장입니다. 연대장은 애매한 위치의 지휘관입니다. 단지 사단장의 의도를 대대장에게 전파하고 대대장이 사단장 의도대로 부대를 관리하고 훈련하도록 여건을 마련해주는 역할을 해야 합니다. 연대장이 사단장과 달리 별도의 지침을 주면 대대장은 헷갈려서 부대지휘의 어려움이 있습니다. 절대로 이 점에 실수해서는 안될 것입니다. 연대장은 중간 지휘관으로 이해하고 혹시 대대장이 잘못하여 사단장으로부터 꾸중을 들을 경우가 있으면 이를 적극 해명해 주고 책임을 져주는 역할이 연대장의 최선의 역할입니다.

연대는 건제부대인 사단의 일부입니다. 사단이 없으면 연대는 존재하지 못합니다. 이 점을 깨우치고 평시에 사단 직할대(전투지원, 전투근무지원 부대)에게 잘해주어 전시에 전투단이 구성되었을 시 제병협동 전투력 발휘가 용이하도록 노력하십시오. 연대장 시작하는 박○○, 정○○, 이○○ 대령! 멋지게 할 것을 믿습니다.

새로운 제도를 도입할 때 고려해야 할 요소(기준) / 2015.6.1.

전역 후에 신문에서 군을 비판하는 기사를 볼 때에 마음이 아픕니다. 그보다 더 마음이 아픈 것은 군에서 내놓은 대책을 볼 때입니다.

군에서 제도를 만들 때 기준으로 삼아야 할 첫째가 전투력 발휘에 도움이 되느냐? 즉 전쟁에서 승리할 수 있는 제도냐 하는 것을 먼저 고려해야 합니다.

우리가 평상시 운용하는 조직의 인원도 근본은 전시를 기준한 편제 인원에 근거를 두고, 단지 평시에 이를 완편으로 할 것인지? 아니면 감편으로 운용하다가 전시가 되면 동원을 할 것인지를 고민하는 것입니다. 즉 전시를 기준으로 모든 제도가 만들어져야 합니다. 그런데 요사이 대책을 내놓는 것을 보면 전시는 고려하지 않고 현재의 문제점을 해결하기 위해 제도를 만듭니다. 대표적인 것이 동기생 소대·중대이며, 전방 GOP 병사를 선발하는 제도입니다. 이는 평시의 문제점을 해결하려는 시도이지 전시를 고려한 제도가 아닙니다. 아무리 현재가 중요하다고 해서 군의 기본인 전시를 잊어버리는 것은 군의 존재를 망각하는 것입니다. 즉 벙커를 짓는데 포탄의 강도를 고려하지 않고 현재의 난방과 냉방을 고려하고 보기 좋은 모양으로 짓는 것과 같습니다. 당장은 좋을지 몰라도 이로 인해 군인의 정신이 점점 병들어 시들어가서 결국에는 국민으로부터 괄시받는 일이 생길 것입니다.

전투복을 만드는데, 전투에 필요한 복장을 만들어야지 현재 외출할 때 입는다고 모양을 따져서 만들어야 되겠습니까? 전투복이 처음 나올 때에 병사들이 경례를 안 한다고 계급장을 어두운색에서 밝은색으로 바꾸었습니다. 우리는 강릉 대간첩작전에서 기무사 대령이 총에 맞은 것을 알면서도 그렇게 꼭 계급을 구분되게 하고 싶을까요?

오늘 이런 이야기를 하는 것은 얼마 전에 우수인력 충원을 위한 육군 세미나에 참석했는데, 거기에서 훌륭한 간부 자질에 대해서 토의가 있었는데 모두가 평상시에 요구되는 간부의 자질만을 언급하지 전시에 필요한 간부의 자질을 말하는 사람이 없어서 매우 걱정스러웠습니다. 우리나라 군의 간부는 평시에 우수하지만 전시에 과연 그럴까 하는 생각을 했습니다. 전술담임교관 여러분! 여러분은 전시에 유능한 간부가 되려고 해야 합니다. 평시에만 유능한 군인은 군인이 아니고 직장인입니다. 자기 스스로 생각해 봅시다. 군인인 우리가 얼마나 전시를 생각하며 생활하는지…

현충원을 다녀와서 / 2015.6.3.

현충원에 가면 전사, 순직, 사망으로 구분되어 있습니다. 전사는 그야말로 전투(창군기 9000명, 6·25전쟁 15만 명, 월남전 4700명, 휴전 이후 4700여 명)에서 돌아가신 분입니다. 순직은 군생활 중에 죽은 분이고, 사망은 전역 후 죽은 사람입니다.

여기서 우리는 전사에 주목할 필요가 있습니다. 대전현충원에 가면 전사는 몇 명 안 됩니다. 그러나 서울 국립묘지에 가면 전사가 많습니다. 그러나 그분들은 대부분 결혼 이전에 군에 가서 전투에 참가하여 유명을 달리하신 분입니다. 그러다 보니 묘비조차 관리할 분이 없고, 찾아오는 사람도 없습니다. 연금을 주고 싶어도 받을 사람이 없는 분들입니다. 대부분 찾아오는 사람은 순직과 사망입니다. 특히 사망은 전역 후 천수를 누리고 연금까지 받고 그것도 모자라 부인이 받고 있는 분들입니다.

우리는 여기서 미안함을 가져야 합니다. 젊은 나이에 청춘을 바쳐 조국을 위해 전사하신 분들에게 미안함을 가져야 합니다. 과연 우리는 연금을 받을 자격이 있나 생각해 봅시다. 과거의 군인은 봉급이 적었습니다. 그리고 그 당시의 군인은 정말 고생스럽게 생활했습니다. 개인의 자유는 물론 가족의 자유도 제한받고 생활했습니다. 그러다 보니 국가가 그것을 보상할 만큼 봉급을 많이 줄 수 없는 처지다 보니 전역 후에 연금을 주겠다고 약속한 것입니다. 그러나 현재는 상황이 변하였습니다. 요즘은 전방 중대장도 결혼하면 해외로 여행을 갑니다. 과거의 선배들은 섬으로 여행도 못 갔습니다. 혹시 비상이라도 걸리면 태풍으로 시간 내에 못 올까 봐서요. 현재 군 생활이 일반인들 보다 특별히 고생하고 자유롭지 못한 게 얼마나 있나요? 헌법에서 보장한 신체의 자유를 구속받는 것이 얼마나 있나요? 일반

직장인도 비상 대기를 하며, 의사도 하고, 소방관은 당연히 합니다. 오히려 소방관은 불이 나면 진화하다가 죽을 수 있다는 것을 알면서도 들어가서 죽습니다. 경찰도 마찬가지입니다.

우리 군에서 죽을 수 있다는 것을 알고 행동하는 것은 전투입니다. 그러나 평시에 전투가 없습니다. 평시에는 일반 소방관·경찰보다도 안전한 직업입니다. 그러면서 우리 권리만 주장할 수 있나요? 우리 군이 권리를 주장하려면 철저히 전투적으로 행동해야 합니다.

즉 내일 전쟁이 일어날지 모른다는 사고 속에서 행동해야 합니다. 그래야 국민은 군을 보면서 인정하는 것입니다. 지금 같은 군의 모습으로는 국민이 연금을 줄이자고 했을 때 할 말이 없습니다. 군인이 본연의 임무에 충실하지 않으면 군인이 아닙니다. 즉 국민은 군인을 군인으로 생각하지 않습니다. 뼈속까지 군인이 되려고 노력합시다.

미국 출장을 다녀와서 / 2015.7.10.

미국에 갔다가 월요일에 도착했습니다. 로스앤젤레스와 샌프란시스코에 다녀왔습니다. 미국에 있을 때 공중급유기를 도입한다는 뉴스를 접하고 바로 글을 올리려고 했는데, 귀국해서 올립니다.

군사력 건설은 군사전략을 기초로 합니다. 우리나라의 군사전략 기본은 수세 후 공제전략(평시에는 수세전략이고, 전시에는 미군의 힘을 빌어서 공세전략으로 전환)입니다. 미국, 중국 등 강대국은 자기 나라에 위협이 되는 요소가 있으면 사전에 공격을 해서 제거하지만, 약소국가는 위협이 되는 요소가 있다 하더라도 먼저 제거할 능력이 없으므로 수세적으로 대응할 수밖에 없으며, 또한 공세전략은 많은 군사력(돈)이 필요하므로 수세

전략을 채택하는 것입니다.

수세전략을 취하는 우리나라가 과연 공중급유기가 필요한가에 대하여 생각해 보아야 합니다. 독도를 방어하기 위해서 공중급유기가 필요하다고 하는 논조가 있는데, 과연 일본이 우리의 적국인가요. 일본은 미국과 동맹입니다. 즉 우리 친구의 친구입니다. 독도방어를 위해서 1조 원을 투자하는 것이 효율적인가 생각해 보아야 합니다. 또한 일본과 항공기 경쟁을 해서 일본을 이길 수 있을까요.

항공기는 강대국의 공세전략에 필요한 무기체계입니다. 또한 항공기라는 무기체계의 특징은 성능 좋은 항공기가 성능 나쁜 항공기에게 반드시 승리하는 것입니다. 조종사의 훈련으로 성능을 극복할 수 없습니다. 그래서 이라크전쟁에서 이라크 항공기는 사용도 못 해 보고 당했습니다. 즉 강대국과 항공기 경쟁을 하면 약소국은 백전백패하는 것입니다. 마찬가지로 해군 수상함도 마찬가지입니다. 약소국 함정이 강대국 함정을 이길 수가 없습니다. 이와 같은 이유로 강대국과 상대하여야 하는 약소국가는 해·공군력으로 싸우는 것이 아니라 지상군으로 싸우는 전략을 선택하는 것입니다. 지상군은 지형이라는 요소가 있어서 작은 전투력이 큰 전투력을 이길 수 있으며, 또한 지상군을 해·공군력으로 무력화시킬 수 없기 때문입니다. 6·25 전쟁시 북한은 해·공군력이 제로였으나 살아남았으며, 이라크, 아프간 전쟁에서 해·공군력이 무력화되었어도 지상군이 살아있어 국가가 존속한 것입니다. 우리나라의 경우 해·공군력은 전쟁 초기에 기습을 당하지 않을 정도의 수준이면 됩니다.

북한을 상대로 전쟁할 경우, 이미 우리의 해·공군력은 충분하다고 봅니다. 해군과 공군은 통일 후를 대비한다면서 세계로, 우주로를 주장하는데, 오히려 통일 후에 우리나라에 위협을 주는 주변 국가인 일본, 중국, 러시아, 혹시 미국을 가상의 적으로 하더라도 해·공군력으로 이들과 상대하려면 뱁새가 황새를 쫓아 가는 격으로 다리가 찢어지게 됩니다. 경제 건설하지 말고 군사력만 키워야 이들과 경쟁이 될 것입니다. 북한은 이미 이러한 점을 간파하여 해·공군보다 지상군을 키우고, 특히 특수전 부대를 많이 양성하고, 미사일, 잠수함을 키우고 있는 것입니다.

합동성이 중요한 것은 군사력 운용보다도, 군사력을 건설할 때에 자원의 배분, 우선순위 결정 등에서 각 군이 싸우지 말고 군사전략에 입각하여 계획을 수립하는 데 있습니다.

전술담임교관 여러분들은 군사력 소요를 결정할 때에 각 군의 이해관계에 휘둘리지 말고 우리나라의 군사전략을 기초로 냉철하게 해주기 바랍니다.

목함지뢰 사건을 보면서 / 2015.8.17.

전방지역에서의 목함지뢰 사건을 보면서 우리의 대응에 대하여 생각해 봅니다.

먼저 북한과 같은 공산주의자를 대할 때에는 힘을 바탕으로 해야 합니다. 공산주의자들은 철저하게 힘이 약할 때는 타협을 하고, 힘이 셀 때는 싸우자고 합니다. 과거 중국의 모택동이 그랬으며, 월남이 그랬습니다. 또한 핵을 가지기 전의 북한이 그랬습니다. 하지만 지금의 북한은 핵을 가진 나라입니다.

제가 아프간에 비밀리에 파견되어서 인질구출 작전을 구상 중일 때에 그 당시 노무현 정권의 외교부와 국정원은 돈으로 탈레반과 협상하려고 했습니다. 그리고 외교부는 국방부가 군사작전을 준비한다고 이를 못마땅하게 여기고 국방부가 협상에 고춧가루를 뿌린다고 국방부 장관에게 항의도 하고 했습니다. 이때 국방부 장관과 합참의장도 덩달아서 제게 전문을 보내서 '군사작전을 할 준비를 협조하라'라는 무슨 말인지도 모르는 애매한 명령을 내렸습니다. 책임 회피성 전문이지요. 하지만 그때 저는 군사작전계획을 수립했습니다. 정확히 말하면 협상과 군사작전을 혼합한 인질구출을 위한 전략이지요. 여기서 제가 강조한 것은 당근과 채찍 전략이었습니다. 돈을 주겠다고 하면서 돈을 받지 않으면 군사작전을 할 것처럼 협박하는 이중 전술이지요. 결국은 우리가 군사작전을 준비 중인 것이 알려져서 그런지는 몰라도 탈레반이 인질을 석방하였습니다.

여기서 저는 깨우친 것이 있습니다. 협상을 성공하려면 필히 당근과 채찍 모두를 갖고 있어야 합니다. 특히 채찍은 상대방이 두려운 것을 가져야 합니다. 두려워하지 않으면 아무리 당근을 주어도 효과가 없으며 계속 더 많은 당근만 요구하게 됩니다. 지금의 북한이 그렇습니다. 우리가 아무리 잘해주어도 계속 요구만 하지 도무지 말을 듣지 않습니다. 왜냐면 우리는 북한이 두려워하는 채찍을 가지지 않고 있어서입니다.

전술담임교관 여러분! 채찍이 없이는 지금과 같은 상황이 계속됩니다. 말만 보복한다고 하고, 하지도 못하는 것은 채찍이 없어서입니다. 노력합시다. 꼭 채찍이 군사적인 것이 아니어도 좋습니다. 그러나 분명한 것은 채찍은 김정은을 겨냥해야 하며, 정권의 붕괴를 일으킬 수 있는 것이 되어야 합니다. 왜냐하면 독재자는 국민과 군대의 파괴를 두려워하는 것이 아니라 본인의 죽음을 두려워합니다. 이 점에 유의하여 채찍 수단을 선택해야 할 것입니다. 예를 들어 이번의 심리전도 좋은 수단이고, 우리가 북한보다 우월한 것이 바로 민주주의, 자유, 돈, 이런 것들이 수단이 될 수도 있습니다.

더위도 많이 가시고 독서의 계절 가을이 옵니다. 많은 생각과 책을 많이 읽어 봅시다. 건강하세요.

북한과의 협상에 대하여 / 2015.8.24.

먼저 우리나라는 왜 이렇게 수세적인지 모르겠습니다. 협상에 나오라니까 기다렸다는 듯이 쪼르륵 나가고…. 협상하자는 북한이 마치 은전을 베푼 것 같아 보이고….

지난번에 김정일이 죽었을 때도 우리에게는 통일할 수 있는 좋은 기회였습니다. 하지만 야당이든 여당이든 북한이 망하기를 바라지 않는다. 북한이 연착륙하길 바란다. 김정은 체제로 안정화되길 바란다. 전부들 이런 소리만 해댔습니다. 이 말이 뜻하는 것은 통일을 바라지 않는다. 정확히 말하면 지금의 부귀영화를 깨고 싶지 않다는 것입니다. 겉으로는 통일해야 한다고 하면서 뒷전에서는 고통이 싫은 것입니다. 기회가 오면 북한을 흔들어 보아야 합니다. 김정일이 죽었을 때 혹시 있을 수 있는 북한 내에 민족주의자, 통일주의자를 향하여 남한의 통일에 대한 의지와 긍정적인 메시지를 주었어야 합니다. 그래야 그들도 남한을 믿고 쿠데타를 하든, 반 국가단체를 조직하여 저항을 하든 할 것 아닙니까?

북한은 수시로 종북세력을 키워오는데 우리는 구경만 하니 북한 내에 누가 우리 편이 되어서 통일의 힘이 되겠습니까? 세계의 역사를 보면 통일이 평화적으로 된 국가는 없습니다. 종국에는 전쟁을 해서 한쪽을 흡수하여 통일을 했습니다(독일 통일은 전쟁은 아니지만 전쟁을 한 것이나 다름없이 경제적 군사적으로 큰 격차가 있어서 흡수된 통일임). 더구나 북한과 우리의 통일은 전쟁을 하든가, 아니면 급변사태로 해결되는 것이 순리입니다. 전쟁은 피하여야 되니까…. 그 다음은 당연히 급변사태입니다. 즉 우리나라는 북한의 급변사태가 오도록 흔들어야 통일이 됩니다. 이번에도 우리는 북한을 찔러보아야 합니다. 김정은 정권을 흔드는 방법은 전쟁 직전까지 몰아넣어 북한 군부가 이러다가는 북한이 망하겠구나 하는 생각이 들게 하여 김정은에게 반기를 들게 만들어야 합니다. 김정은과 군부를 이간질할 좋은 기회를 어린이 병정놀이하듯이 망쳐버렸습니다. 정말 답답합니다.

이번에 보았듯이 남북문제가 생기니까 미국과 일본은 북한의 잘못을 지적하고 한국 편을 들었습니다. 그러나 중국과 러시아는 북한과 남한을 싸잡아 양비론으로 갔습니다. 여기서 보듯이 우리의 안보를 중국이 지켜주지 않습니다. 우리의 안보는 한미동맹이 주축입니다. 만약 북한이 핵으로 장난을 치면 중국이 북한을 말려줄 것이라 생각합니까? 천만의 말씀입니다. 미국의 힘만이 북핵을 저지할 수 있습니다.

이번에 대통령이 중국의 전승절에 가는 것은 미국을 배반하는 것입니다. 미국이 방관하겠지만 속으로 비웃으면서 어디 보자고 할 것입니다. 친구는 서로를 위해야 친구지 내 적을 좋아하는 친구는 필요 없는 것입니다. 우리 안보라인이 정말이지 더위를 먹은 것 같습니다. 전승절에 가면서도 이번 위기에 미국에게 의존하는 것을 보며 이 사람들이 정신이 있나 하는 생각을 해 봅니다.

일단 집안에 불이 나면 우리가 열심히 끄고 힘이 모자랄 때에 이웃에 힘을 빌리는 것이 순리지요. 우리는 급하면 미국을 부르는데… 무슨 생각을 하는지 모르겠습니다. 우리 군이 그동안 전쟁이 없다 보니 또한 정치권에 물들다 보니 야성을 잃고 행정 군인이 된 것 같습니다.

국방부 장관이 이런 위기에 나와서 대국민 발표하는 모습을 보면서 장가 가는 신랑이 이발소에서 바로 나온 모습인 아주 귀공자 모습으로 무슨 전쟁을 불사하겠다는 것인지…. 오늘 조금 과격했네요. 우리 전술담임교관님들은 바르게 보는 훈련을 해야 합니다. 올바른 눈이 올바른 생각을 하게 하고 올바른 행동을 하게 합니다.

미국의 국가전략에 대하여 / 2016.3.6.

미국은 패권국가로써 어느 국가도 패권에 도전하지 못하게 하는 것이 국가전략(대전략)입니다. 그런 이유로 2차대전시에는 독일과 일본이 커지는 것을 막기 위해 소련과 중국에 무기와 자본을 지원하였습니다. 그러나 2차대전 후에는 소련(공산주의)의 팽창을 막기 위해서 6·25 전쟁시 파병하여 우리나라를 지켜주었습니다. 그 후 70년대에는 중국과 수교하여 소련을 견제하였고, 일본이 커지자 중국을 통해서 얼마 전까지도 일본을 견제하였습니다. 그러다가 다시 중국이 커지자 일본을 키워서 중국을 저지하고 있습니다.

이와 같은 맥락에서 주한미군은 북한을 견제하기 위해서 있는 것이 아닙니다. 정확하게는 과거에는 소련의 팽창을 저지하기 위해서 있었고, 소련이 붕괴한 현재는 중국을 견제하기 위해서 있는 것입니다. 이와 같은 차원에서 주한미군이 평택(서해안)으로 이동하는 것입니다. 다시 말해 미국은 북한을 적으로 상대하는 것이 아니라 중국을 견제하기 위해서 북한을 위협하기도 하고 협력을 하려고도 하는 것입니다. 즉 북한과의 수교가 중국을 견제하는 데 필요하다면 언제라도 북한과 수교도 가능한 것입니다. 예를 들어 미국이 싸운 베트남도 중국을 견제하기 위해 수교하고 막대한 규모의 경제 지원을 하고 있습니다.

미국이 영원히 우리의 우방으로 남을 것이라고 생각하면 안 됩니다. 단지 현재의 국제정세로 볼 때에 중국보다는 미국과 친하게 지내는 것이 유리한 것일 뿐입니다. '국제사회는 영원한 친구도 적도 없다'는 현실을 명확히 직시해야 합니다. 미국 입장에서 볼 때 중국에서 천하대란이 일어나 쪼개져 러시아와 같은 처지에 직면하거나 아니면 경제가 파탄나서 약소국으로 전락한다면 미국은 주한미군을 철수할 수도 있습니다. 패권에 도전하는 국가가 없을 경우, 즉 1차대전 전이나 2차대전 전에 미국은 고립주의 정책을 폈습니다. 그때에도 패권에 도전하는 국가가 없다고 보았기 때문입니다.

현재 미국의 대통령 후보 트럼프가 주한미군 철수를 주장하는 것도 이와 같은 맥락입니다. 즉 미국이 셰일가스 생산과 경제 호황, 달러 강세, 타 국가의 경제 추락 등으로 미국에 대항하는 국가가 당분간은 없기에 신고립주의로 갈 가능성이 있습니다. 그때에 우리나라는 주변의 일본, 중국, 북한과 대적하기 위해 핵무기 보유를 심각하게 고려해야 할 것입니다. 금년 1월에 미국과 북한이 접촉하여 평화협정을 논했다고 합니다. 이것은 북한도 미국의 전략을 알고 있기 때문입니다. 즉 북한의 핵은 미국을 상대하여 사용하려는 것이 아니라 미국을 협박하여 협상 테이블로 끌어내려는 것입니다. 하지만 다행히 미국은 한반도의 통일을 원하는 유일의 국가입니다. 그 이유는 통일된 한국이 미국 편에 선다면 미국은 중국도 견제하고 일본도 견제하는 좋은 동맹을 두는 것입니다.

국제관계에서 주변의 국가는 영원한 친구가 되기가 어렵습니다. 유럽도 보면 항상 근처의 나라와 경쟁하고 분쟁이 발생합니다. 그런 면에서 미국은 우리와 국경을 멀리하기에 이해관계가 대립되지 않습니다. 따라서 동맹관계를 맺고 같이 가기에 좋은 나라입니다. 하지만 만약에 통일된 한국이 미국 편에 서지 않는다고 판단된다면 미국은 한국의 통일을 반대하고 훼방 놓을 것입니다.

지금의 국제정세는 매우 복잡합니다. 중국의 추락이 예상되고, 일본 경제도 어렵고, 미국은 대선은 혼미하고, 유럽도 정치, 경제가 혼란스럽고, 이때에는 우리나라는 정신 바짝 차려야 합니다. 우리국가의 대전략이 무엇인가? 전술담임교관 여러분 많은 고민을 해보십시오.

북한의 핵 고도화에 대하여 / 2017.9.10.

북핵 고도화가 완성되어 국가안보에 치명적인 사태를 맞이했습니다. 이에 대처하기 위한 방안은 첫째, 우리도 핵을 무장하든지, 아니면 미국의 핵우산으로 전술핵을 역내에 배치하여 북한과 공포의 균형을 이루는 방법이 있을 것입니다. 둘째로는 이번 기회에 미국과 합세하여 사생결단의 의지로 북핵을 제거하는 작전을 감행하는 것입니다. 이 방법은 전쟁을 각오하는 지도자의 결단과 국민의 의지가 필요합니다. 마지막 방법은 북한에 굴종하여 사는 방법입니다. 마지막 방법은 평화는 보장되지만 노예로 사는 길입니다.

첫째의 방안은 미국과 주변국가(중국, 러시아)가 반대할 가능성이 있습니다. 그러나 이 방안도 국민의 단결된 의지만 있으면 추진 가능한 방안입니다. 미국은 설득 가능하다고 보며, 중국과 러시아가 반대하더라고 당분간의 고통을 감내하는 국민의 참을성만 있다면 가능한 방안입니다.

둘째 방안은 특별한 상황변화가 없다면, 현재로서는 지도자, 국민 모두의 의지가 없어서 어려울 것으로 봅니다.

마지막 방안은 많은 국민이 이를 원하지 않더라도 종북, 친북세력으로 인해 이 방안으로 추진될 가능성이 있습니다. 얼마 전 국회의장이란 자도 '어떠한 좋은 전쟁이라도 나쁜 평화보다 못하다'라는 취지로 무조건 전쟁을 반대하고 어떠한 평화라도 좋다는 식으로 말했습니다.

전술담임교관들, 여러분은 앞의 두 방안 중 하나를 원하겠지만, 제가 보기에는 어렵습니다. 그 이유는 두 방안 모두 국민의 단결된 의지, 결기가 있어야 하는데, 이미 우리 국민은 살찐 돼지가 되어 버렸습니다. 카알라일은 "가난은 대부분의 사람이 극복할수 있으나 풍요를 극복하는 사람은 극소수다."라고 했습니다. 이미 우리 국민은 풍요를 맛보아서 고통을 감내하지 못합니다.

우리 자손들을 공산주의 사회에서, 조지 오웰의 '1984'와 같은 전체주의 세상에서 살게 할 수는 없습니다. 역사적으로 위중한 시기입니다.

꿈에서 전투를 하며 / 2017.9.16.

가끔 꿈 속에서 북한의 특수부대가 낙하산으로 대전 시내에 침투하는 모습을 봅니다. 그럴 때면 마치 내가 현역에 있는 것처럼, 그들과 전투를 벌입니다. 그러다가 꿈에서 깨곤 합니다. 저는 과거에 꿈에서 보았던 것이 현실화되는 일이 자주 있어서 걱정스럽습니다.

얼마 전에 김정은이가 백령도 점령훈련을 참관하고 현지 지도했다는 뉴스를 보았습니다. 만약에 북한이 백령도가 되었든, 아니면 서울이 되었든 공격을 하면서 만약에 북한에 항복하지 않고, 대응사격을 하게 되면 핵으로 서울을 때리겠다고 했을 때에 대한민국은 어떻게 할까요? 더구나 특수부대를 침투시켜서 후방 도시의 방송국, 관공서 등 주요 시설을 점령하면서 "대응하지 않으면 절대로 해치지 않는다. 우리는 평화를 원한다. 같은 민족이다." 하면서 활개를 치고 다니고, 우리들 중에 종북세력이 이를 인정하고 같이 합세한다면, 과연 우리 국민과 지도부가 북한군을 공격할 수 있을까요? 핵이 무서워서 절대로 저항하지 않고 받아들일 것입니다. 더구나 지금처럼 국민과 군대를 이간질하여 국민이 군을 무슨 괴물로 보고 있는 현실에서 말입니다(화려한 휴가, 택시운전사 영화를 의도적으로 만들고, 박찬주 대장 사건을 만들어 군을 미워하게 하는 등).

미국이 관여하려고 한다면, 북한이 미국 LA에 ICBM으로 핵을 쏘겠다고 하면, 과연 미국이 자국 국민을 희생하면서 대한민국을 지켜줄까요. 절대로 지켜주지 않습니다. 미국의 방위선은 일본까지입니다(더구나 일본을 북한이 공격할지 모르니까 일본도 미국에게 관여하지 말라고 부탁할 것입니다).

지금도 북한을 우리 민족 형제이고 원래는 착한데, 국제사회와 보수세력이 북한을 적대시하기에 북한은 체제를 유지하기 위해 어쩔수 없이 핵을 개발했다고 생각하는 사람이 국민의 다수입니다. 북한과 싸우기보다는 받아들여 통일하고 우리민족끼리 오손도손 잘살 수 있다고 생각하는 것입니다.

소름이 끼칩니다. 위와 같은 현실이 다가오는 것을 느낍니다. 김일성은 생전에 핵만 개발하면 통일이 된다고 했으며, 김정일이는 핵만 있으면 발전된 남한을 빼앗아 배불리 살 수 있다고 했습니다. 또한 통일되면 1000만 명은 이민 갈 것이고, 2000만 명은 숙청하고 나머지 남한 2000만 명과 북한 2000만 명이 공산주의 국가 건설하면 된다고 했습니다(김정일은 정확하게 남한의 종북세력을 40%로 보고 있는 것입니다).

우리 군 후배님들! 혹시 이런 사태가 오면, 그때부터는 군대만이 외롭게 북한과 싸워야 할 지도 모릅니다. 고려시대 몽고군이 쳐들어오자, 무신

정권 하에서는 저항하고 싸웠으나 무신시대를 마감한 문신들이 정권을 잡고서 원 나라에 항복을 하고 원과 부마국 관계를 맺기로 했습니다. 그러자 삼별초 군인들이 끝까지 고려정부와 몽고군의 연합군에 대항하여 강화도, 진도, 제주도 등에서 외롭게 항쟁하였으나 결국은 전멸하였습니다(일부가 살아남아 유구국인 오키나와로 피신하였음).

지금 우리나라는 현대판 무신시대(이승만, 박정희, 전두환, 노태우 정권)가 완전히 망하고 문신시대입니다. 문신시대 국가지도부의 여러 사람이 "나는 가장 좋은 전쟁보다 가장 나쁜 평화에 가치를 더 부여합니다."라고 주장하는 현실입니다.

우리 군이 외로운 삼별초가 되어서 싸우는 불행한 일은 없었으면 합니다. 하지만 있다면 과거 고려시대와 달리 승리하여 국민이 노예가 되어 살지 않도록 군이 역할을 해야 할 것입니다.

북한의 미사일 도발을 보며 / 2017.9.17.

북한의 미사일 발사에 대응하여 우리 정부는 현무 두 발을 쏘았다고 합니다. 제가 보기에는 무의미한 사격입니다. 북한 정권에 칼을 겨눌 때, 표적은 김정은이가 되어야 합니다. 독재 정권은 국민을 안중에 두지 않습니다. 우리가 현무를 쏠 때 김정은을 향하여 쏜다는 것을 보여주어야 합니다. 현무 미사일의 장점은 정확성입니다. 이 점이 북한의 ICBM과 다른 점입니다. 이렇게 하여야 합니다.

"김정은 어제 ○○○에 있었지. 우리는 네 동선을 다 알고 있다. 공해상의 ◇◇◇을 네가 어제 있었던 ○○○라고 생각하고 현무를 발사한다. 명중시킨 후, 앞으로도 엉뚱한 짓하면 우리는 발사한다. 죽을 각오하고 행동하라."

막연한 현무 미사일 발사는 무의미합니다. 북한은 핵에 ICBM이 있는데, 그까짓 크루즈 미사일인 현무를 무서워하겠습니까? 우리 군의 작전계획에서 목표를 김정은 북한 지도부에 명확히 두어야 합니다.

클라우제비츠는 적의 군사력을 무력화시키는 것이 군사작전의 목표라고 했지만, 현대의 전쟁에서는 적의 지도부가 목표가 되어야 합니다. 이 점을 명심하기 바랍니다.

대화도 채찍이 있어야 가능 / 2017.10.2.

북한과 전쟁을 하느냐, 대화와 협상을 하느냐는 논의에 대하여 이야기하려고 합니다.

제가 대령 시절에 2007년에 아프간 인질사태가 나서 군사작전으로 인질을 구출하기 위해 아프간에 갔습니다. 그 당시 외교부와 국정원에서는 탈레반과 협상을 통해서 인질을 구출하고자 했습니다. 그러나 도무지 진전이 없었습니다. 그 이유는 당근만 있었지, 채찍이 없어서 탈레반이 말을 듣지 않았습니다. 그래서 그 당시 제 나름에는 우리나라가 군사작전을 계획하고 있다는 것을 노출시켜야 한다고 생각했습니다. 그래야만 탈레반도 겁이 나서 협상에 응할 것이라는 판단에서 입니다. 하여간 그래서 그런지는 몰라도 제가 파병된 후, 25일 정도 지나서 이미 피살된 2명을 제외하고 21명을 석방했습니다.

이때에 제가 세운 계획이 바로 군사작전 준비와 대화를 병행하는 작전이었습니다. 즉 탈레반이 대화에 적극적으로 나오지 않으면 우리가 군사작전을 시행할 것 같은 액션(언론에 흘리거나, 수색정찰, 병력이동 등을 실시)을 취하면서 압박하는 것이었습니다. 어찌 됐든 일이 잘 되어 인질이 석방되었으나 테러범과 협상을 했다는 오명을 대한민국정부는 감수하여야 했습니다(통상 선진국은 협상을 하지 않고 구출작전을 실시함).

요즘 미국이 북한을 향해서 하는 전략이 바로 당근과 채찍으로 북한을 압박하는 것입니다. 이게 바로 협상의 정석입니다. 미국은 북한과 협상을 할 것입니다. 아마 그때는 우리나라의 불행이 시작되는 날이 될 것입니다. 즉 미국은 국가의 이익을 위해서 북한의 핵 보유를 인정할 것이고, 단지 ICBM만 폐기시킬 것입니다(이럴 경우에 미국은 북핵으로부터 안전은 보장됨). 그리고 평화협정을 체결해 줄 수도 있습니다. 당연히 주한 미군은 괌이나 미 본토로 철수하겠지요.

우리나라가 북한과 대화가 되지 않는 결정적인 이유가 바로 당근만 있고, 채찍이 없어서입니다. 북한과 대화를 하겠다는 것은 협상의 기본도 모르는 것이며, 또한 국가란 무엇인지를 모르는 것입니다. 국가는 도덕이 없습니다. 우리가 이웃 나라에서 재난 재해가 나면, 제일 먼저 파악하는 것이 우리나라 국민이 포함되었나 안 되었나 하는 것이지, 그 나라의 국민의 안위가 아닙니다. 국가는 좋은 나라, 나쁜 나라가 없습니다. 단지 강한 나라, 약한 나라만 있을 뿐입니다. 약한 나라는 강한 나라에게 굴종해야 하는 것이 국제정치의 현실입니다. 북한이 핵을 보유했기에 우리나라는 북한보다 약한 나라입니다. 국제정치의 현실로 볼 때에 약한 우리나라는 강한 북한에게 굴종할 수밖에 없습니다. 같은 민족이라는 환상에서 벗어나야 합니다. 현실 사회에서 형제 친척이 남보다 못한 경우가 얼마나 많습니까? 북한이 우리 민족이라는 환상에서 벗어나야 합니다.

약한 우리나라는 강한 미국과 동맹을 강화해야 생존할 수 있을 것입니다. 미국과 멀어지는 순간에 한국은 낙동강 오리알이 될 것입니다. 저는 전작권을 우리 군이 가져야 한다는 소신을 갖고 있습니다. 그러나 지금은 아닙니다. 자칫하면 이 일로 한·미연합사도 해체되고, 주한미군도 철수하는 등 미국과 동맹이 깨질 수도 있습니다. 우리가 자체적으로 핵무장을 하여 북한보다 강해질 때까지는 한·미동맹이 유지되고 강화되어야 합니다. 우리의 핵무장이 주변국의 핵무장을 부추기고, 경제 제재가 예상되어 어렵다는 말들을 합니다. 이런 말은 소극적이고 주체성이 없는 노예근성에서 나오는 말입니다. 우리의 운명을 우리가 선택하고 결정하는 것입니다. 왜 주변국 눈치를 봅니까? 이스라엘, 파키스탄, 인도의 사례를 보십시오.

경제적으로 힘들면 가난하게 살면 됩니다. 그러나 북한에게 먹히면 노예처럼 살아야 합니다. 그렇게 되면 지금 북한 국민보다도 더 어려워질 수 있다고 생각합니다.

군인의 정치적 중립에 대하여 / 2017.10.14.

우리 헌법 제5조②항은 '국군은 국가의 안전보장과 국토방위의 신성한 의무를 수행함을 사명으로 하며, 그 정치적 중립성을 준수한다.'로 되어 있습니다.

우리는 흔히 군인은 정치적으로 중립을 지켜야 한다고 말합니다. 맞는 말이긴 하지만, 이보다 군인의 신성한 의무인 국가의 안전보장과 국토방위가 우선이란 사실입니다. 우리 국민은 헌법을 통하여 군인에게 국가의 안전보장을 지키라는 신성한 의무를 부과하였습니다. 왜 이런 의무를 부과하였을까요?

헌법 제1조①항은 '대한민국은 민주공화국이다.'이고, ②항은 '대한민국의 주권은 국민에게 있고, 모든 권력은 국민으로부터 나온다.'이며, 제3조는 '대한민국의 영토는 한반도와 그 부속도서로 한다.'입니다.

국민이 부여한 신성한 의무는 바로 우리나라 안전보장의 근간인 헌법 제1조-민주공화국(국민주권주의)과 우리나라 국토인 헌법 제3조-한반도와 그 부속도서를 지키라는 것입니다. 여기서 알 수 있는 것은 군인은 정치적 중립을 유지해야 하지만 우리나라의 국체인 민주공화국을 해치는 것까지도 정치적인 중립이라는 명목으로 군인이 관여하지 않는다는 것은 신성한 의무를 져버리는 것입니다. 즉 우리나라의 헌법은 군인에게 민주공화국을 수호하라는 임무를 부여하여 국체를 보호하고 있는 것입니다(터키도 역사가 짧은 민주주의를 지켜내기 위해 케말 파샤[터키 근대화의 아버지]가 군대에게 의무를 부과하였음. 즉 정권이 이슬람원리주의로 회귀하려고 하면 군대가 이를 막아 세속주의를 유지하도록 함).

직설적으로 이야기하자면, 혹시 어떤 정당이나 정권이 민주공화국에 반하는 정책을 추진하고, 혹은 우리의 영토을 포기하려고 할 때에 이를 정치적인 중립이라는 이유로 군이 가만히 있는다는 것은 헌법 포기이고 직무 유기인 것입니다.

민주공화국이란 국민주권주의를 말합니다. 따라서 민주공화국이란 국민의 뜻이 반영되어 국가가 운영되는 것을 말합니다. 국민의 뜻은 지난번에 이야기했듯이 비밀투표를 통하여 확인하는 것입니다. 그러나 항상 국가의 의사결정을 투표를 통하여 할 수 없으므로 대표자인 대통령과 국회가 이를 대신하는 것입니다. 그리고 이들이 엉뚱한 짓을 못하게 사법부가 법(국민의 합의에 의해 만든 헌법을 기초로 만든 법령)의 준수 여부를 감시하는 것입니다. 이런 이유에서 민주공화국의 기본요건은 바로 3권분립과 법치주의입니다. 요즘에는 언론를 제4부라고 하여 4권이 분립되어야 민주주의가 된다고 합니다. 만약에 4권 분립이 되지 않고, 법치가 이루어지지 않는다면 이는 민주공화국이 아닙니다. 이렇게 되면 국가의 안전보장이 위협받는 것입니다.

고급장교라면 군인의 정치적 중립과 국가안전보장과 국토방위라는 신성한 의무를 생각해 보아야겠습니다. 오늘은 군의 신성한 의무와 정치적 중립에 대하여 이야기했습니다. 군인이란 존재가 무엇인지를 깨달은 기회가 되었으면 합니다.

장○○ 대령의 댓글 | 자유 민주주의 대한민국을 죽음으로 지켜야하는 군인의 본분을 좋은 글로 일깨워주시는 학장님께 감사드립니다. 다만, 군인의 죽음은 외부의 적을 대상으로 승리하였을 때만 그 가치를 인정받을 수 있다고 생각합니다.

내 답글[34] | 우리 역사를 보면 내부에서 난이 일어났을 때, 군인이 진압을 합니다. 묘청의 난, 만적의 난, 망이 망소의 난, 가깝게는 제주도 4·3폭동, 여순반란 사건, 더 가깝게는 5·18 사태 등 모두 군인이 나라를 지켜냈습니다. 과거에는 왕권과 독재체제를 유지하기 위해 군이 동원되었기에 정당성에 문제가 있다고 할 수 있지만, 앞으로는 민주공화국을 위해, 자유를 위해 군대가 나선다면 정당성이 확보되는 것입니다.

내부 외부 가릴 것이 아니라 국가를 위해, 자유민주주의를 위해 군인은 싸우는 것입니다. 국민이란 이름으로 일부 무모한 대중이, 멍청한 민중이 민주공화제와 다른 체제를 선택한다면 군인은 이를 말리고 싸워서 민

---

34 내 글을 읽은 장○○ 대령의 댓글에 내가 개인 메일로 답한 글임

주주의를 지켜내야 합니다. 만약에 전체 국민이 비밀투표가 보장된 선거를 통해서 사회주의를 선택하게 되면 따라야겠지만 일부 정치세력이 앞에서 언급한 난과 같이 일부가 모여서 국민을 위한다는 명분으로 국체를 변경하는 반역을 한다면 이를 방어할 의무가 있는 것입니다.

군인에게 주어진 국가의 안전보장은 꼭 외부의 적만을 의미하는 것은 아닙니다. 군대는 국민 전체를 위해서 존재하는 것이지 일부 민중을 위해서 존재하는 것은 아닙니다.

| **부연하는 글** | 우리 군인들은 국민이 선출한 권력에 대하여 국민의 명령으로 생각하고 무조건 복종한다. 헌법적 가치에 반하는 정책도 따라가고 심지어 적극 지지하는 행태를 보인다. 혹자가 이를 비판하면 군은 정치적 중립이므로 좌·우를 가리지 않고 국민이 선택한 정부이므로 따르는 것이 당연하다고 합리화한다.

하지만 위에서 언급했듯이 헌법적 가치에 반하는 정책을 지지해서는 안 된다. 특히 국가안전보장과 국토방위에 문제가 되는 정책에는 반대하는 것이 군인의 본분에 맞다고 생각한다.

군인은 다른 조직과 다른 특성이 있다. 교육부, 경제부처의 장관이 대통령의 지시를 따르지 않으면 해당 장관을 경질하고 교수나 학자 등을 장관으로 임명하여 정책을 추진하면 된다. 하지만 군복을 입은 합참의장이나 참모총장을 경질하고 일반 민간인을 임명할 수 없다. 군복 입은 3성 장군 중에서 합참의장, 참모총장을 임명해야 한다. 이는 군이라는 집단이 단결되어 뭉쳐있다면 군이 요구하는 사항을 관철할 수 있음을 의미한다. 이래서 군대가 살아있는 국가는 망하지 않는 것이다. 우리 군인은 이 점을 명심하고 용기있게 처신해야 한다.

교육사 교리발전세미나 참석 후기 / 2017.10.27.

어제는 교육사령부에서 열린 교리발전세미나(지상군기본교리 발간 전 토의)에서 사회를 보았습니다. 지○○, 최○○, 전○○ 교수, 현역 대령 1명이 지정 토론자로 나왔습니다. 구○○ 대령이 교리기획과장이어서 만나보았습니다. 어제 제가 공식 비공식으로 하였던 말 중에서 생각나는 것을 참고로 적어 보겠습니다.

  1. 군사이론은 동서고금을 막론하고 적용되어야 하지만, 군사교리는 지금, 우리나라에만 적용되는 것이다.

  2. 합동교리를 너무 강조하지 마라. 농사짓는 것, 새 잡는 것, 물고기 잡는 것은 근본적으로 다르다. 일치할 수 없다. 단지 지휘통제, 화력운영 등 일부를 통일해야 할 부분이 있다. 하지만 이것도 작전 절차를 일치시키는 것으로 작전계획, 예규 등으로 해결하면 된다. 꼭 이것을 합동교리화하려고 하면 이와 일치하려는 각 군의 불필요한 노력이 발생된다. 마찬가지로 육군도 예규, 규정, 작전계획으로 할 것을 교리로 하지 마라. 사고를 고착시켜 창의성이 없어진다.

  3. 교리를 잘 만들어서 적과 싸워서 이기려고 하지 마라. 전장에서는 지휘관의 의지와 꾀가 포함된 작전계획으로 승리하는 것이다. 단지 교리는 용어의 통일, 사고의 통일, 절차의 통일일 뿐이다.

  4. 교리를 너무 논리적으로 이론적, 현학적으로 만들지 마라. 야전에 활용하기 좋게 실용적인 면을 강조해라.

  5. 교범을 쓰기 위해서 어쩔 수 없이 공격, 방어를 구분하여 쓴 것인데, 전투가 공격과 방어로 구분되는 것으로 생각하면 안 된다. 교리를 하는 사람은 이런 측면을 이해하고 야전에 알려주어야 한다.

6. 지상군이 강해야 나라가 존재한다. 북한, 베트남, 이라크, 아프간 모두 미국과 싸웠지만 살아남았다. 육군이 강하기 때문이다. 우리나라처럼 주변에 강대국이 있는 나라는 육군 위주로 가는 것이 맞다. 해·공군 전력을 증강하면 주변국이 보다 더 증강한다. 뱁새가 황새 쫓아 가다가는 가랭이가 찢어진다.

7. 조직발전에는 이론과 경험이 같이 필요하다. 그런데 우리 군은 이론을 무시하고 경험으로 조직을 발전시키려고 한다. 교육사는 이론을 제공하는 기관으로 발전되어야 한다(내 생각에는 우리 군은 경험도 없다. 군인의 경험은 전쟁인데, 전쟁을 하지 않았으니 경험이 없는 것이다. 단지 평시 군 생활을 경험으로 착각하는 것이다).

8. 교범은 75점이 되면 발간해도 된다. 80점 만들려면 1년이 더 걸린다. 적시성이 중요하다.

9. 작전구상은 작전술 제대에서만 적용하는 것이 맞다. 전략지침을 받은 작전술 제대가 최초로 군사작전을 계획하기 위해 작전구상을 하는 것이다. 작전술 제대의 계획은 마스터플랜이다. 전술제대의 계획은 작전술 제대의 마스터플랜 범위 내에서 이를 행동화하는 계획, 지원계획 개념이므로 작전구상이 불필요하고, 오히려 임무분석이 중요하다. 즉 마스터플랜을 잘 이해하여 이를 구체화하는 것이 중요하다.

미국이냐 중국이냐? 선택의 기로 / 2017.10.31.

일제가 패망하고 북한에는 소련이, 남한에는 미국이 진주하였습니다. 많은 애국지사들이 통일된 단일국가를 염원했지만 소련의 사주를 받은 김일성이가 이미 북한에 북조선 인민위원회라는 사회주의 국가행정조직을 만들자, 남한에서도 이에 대응하여 이승만이 주동이 되어서 자유민주주의 국가를 세우려는 움직이 있었으며, 종국에는 유엔의 결정에 따라서 남한만이라도 총선거를 거쳐 5천년 역사의 최초 국민국가인 자유민주주의 대한민국을 건국하였습니다.

여기서 우리가 정확히 알아야 할 것은 북한은 소련을 택했으며, 남한은 미국을 택했다는 것입니다. 이것으로 인해 70년이 지난 후의 결과가 지금입니다. 결과론적으로 남한의 선택이 옳았습니다. 남북한의 현실을 이야기하지 않아도 극명하게 차이가 나는 것을 알 것입니다. 하지만 다시 우리에게 다시금 선택을 요구하고 있습니다. 중국의 굴기가 또다시 우리의 선택을 요구합니다. 저는 결론적으로 미국을 선택해야 한다고 생각합니다.

인접국가는 항상 영토에 욕심이 있습니다. 중국이 2000년 우리 역사에 항상 적이고 괴롭힘을 주는 국가였습니다. 일본, 러시아도 마찬가지입니다. 일본은 임진왜란, 일제를 통해 우리에게 고통을 주었습니다. 러시아는 조선 말기부터 우리나라로부터 부동항을 얻고 싶어서 호시탐탐 기회를 보았습니다. 그러다 비로소 일제 패망 후 북한을 접수함으로써 소원을 성취했습니다.

하지만 미국은 가쓰라-태프트 조약으로 일본에게 조선을 양보하는 만행을 저질렀지만 그래도 직접적으로는 한국을 지배하려고 하지 않았습니다. 즉 비교적 착한 제국입니다. 6·25 전쟁에서 우리를 공산주의로부터 구해주었습니다. 국제정치에서 영원한 적도, 영원한 친구도 없다고 합니다. 그래도 제가 보기에는 미국은 한국 영토에 욕심이 없는 비교적 착한 나라입니다.

절대적으로 착한 나라는 없습니다. 단지 강한 나라, 약한 나라, 우리와 친한 나라, 친하지 않은 나라만 있습니다. 이것이 국제정치 현실입니다. 미국은 우리에게 착한 나라는 아닐지라도 친한 나라입니다. 우리 선조들이 미국을 선택함으로써 지금의 자유와 풍요를 누리는 것입니다. 작금의 우리나라 현실은 선택을 요구합니다. 중국이냐? 미국이냐? 대륙이냐? 해양이냐?를 선택해야 할 시기가 다가옵니다.

우리나라가 융성한 시기를 보면 통일신라시대와 현재입니다. 이 시대는 탈 중국이었으며, 해양으로 지향하던 시기였습니다. 저는 해양으로 나가는 것이 우리나라의 영광과 축복을 다시 약속하는 것이라 믿습니다. 만약에 우리가 대륙을 지향한다면 이것은 우리에게 굴종과 암흑의 시대를 예고할 것입니다.

전사자 유해 발굴 현장을 다녀와서 / 2017.11.7.

오늘 학과 학생들을 데리고 영동지역의 유해발굴 현장을 견학했습니다. 이 지역은 6·25전쟁 초기 서울이 점령되고 한강 방어선이 무너진 7월 중순 경에 미 24사단이 지연전을 하다가 많은 희생이 있던 지역이었습니다. 설명하는 군인에 의하면 발굴지역 야산에서 100여 명의 미군이 실종 처리되었다고 합니다. 학생들에게 6·25 전쟁과 유엔군 참전, 턴 투워드 부산(11월11일 11시를 기해 유엔기념공원을 향한 묵념) 등을 설명하면서 대한민국과 자유를 지켜준 미군을 비롯한 유엔군의 고마움을 일깨워주었습니다.

견학을 마치고 주변의 노근리 평화공원에 들렀습니다. 문제는 여기서 생겼습니다. 기념관에서 노근리 관련 영상물을 20분 정도 시청했는데, 미군이 피난민을 학살한 내용만 나오고, 미군이 민간인에게 기총 소사를 해야 했던 이유와 북한이 남침한 사실에 대하여 일언반구도 없었습니다. 이 영상물을 보면 미군이 의도적으로 우리 국민을 학살한 것으로 묘사하고 있었습니다.

그리고 문화 해설사란 여성분의 설명이 더 가관이었습니다. 미군에 의해 피난민들이 쌍굴에서 3박4일 동안 갇혀서 나오지도 못하고 있었는데, 북한군이 도와줘서 구출된 식으로 설명을 하였습니다. 더구나 미8군 사령관 워커 장군이 피난민을 사격하라고 명령한 것처럼 왜곡하여 설명하였습니다.

무조건 미군을 나쁜 전쟁광, 살인마로 묘사하고 북한에 대해서는 오히려 착한 동족으로 묘사하는 현실을 보면서 이래서 블랙리스트가 필요했구나 생각했습니다. 이번 일을 계기로 우리나라 문화계, 미디어계가 완전히 불그죽죽한 것을 알았습니다. 주변 산의 붉은 단풍을 보면서 우리나라 전역이 단풍으로 물들듯 붉어지고 있구나 새삼 느꼈습니다.

국민의 세금으로 운영되는 기관이 이 정도이니 자기 돈으로 영화 만들고 연극, 뮤지컬 만드는 데야 오죽하겠습니까? 제주도 4·3평화공원도 비슷하다고 이야기를 듣고 돌아오는 차 안에서 착잡했습니다. 과연 우리 자손들이 10년~20년 후에는 어떤 삶을 살고 있을까? 나보다 잘살아야 하는데… 우리 세대는 할아버지, 아버지 세대 덕분에 잘살았는데… 우리 자식, 손자는 아버지, 할아버지 잘 못 만나 지옥에서 살지도 모른다는 생각을 했습니다.

지금이라도 자식, 손자들에게 올바른 역사교육을 시켜야겠습니다. 둘이 싸웠으면 서로 때리고 맞은 것을 모두 알려주고 기록해야 하는데, 좌파들은 때린 것은 숨기고 맞은 것만 가르치고 기록에 남깁니다. 이것이야 말고 지능적인 거짓말입니다. 하여간 우리 세대가 저승에 가기 전에 꼭 할 일은 후세에게 진실을 알리는 것이라 생각합니다.

장군 진급한 후배에게 / 2018.2.4.

충분히 축하해주어야 하는데… 미안하오. 어느 보직을 받았는지? 궁금하오. 어느 보직을 받아도 멋지게 하리하 생각하지만… 하여간 마지막 계급이라 생각하고 연연하지 말고 생활하기 바랍니다.

장군은 상관의 명령에 의해서 움직이는 계급이 아니라 국가의 이익과 국민을 위해서 움직이는 계급이오. 규정과 방침도 장군은 어길 수 있소. 오로지 결과에 대한 책임만 지면 되지, 과정에 대한 책임은 지지 않아도 되는 계급이오. 국가, 국민, 부하 등 이런 순으로 가치 기준을 세우면 될 것이오. 장군은 상급부대 지휘관에게 지침을 달라는 이야기하면 안 되오. 본인이 책임지고 알아서 하는 것이오. 특히 사(여)단장은 부대관리, 교육훈련에 관해서는 모두 권한과 책임을 갖고 있으므로 본인이 알아서 책임지고 하면 되오. 그러나 작전에서는 철저하게 상급지휘관의 의도를 파악해서 행동을 하여야 되는 것이오. 이는 명령이기에 상급지휘관의 의도를 어긋나면 안 되오.

장군으로 진급하면 운이 좋아서 되었다고 생각하면 되오. 내가 잘나서 진급했다고 생각하는 순간에 자만심이 생겨서 패가망신하는 거요. 그렇게 되면 진급이 오히려 화가 되지요. 후배님들은 물론 겸손하게 잘할 것이라 생각하지만… 그러나 겸손도 지나치면 비겁해 보이니 적절히 용기를 갖고 생활해야 하오.

특히 정의를 외면하면 비굴해지니, 정의를 보면 용감히 나서야 하오. 장군이 정의를 외면하면 우리 군대는 믿을 사람이 없오. 약자를 장군이 대변하지 않으면 약자는 의지할 데가 없오. 또한 장군은 준비되지 않은 자리에서 함부로 이야기하는 것이 아니오. 항상 신중하게 말을 조심하시오. 판단이 안 서면 검토하겠다고 하면 되오.

오늘 장○○ 후배님의 보직 이동을 보고서 여러 생각이 들고, 고 장군, 정 장군 생각이 나서… 또 올해도 여러 후배님들이 장군으로 진급을 할 텐데… 여러가지 생각에 잠겨서 장군의 도를 이야기해 본 것입니다.

박찬주 장군의 전역사

박찬주 대장(육사 37기)의 전역사 글입니다. 읽어 보고 다시금 초심을 간직하길 바랍니다.

박찬주 대장의 뒤늦은 전역사
(후배장교 및 장성들에게 전하는 네 가지 당부)

저는 오늘 뒤늦은 전역인사와 함께 군문을 떠나려고 합니다. 2017년 8월 9일 제가 서울에 업무차 올라와 있는 동안, 저도 모르는 사이에 후임 사령관이 취임하였다는 충격적인 소식을 듣고, 그 이후 다시 대구에 내려가질 못했습니다. 저뿐만 아니라 함께 충격을 받았을 참모들과 부하 전우들에게 미안한 마음을 전하면서 뒤늦게나마 떠나는 인사를 드리려 합니다.

지난 40년간, 저에게는 지켜야 할 조국이 있고 생사를 함께 할 전우들이 있다는 사실 자체가 늘 힘의 원천이자 행복의 근원이었습니다. 전차(戰車)의 굉음을 울리며 지축(地軸)을 흔들면서 전우들과 함께 불렀던 기갑 영웅의 노래가 아직도 귓가에 남아 있습니다.

"폭풍우 치던지, 눈이 내리던지, 태양이 우릴 보고 웃던지… 매서운 바람을 뚫고, 맹렬히 돌진하여 나가는… 우리는 용맹의 상징 기갑선봉대"

이 순간 저는 지난 군 생활의 추억에 젖어 감회를 전달하기보다는 앞으로 우리 軍을 이끌어갈 全軍의 후배 장교와 장성 여러분께 몇 가지 당부의 말씀을 전하는 것으로 전역 인사를 대신하려 합니다.

첫째, 후배장교 및 장성 여러분들은 軍의 철저한 정치적 중립을 지켜가야 합니다. 민주국가에서 軍의 정치적 중립에 대한 도전 요소는 두 가지인데, 하나는 軍이 정치에 개입하는 것이고, 다른 하나는 정치지도자들이 軍을 정치적으로 이용하는 것입니다. 정치지도자들은 때때로 국가이익보다는 정권의 이익을 위해서 인기영합적 선택을 하는 경우가 많이 있습니다. 진정한 의미에서 軍의 정치적 중립이란, 軍이 정치적 성향에 흔들리지 않고, 심지어는 설령 정치지도자들이 잘못된 선택을 하더라도, 굳건하게 국가방위태세를 유지하여 국가의 생존과 독립을 보장하는 것입니다. 정권이 능력을 상실하면 다른 정당에서 정권을 인수하면 되지만 우리 軍을 대신하여 나라를 지켜줄 존재는 없습니다. 軍이 비록 정치의 통제를 받음에도 불구하고 軍이 정치보다 도덕적 우월감을 갖게 된 것은 바로 이런 이유 때문임을 알아야 합니다.

둘째, 정치가들이 평화를 외칠 때, 오히려 전쟁의 그림자가 한 걸음 더 가까이 다가왔다는 각오를 가져야 합니다. 그것은 역사가 증명하고 있습니다. 평화를 만드는 것은 정치의 몫이지만 평화를 지키는 것은 군대의 몫입니다. 정치지도자들은 안 좋은 상황속에서도 유리한 상황을 기대하지만 군사지도자들은 유리한 상황속에서도 안 좋은 상황에 대비해야 하는 것입니다. 비록 정치지도자들이 상대편의 선의를 믿더라도 군사지도자들은 선의나 설마를 믿지 말고 우리 스스로의 능력과 태세를 믿을 수 있도록 대비해야 합니다. 힘이 뒷받침되지 않은 평화는 진짜 평화가 아니며 전쟁을 각오하면 전쟁을 막을 수 있습니다.

셋째, 정치지도자들에게 다양한 군사적 옵션을 제공할 수 있어야 합니다. 군대가 정치지도자들에게 제공할 수단에는 전쟁만 있는 것이 아닙니다. 다양한 형태의 위협에 대비하여 다양한 옵션을 제공할 수 있어야 하며, 성과 중심에서 효과 중심으로 사고를 전환하여, 피해를 최소화하면서 비용을 절감할 수 있는 옵션들을 발전시켜야 합니다. 그것이 전략심리전이든, 참수작전이든, 해상봉쇄이든, 군사적 옵션의 선택은 정치지도자의 몫이지만 그것의 실행을 보장하는 것은 여러분의 몫입니다.

끝으로 군대의 매력을 증진시켜 주기 바랍니다. 군대의 매력은 편한군대에 있지 않습니다. 강한 군대만이 매력을 줄 수 있으며, 역시 군대는 다르다는 기대의 충족에서 나타날 수 있습니다. 가서 편하게 지내다 올 수 있는 군대가 아니라, 비록 힘들지만 도전해 보고 싶은 군대, 땀의 가치를 알고 승리의 자신감을 얻을 수 있는 군대이어야 합니다. 각 개인의 재능을 전투력으로 승화시키고, ONE FOR ALL, ALL FOR ONE, 하나는 전체를 위하여, 전체는 하나를 위하여 헌신할 수 있는 군대가 매력을 줄 수 있는 군대입니다. 군대의 증진된 매력은 국민에게는 든든함을, 장병들에게는 자부심과 자신감을, 적에게는 두려움을, 동맹군에게는 신뢰감을 주게 될 것입니다.

후배 장교 및 장성 여러분, 여러분들은 軍을 이끌어 가는 기둥입니다. 서까래가 무너지면 교체하면 되지만 기둥이 무너지면 집을 허물어야 합니다. 지금까지 우리의 선배님들은 우리에게 소중한 정신적 유산을 물려주었습니다. 선배님들은 우리에게 온정주의와 감상주의, 기회주의와 인기영합주의를 멀리하고, 따뜻한 가슴과 함께 차가운 피를 가진 군사지도자가 되라고 가르치셨습니다. 그 정신을 이어가야 합니다.

이제 저는 정들었던 군문을 떠나려고 합니다. 軍을 떠나는 순간 많은 분들은 조국이 위태로울 때 다시 군복을 입고 총을 들겠다는 다짐을 합니다. 저 역시 그러한 충정에 가득차 있습니다만, 저는 그러지 않으려고 합니다. 후배 여러분들을 믿고 맡기는 것이 도리라고 생각해서입니다.

지난 軍 생활 동안 저를 이끌어 주신 많은 선배님들께 감사를 드리며, 생사고락을 함께한 부하 전우들에게 고마움의 마음을 전합니다. 또한 저를 아는 모든 분들의 성원에 깊은 감사를 드립니다. 특히 저에게 참군인의 감동적 매력을 끊임없이 보여주셨던 이상희 장군과 김관진 장군께 각별한 존경의 말씀을 드리며, 운명을 달리한 사랑하는 동기생, 백합 같은 인품과 샛별 같은 지성의 소유자 이재수 장군의 명복을 빕니다.

비록 105밀리 예포의 포성과 늠름한 의장대의 사열은 없지만 지면으로나마 전역인사를 전할 수 있다는 것이 감사합니다. 사람이 마음으로 자기의 길을 계획할지라도 그 걸음을 인도하시는 이는 여호와이심을 믿습니다.

2019년 4월 30일
예비역 육군대장 박찬주

국군의 뿌리 논쟁 / 2020.8.17.

독립군과 광복군의 눈부신 활약상을 왜 지금에 강조하고 현재의 국군과 맥을 이으려고 합니까? 분명한 것은 독립군과 광복군은 임시정부와 마찬가지로 좌우합작 공동체입니다. 즉 이들 중에는 우리가 추구하는 인류 보편적 가치인 자유, 평등, 사랑을 위해서 싸운 우파도 있고, 소련의 공산주의를 위해서 싸운 이들도 있습니다.

1945년 해방이 되어서 공산주의를 신봉하는 이들은 북한으로 갔고, 자유를 희망하는 이들은 대한민국으로 와서 유엔이 인정하는 한반도의 유일한 합법정부인 오늘의 대한민국을 세웠습니다. 그리고 대한민국은 산업화, 민주화에 성공하여 오늘의 위대한 대한민국을 만들었습니다.

북한을 추종하는 좌파들은 이것이 너무나 싫은 것입니다. 그러다 보니 우파들이 세운 대한민국을 부정하고자 좌우합작인 독립군, 광복군, 임시정부를 내세우는 것입니다. 심지어는 백선엽 장군이 중국으로 귀화한 공산주의 조선인인 동북항일연군(김일성이 활동한 조직) 등 공산당을 토벌한 것을, 즉 공산주의자를 토벌한 것을 민족을 토벌했다고 하여 반민족주의자로 몰아가고 있는 지금의 현실입니다. 만약에 이런 논리라면 6·25 전쟁에 북한과 싸운 국군은 민족의 반역자입니다. 공산주의와 싸운 게 아니라 민족을 죽인 것입니다. 이게 말이 됩니까?

우리 국군은 공산주의와 싸워서 나라를 세운 것입니다. 일본과 싸운 것이 아닙니다. 국군의 뿌리를 독립군, 광복군으로 하다가는 북한이 적이 아니라, 일본이 적이 됩니다. 현재는 독립군, 광복군, 임시정부를 내세울 때가 아닙니다. 조국의 앞날이 벼랑 끝에 있습니다.

이와 같은 역사 논쟁은 후일에 자유민주주의 대한민국이 안정될 때 해도 됩니다. 지금은 공산주의를 추종하는 이들과 싸워서 조국을 자유민주주의 반석 위에 올려놓아야 할 때입니다. 그 후에 비록 공산주의에 물들었지만 그래도 우리와 피를 같이한 이동휘, 김원봉 등을 평가합시다. 지금은 때가 아닙니다. E.H. 카는 역사란 현재와 과거와 대화라고 했습니다. 지금은 독립군과 광복군, 임시정부와 대화할 때가 아닙니다.

제
5
장

내가 바라본 한국 사회[35]
−군인은 불법적 명령에 불복할 수 있나?

---

[35] 시국에 대하여 틈틈이 쓴 글을 모은 것임. 어떤 글은 SNS에 올린 글도 있고, 신문 기사의 댓글로 올린 것도 있음. 초고에는 비상계엄(2024.12.3.) 관련 내용은 없으나 책 발간이 늦어짐에 따라 비상계엄 관련까지 포함되었음.

어느 육사 출신의 넋두리

저는 요즘 세태를 보면서 우리 육사인에 대해서 많은 생각을 합니다. 지금 행해지는 적폐청산이 바로 우리 육사 출신과 전부 관계된 일입니다. 이승만은 육사를 개교하신 분이고, 박정희는 직접 선배이고 우리가 육사에 입교할 때 대통령이며, 전두환과 노태우는 말할 것도 없이 우리 정규 육사의 1기 선배입니다. 박근혜는 박정희의 딸이며 육영수 여사를 대신하여 육사 졸업식에 참석하였습니다. 지금의 적폐청산은 바로 이승만, 박정희, 전두환, 노태우 시대가 이룩한 업적에 대한 청산입니다. 사실은 이 시대가 우리 과거 역사에 없었던 세계사에 우뚝 선 현재의 대한민국을 창조한 것입니다.

(중략) 하지만 작금의 현실은 어떻습니까? 우리 육사 출신은 역사의 죄인이 되었습니다. 대한민국을 가난한 나라, 미개한 나라, 권위주의적인 나라에서 잘사는 나라, 자유스러운 나라로 만들어 주고 떠난 군사정권을 적폐로 규정하고 그동안의 흘린 땀과 피를 헛되이 만들고 있습니다. 이를 어떻게 참아야 합니까?

이렇게 훌륭한 대한민국을 건설한 선배님들은 지금 고인이 되거나 이빨 빠진 노인이 되어 말도 못하고 한탄만 하고 계십니다. 어찌 우리 후배가 이를 보고 조용히 있단 말입니까? 능력도 있으면서 단지 용기가 없어서 못하는 것입니다. 이는 배은망덕입니다. 선배에 대한 예의 이전에 인간에 대한 도리입니다. 그리고 선배들이 계승한 육사 정신에 대한 배반입니다. 사관생도 신조, 도덕률을 기억합시다. 빛나는 육사인의 애국심과 충성심, 정의감을 계승합시다. 육사인이여! 대동단결하여 일어나서 다시 나라를 구합시다.

| **부연하는 글** | 위의 글은 제가 2018년 8월 16일 조갑제 닷컴에 올린 글(어느 육사 출신의 넋두리) 일부입니다. 그 당시는 문재인 정권이 적폐청산이라는 기치 아래 이승만-박정희-전두환-노태우-이명박-박근혜 정권을 싸잡아 과거의 산업화 세력을 악으로 규정하고 검찰을 주구로 삼아 법이라는 이름으로 감방으로 보냈습니다. 저는 그 당시 우리 육사 출신을 비롯한 보수정권을 적폐로 규정하는데 분개하면서 육사 출신의 각성을 촉구하면서 쓴 글입니다.

하지만 지금은 정권도 바뀌어 적폐청산은 없습니다. 그러나 작금의 정치적 현실을 보면서 또 다른 분개를 하지 않을 수 없습니다. 결론부터 이야기하자면 우리 군이 정치에 개입한다는 비난을 무릅쓰면서 근사한 대한민국을 만들어 민간 정치인들에게 정권을 넘겨주었더니 그들이 고작 한다는 것이 조선시대 당쟁의 역사를 되풀이하고 있으니 이를 어떻게 보고 있으란 말입니까?

조선이 망한 이유는 너무나 잘 알고 있습니다. 사간원, 사헌부, 홍문관으로 대표되는 문신 양반들의 싸움질 때문이었습니다. 이들은 상소라는 미명으로 온갖 거짓 논리와 모함으로 상대를 음해하여 탄핵하고, 당한 사람은 이를 승복하지 않고 앙심을 품고 기회만을 노리다 틈만 있으면 똑같은 방법으로 상대를 탄핵하는 것이 반복되었습니다. 세상은 변하는데 오로지 문신 양반들은 나라 걱정은커녕 오로지 본인의 권력만을 추구하다가 백성은 도탄에 빠졌고 나라는 식민지의 길을 걸었습니다. 지금 다시 조선시대가 도래된 것입니까?

어쩌면 이렇게 조선과 판박이입니까? 사간원, 사헌부, 홍문관으로 상징되는 고시 출신 판검사, 언론인, 교수 들이 정치판을 도배하여 똑같은 짓을 되풀이하고 있습니다.

이들 고시 출신 판검사, 기자로 대표되는 언론인, 교수들은 조직보다는 개인을 중시한다는 특징이 있습니다. 그들은 조직을 위한 관용, 화합이란 머리에 존재하지 않습니다. 직업 자체가 그렇게 만듭니다. 판검사는 본인이 하고 싶은 대로 해도 누구의 간섭을 받지 않습니다. 또한 이들은 본인의 행위에 책임을 지지 않습니다. 자기 분야에 전문성을 인정받는 직업이기 때문입니다.

기자나 교수도 마찬가지입니다. 이렇게 평생을 살아온 사람들이 주변과 상생이란 허울뿐이지 마음은 아닐 것입니다. 작금의 현실을 보아도 증명되지 않습니까? 틈만 있으면 싸웁니다. 상대와 싸울 뿐만 아니라 자기들끼리도 싸웁니다. 이들의 대결 DNA는 유전적이고 운명적인 것이라 생각합니다. 이들이 우리 정치계를 도배하고 있습니다. 이들 출신이 아닌 사람을 찾기가 너무 어렵습니다.

이들 신종 양반의 행태를 보면 더욱 분노가 치밉니다. 자기들끼리는 서로 불체포 특권이니 전관예우니 선출된 권력이니 하며 봐주기를 다반사로 합니다. 일반 국민이라면 벌써 구속되어 감방살이를 할 사람이 떳떳하게 활개를 치면서 정치활동을 합니다. 이○○, 조○, 송○○, 김○○, 김○○ 등 이루 헤아릴 수 없을 정도입니다. 반면에 국가 발전에 실질적인 기여한 기업가, 군인은 계급 고하를 막론하고 일개 검사 손에 이끌려 수갑을 채워 망신을 줍니다. 과연 이를 어떻게 받아들여야 합니까?

저는 우리의 정치판을 좌우의 대립으로 보지 않습니다. 우리의 정치는 무(武)와 문(文)의 대립입니다. 무의 세력은 개인보다는 국가를, 명분보다는 실질을 숭상하며, 그러다 보니 당연히 화합, 관용, 단결을 중시하고 경제와 안보를 최우선으로 합니다. 즉 부국강병을 추구하는 세력입니다. 반면에 문의 세력은 국가보다는 개인을, 실질보다는 명분을 중시하다 보니 부국강병에는 관심이 없고 오직 본인의 출세, 명예, 부를 추구하는 세력입니다. 무의 정치세력으로는 이승만, 박정희, 전두환, 노태우까지로 볼 수 있습니다. 이명박, 박근혜는 문도 아니고 무도 아닌 그야말로 중도로 보면 적당할 것입니다. 하지만 김영삼, 김대중, 노무현, 문재인, 윤석열은 분명 문의 정치세력입니다. 이런 시각으로 우리 정치를 투시하면 문제가 보일 것입니다.

무사(武士)의 지배와 자유민주주의

현재 세계에서 선진국으로 대접을 받는 자유민주주의 국가의 과거 역사를 보면 대부분 나라는 총칼을 든 무사가 세상을 지배하는 사회였다. 영국, 프랑스, 독일을 위시한 유럽은 영주와 기사가 사회의 지배계급인 봉건 사회를 거쳤으며, 동양 일본도 사무라이가 통치하는 막부시대를 겪었다. 미국도 인류 역사상 최초로 국민이 선출한 대통령인 조지 워싱턴은 장군이었다. 이들 국가를 여행하면 달리는 말 위에서 칼과 창을 든 장군의 동상을 흔히 볼 수 있다고 한다.

총과 칼로 상징되는 장군과 무사는 민주공화정보다 전제 왕정이나 독재국가와 어울리는 모습인데, 어떻게 총과 칼을 든 기사와 무사들이 지배하는 나라가 선진 자유민주주의 국가로 성장했을까? 반면에 동양의 중국이나 우리나라는 유교문화권으로 책을 읽는 선비가 과거시험을 통하여 관료로 등장하여 국가를 통치했던 사회로 총과 칼로 무장한 무사가 지배하는 서양보다 자유민주주의와 매우 가까워 보인다. 하지만 이런 중국, 베트남, 한국은 오히려 자유민주주의와 거리가 먼 국가이다. 왜 그럴까? 이는 나에게 지금까지는 풀 수 없는 난제였다. 하지만 문재인 정부가 출범하여 사회의 정의(법)가 사라지는 것을 보면서 난제를 풀 수 있었다.

자유민주주의 국가의 가치는 자유, 평등, 박애로 표현된다. 인간이면 누구나 남을 해치지 않는 범위 내에 자유로워야 하며 차별 없이 평등하여야 하는 것이 천부 권리이다. 이런 가치가 보장되어야 자유민주주의 국가이다.

따라서 우리 인류는 3권분립이라는 민주주의 제도와 여기에 추가하여 이를 감시 감독하는 언론의 자유를 보장하고 있으며 선거라는 국민 심판을 제도화하였다. 민주주의를 지키는 이런 제도들은 헌법에 반영되어 있어서 법으로 강제되어 있다. 법만 지켜진다면 자유민주주의는 유지될 수 있다. 하지만 법이 지켜지지 않는 나라는 민주주의를 할 수 없다. 즉 민주주의는 법치가 그 기본이 된다.

양대(兩大) 세계대전 후에 많은 국가가 독립하고 민주주의 헌법을 제정하고 자유민주주의를 하였지만 결국은 법을 지키지 않아서 독재국가로 전락하였다. 하지만 미국을 비롯한 영국, 프랑스, 독일, 일본 등은 법을 지키는 전통이 확립되어 건강한 자유민주주의를 유지할 수 있었다.

왜 이들 선진 국가들은 법을 지키는 전통이 확립되었을까? 결론부터 말하자면 바로 총과 칼을 든 무사가 사회의 주류를 이루었기 때문이다. 총과 칼을 갖고 있다는 것은 평등을 의미한다. 예를 들어서 미국의 경우에 힘센 백인 남자나 동양계 덩치 작은 여인이나 총을 소지하고 있으므로 서로 힘의 균형이 이루어진다. 즉 힘센 백인 남자가 덩치 작은 여인을 함부로 대하지 못한다. 함부로 대한다면 바로 총이 발사될 수 있기 때문이다. 따라서 총을 소지한 사람끼리 분쟁이 생긴다면 서로서로 대화로 해결책을 찾아야 한다. 누군가가 편법을 동원하거나 힘으로 해결하려 한다면 총 맞을 각오를 해야 한다.

마찬가지로 이들이 법정에 섰을 경우 판사가 이들 모두가 어느 정도 수용하는 판결을 해야지 만약 일방적으로 한쪽 편을 든다면 부당하다고 생각하는 쪽이 어떤 행동을 할지 모른다.

| **부연하는 글** | 무사는 총, 칼을 갖고 있기에 서로 조심한다. 즉 상호의 명예를 지켜준다. 합리적인 사고를 해야 하고 타협할 줄 알아야 한다. 그러다가 문제가 생기면 직접 총칼로 해결하려고 한다. 이러기에 그들은 언쟁을 좋아하지 않고 결투를 한다. 결투하는 무사들은 본인들이 세운 정의의 칼날로 문제를 해결하려는 경향이 있다. 그들은 칼을 갖고 있으므로 스스로 정의를 지키려고 한다. 당연히 정의로울 수밖에 없다. 왜냐면 스스로 칼을 쓰기 때문에 즉, 적을 죽이기도 하지만 심판을 하기에 항상 정의를 따지고 명예를 따지는 것이 습성화되어 있다.

총칼을 든 사회에서는 정의롭게 행동하지 않으면 주변 사람들에게 비난을 받고, 그런 경우에는 힘센 사람에 의해 죽임을 당해도 누구도 원망하지 않는다. 총칼을 든 무사 사회는 정의로워야 살아남을 수 있다. 여기서 말하는 정의는 법을 의미한다. 그래서 법무부를 'Ministry of Justice'라고 한다.

군사문화

군사문화는 질서 있고, 청결하다. 그 이유는 대규모 조직이 같이 생활하고 전투시에 일사불란하게 움직여야 하므로 질서가 있어야 하며, 총기를 깨끗하게 유지해야 성능이 발휘되므로 항상 주위를 청결하게 유지해야 한다. 마찬가지로 위생도 청결해야 전염병이 없다. 군인은 전쟁에서 죽음을 생각하기에 초연하게 생활하는 것이 습성화되어 있다.

일본 무사들은 할복시에 목욕 재계하고 깨끗한 옷으로 갈아입고, 시 한 수를 읊고 죽는다. 마찬가지로 한국에서도 군인은 전투에 나갈 때에 죽음을 예상하고 깨끗하게 하고 간다. 죽음을 앞둔 사람은 부, 명예, 권력의 무상함을 알기에 마음이 깨끗해지고 욕망이 없어져서 지저분한 일을 하지 않는다. 이것이 군사문화이다.

군인은 전쟁하는 직업이다 보니 늘 국가를 생각한다. 이런 습성으로 군인은 공사구별이 명확하다. 이것이 군사문화의 특징이다.

또한 군대는 법과 합리성이 지배하는 사회이다. 군인은 누구나 총을 갖고 있기에 법이 지켜지지 않고 합리성이 없으면 언제 총알이 날아올지 모르기 때문이다. 항상 상대방의 입장을 생각하는 것이 습성화된 사회이다. 지휘관이 길을 가다가 이등병이 잘못한 것을 보고 야단을 쳤다고 하자. 가는 길이 바빠서 이등병에게 야단친 이유를 충분히 설명 못 했다는 생각이 들면, 지휘관은 돌아와서 다시 이등병을 찾아 이유를 설명하고 설득한다. 아니면 중간 지휘관에게 지시하여 설명하고 이해시키라고 지시한다. 그 이유는 이등병이 총을 소지하기 때문이다. 앙심을 품고 지휘관에게 총을 쏠 수 있으며 또한 비관하여 자살할 수도 있기 때문이다. 이런 이유로 군대는 서로서로 조심한다. 일반인들이 생각하는 것처럼, 군대가 억압적이고 비합리적이지 않다. 단지 군대는 전장에서 적에게 무자비할 뿐이다.

군내 사조직 하나회 해체

나는 하나회 해체 후에 군의 진급이 공명정대하게 이루어질 줄 알았다. 하지만 나타난 현상은 정치권에 아부하는 자들, 정의감보다는 출세를 더 중요하게 여기는 자들이 진급하였다. 하나회가 있을 때에는 그래도 군에 필요한 사람들이 진급하였다. 하나회는 비록 하나회와 친하지 않아도 괜찮은 군인이라고 생각되면 인정하였다. 하지만 하나회가 없어지고 나니 군과 무관하게 정치권에 아부하는, 정치권에서 필요로 하는 자들이 진급하였다. 과연 어느 것이 군을 위하여 잘한 것인가?

군사정권이 떠나고 민간정권이 등장하면서 군의 변화 중 하나가 군인이 정치권에 줄을 대는 현상의 심화다. 하나회가 있을 때는 하나회에 잘 보이고 군에 충성하면 진급했다. 하나회도 군인이기에 하나회에 잘 보인다는 것은 군에 잘 보인다는 것이다. 하나회가 장군 진급을 좌지우지했다고 하더라도 하나회는 기수별로 10명 정도이다. 매년 장군은 50여 명이 진급한다. 하나회 전부가 장군으로 진급하더라도 40명은 비회원이 한다. 주는 하나회가 아니다. 또한 대부분의 군인은 하나회 존재 자체를 몰랐다. 하나회가 없어지고 나니 정치인들과 친해야 진급했다. 즉 군의 독립성과 전문성이 훼손된 것이다. 이게 현실이다.

국민은 하나회가 숙청되고 나서 군이 더 발전되고 공정해질 것을 기대하며, 정의가 승리한 것이라 생각했을 것이다. 하지만 결과는 군인다운 군인보다는 약삭빠른 군인이 출세하는 군대가 되었다. 정치권의 시녀가 되어 약한 군대가 되었다. 하나회 숙청으로 이득을 본 집단은 정치인이다. 군의 단결력을 약화시킴으로써 군의 정치적인 입김을 약화시킨 것이다. 하나회 해체 이후, 군은 어느 집단보다도 정부 권력에서 멀어진 집단이 되었다. 그뿐만 아니라 정치권의 시녀가 되었다.

군에 대한 문민통제의 원칙이 옳은 것이니, 군대가 정치권의 시녀가 되는 것이 당연한 것으로 생각하기 쉽다. 국방외교, 전쟁과 관련된 정치행위와 관련된 분야의 문민통제는 맞다. 하지만 군내 문제인 진급, 정책 등에 대하여 정치권의 통제를 받는 것은 군의 전문성을 훼손하는 것이다. 단결되지 않은 군대가 적과 싸워서 이길 수 있을까? 과연 무엇이 정의인가?

지식인의 위선 비판

저는 전역 후 대학에서 선생을 하면서 우리나라 지식인에 대하여 많은 것을 느꼈습니다. 우리나라 지식인이라는 사람들의 행동양식을 보면 다음과 같습니다.

1. 불의는 참아도 불이익은 못 참습니다.
2. 내로남불입니다. 똑똑한 머리로 남의 잘못은 집요하게 공격합니다. 그러나 본인의 잘못은 말도 안 되는 논리라도 만들어 합리화합니다.
3. 사실을 중요하게 생각하지 않고, 신념이나 본인의 이념을 중요시합니다. 선택적으로 사물을 보고, 듣습니다. 다섯 개를 보고, 듣고도 본인에게 유리한 두 개, 세 개만 이야기합니다. 그러다 보니 거짓말을 대수롭지 않게 합니다.
4. 위처럼 해도 잘살고 있으니 본인이 한 행동이 잘못되었다는 것을 모릅니다. 즉 양심, 염치가 없습니다.

제가 군 생활하면서 병사들 보직 부탁을 많이 받았습니다. 내게 가장 많이 부탁하는 직업은 대학 교수와 연구원, 그리고 좌파적인 사고를 가진 사람입니다. 그러나 기업인으로부터는 한 번도 부탁받은 적이 없습니다. 내게 부탁하는 이들의 특징은 평시에는 도덕과 정의를 강조합니다. 그러나 남에게만 강조하지 막상 본인에게 관대합니다.

결론적으로 우리나라 지식인은 위선자의 집합이라고 생각합니다. 위의 인간들이 조선시대 양반이었습니다. 지금은 정치인, 특히 좌파들의 사고방식입니다. 그런데 이런 인간들이 우리 사회를 주름잡고 있습니다.

채 상병 사태를 보고

위험을 무릅쓰고 하천을 수색한 채 상병의 군인정신을 기리는 것이 정상적인 국가, 국민이다. 그러나 잘못된 상급자의 지시로 죽었다는 데 초점을 맞춘다면 채 상병의 의로운 죽음은 온데간데 없어지고 헛된 죽음이 된다.

전장에서 병사는 상관의 명령을 따르면 죽을 수 있다는 것을 안다. 하지만 국가와 국민의 생명을 지키기 위해 적을 향해 앞으로 나간다. 죽을 수 있다는 것을 알면서도 장렬히 죽는다. 우리는 그런 병사를 추모하고 기린다. 비록 상관의 판단 잘못이 있다고 하더라도 우리는 죽은 병사를 추모하는 것이 맞다. 채 상병도 마찬가지 경우다. 죽을 수 있다는 것을 본인은 알았을 것이다. 하지만 그것이 군인의 길이라 생각하고 묵묵히 임무를 수행하다 죽었다. 우리는 그를 추모해야 한다. 상관의 잘못된 지시로 죽은 것이 아니라, 군인의 임무를 수행하다 죽은 것이다. 잘못된 지시로 죽은 것이라면 채 상병의 죽음이 헛되게 된다. 채 상병을 추모하기 위해서라도 명령의 잘잘못을 따짐으로 해서 채 상병의 군인정신을 폄훼해서는 안 된다. 왜 우리 국민은 칭찬하는 것보다 비판하는 것을 좋아할까? 의로운 채 상병을 영웅으로 만들지는 못 하는 나라이다. 잘못만 따져서 처벌하자고만 한다.

"4촌이 땅을 사면 배가 아프다."는 속담이 우리나라에만 있다고 한다. 우리나라는 질투, 증오심이 많은 나라임이 맞는 거 같다.

어쨌든 부하의 죽음에 대한 책임은 상급자에게 있다. 법적 책임 이전에 도의적인 책임이다. 누군가 책임지면 끝날 문제이다. 군인이 머리가 나빠서 욕먹은 적은 없다. 비겁해서 욕을 먹는다. 왜 군인들이 비겁하게 되었을까? 정치권이 정쟁으로 인해 군대를 모래알 조직으로 만들고 있다. 부하와 상관이 싸우게 만든다. 국가 위기시에 모래알 군대가 대한민국을 지켜낼 수 있을까?

과연 군인은 불법적인 상관 명령에 불복종할 수 있나?[36]

이번 사태(2024.12.3. 비상계엄)와 관련한 군인들의 행동을 보면서 많은 것을 느낍니다. 과연 군인은 어떤 기준으로 행동하여야 하나? 먼저 군은 통수권자인 대통령의 명령을 무조건 적으로 따라야 하는가]입니다.

우리 헌법 제5조②항은 '국군은 국가의 안전보장과 국토방위의 신성한 의무를 수행함을 사명으로 하며, 그 정치적 중립성은 준수한다.'로 되어 있습니다.

여기서 군의 정치적 중립이 의미하는 것이 무엇이냐? 하는 것입니다. 군의 정치적 중립에 대한 도전 요소는 두 가지입니다. 하나는 군이 정치에 개입하는 것이고, 다른 하나는 정치지도자들이 군을 정치적으로 이용하는 것입니다. 여기에 군이 휘말리지 말아야 한다는 것입니다. 평시 군이 정치에 개입하는 것은 쿠데타인 경우로 우리나라에서는 역사적 교훈을 통하여 불가능하다고 생각합니다. 알다시피 아무리 좋은 명분이라도 우리 국민은 쿠데타를 용납하지 않습니다. 또한 현재 군인 누구도 쿠데타를 생각조차 하지 않습니다.

하지만 정치지도자들이 군을 정치적으로 이용하는 것, 즉 군통수권자인 대통령이 군을 동원하여 정치적으로 이용하는 것은 언제라도 일어날

---

36 비상계엄(2024.12.3.) 사태를 보고 2024.12.12. 조갑제닷컴에 기고한 글

수 있습니다. 이때 군은 어떤 기준으로 판단하고 행동하여야 하는가가 문제입니다. 군을 정치적으로 이용하는 것이냐, 군 통수권자로써 정당한 행위이냐? 판단하기 어렵기 때문에 군인은 통상 국민이 선출한 대통령 명령을 국민의 명령으로 받아들여 적극적으로 수명하며 이를 의심하지 않고 따르는 것이 정상입니다. 또한 그래야 정상 국가입니다. 하지만 작금의 사태처럼 여·야가 싸우고, 국민도 좌·우로 갈리어 첨예하게 대립하고 있을 때 군은 어떻게 판단하고 행동하여야 하는가입니다.

결론부터 이야기하자면 헌법을 기준으로 판단하여야 합니다. 우리 국민은 헌법 제5조②항을 통하여 군인에게 국가 안전보장의 신성한 의무를 부과하였습니다. 또한 헌법 제1조①항은 '대한민국은 민주공화국이다.'이고, ②항은 '대한민국의 주권은 국민에게 있고, 모든 권력은 국민으로부터 나온다.'입니다. 이에 따라 대통령의 지시라 할지라도 군인의 신성한 의무인 국가의 안전보장에 필요한 것인가와 합헌적이냐를 따지고 혹시 대통령이 군을 정치적으로 이용하는 것인가를 판단해야 하는 것입니다. 여기에는 각자 판단이 다를 수 있습니다. 심지어 헌법학자들도 견해가 다를 수 있습니다. 더구나 정치적 신념에 따라서 확연히 달라질 수 있습니다.

그러므로 행동의 주체인 군인 본인이 스스로 판단할 수밖에 없습니다. 대개 이 경우 군의 최고 지도자의 판단이 중요합니다. 전시에는 합참의장이 되며, 평시는 각 군 총장이 최고 지도자입니다. 이들의 결정에 따라 군대 전체가 움직입니다. 이때 군 최고 지도자는 신념을 갖고 헌법의 기준을 근거로 판단하고 행동하면 됩니다. 그리고 당당하게 말할 수 있어야 합니다. 이런 이유로 나는 대통령의 명령을 따랐다. 아니면 이런 이유로 거부했다가 명확해야 합니다. 국민은 당당한 군인을 원하지 비굴한 군인을 원하지 않습니다. 국민은 군인의 정치적인 판단을 중요하게 생각하는 것이 아니라 군인의 신념, 용기 있는 행동을 요구하는 것입니다. 그러나 작금의 군이 언론에 비친 모습을 보면 그렇지 못해서 가슴 아픈 것입니다.

이번 사태와 관련하여 또 느낀 점은 군인의 상명하복 정신이 절대적인 것이냐 하는 것입니다. 대부분 국민은 군대는 상관의 명령에 죽고 사는 집단으로 인식하고 있습니다. 당연히 맞는 말입니다. 그래야만 총탄이 빗발치는 전장에서 상관의 공격명령 한 마디에 앞으로 전진할 수 있습니다. 각자 판단하여 명령을 따르기도 하고, 거부하기도 한다면 군인의 임무수행은 불가능할 것입니다. 하지만 여기에도 기준이 있습니다. 전장 상황에서는 시간이 급박하고 위급하므로 거의 무조건적으로 상관의 명령에 따라야 합니다. 여기에는 계급 고하가 있을 수 없습니다.

하지만 평시에는 다릅니다. 평시에는 위급한 상황이 아니므로 상관의 부당한 지시를 거부할 수 있어야 합니다. 군에서 통상적으로 대령까지 계급은 상관의 명령에 대하여 이를 판단하기보다는 그대로 따르는 것이 정상적이고 바람직한 것입니다. 그 이유는 여러 가지가 있겠으나 현실적으로 대령 이하의 계급이 상관의 명령을 거부할 경우에 개인이 입는 피해가 너무나 크며, 대령이란 계급으로 이를 감당할 수 없기 때문입니다. 이런 이유로 통상 대령까지는, 부당한 상관의 명령이라 할지라도 이를 따랐을 경우에 처벌하는 경우는 극히 없습니다.

하지만 장군은 그렇지 않습니다. 장군은 상관의 명령을 판단하여 국익에 도움이 되지 않는다면 거부해야 합니다. 장군은 상관의 명령보다는 국가의 이익인 국민의 생명, 재산, 자유, 복지에 도움이 되느냐를 판단하여 결정하여야 합니다. 이것이 장군의 도입니다. 실제로 평시에 장군을 명령불복종으로 처벌한 예가 극히 없습니다. 장군은 과정보다는 결과에 대하여 책임을 지는 계급으로 융통성을 준 것입니다. 그래야 조직이 활성화되고 다양성이 유지되어 공공의 선을 만드는 것입니다. 하지만 작금에 ○○부대 지휘관 대령이 언론에 나와서 상급자의 명령을 거부하지 못한 것을 죄라고 생각하는 현실이 마음 아픕니다. 이래서는 군이라는 조직을 유지할 수 없습니다.

고급 장교라면 위에서 언급한 군인의 판단 기준에 대하여 깊이 생각해 보길 바랍니다. 그리고 이런 판단하에 당당하게 결심하고 행동해 주길 바랍니다. 그리고 결과에 대하여 책임지면 됩니다. 군인이 머리가 나빠서 국민에게 욕을 먹는 것이 아니라 비겁해서 비난받는 것입니다. 신이 아닌 이상 인간은 누구나 판단을 잘못할 수 있습니다. 하지만 그 후에 당당함이 있어야 국민은 군을 신뢰합니다.

저도 그렇게 못했으면서 후배에게 이제 와서 이야기한다는 미안함을 감수하고 쓴 죄송한 글입니다.

| **부연하는 글** | 이번 사태를 보면서 앞으로 국방장관은 군 출신이 아닌 민간 출신으로 하여야 함을 더욱 강하게 느꼈습니다. 군 출신이 국방장관을 함으로써 장점보다는 그 병폐가 너무 큽니다. 정치권이 대통령실, 국회의원을 통하여 국방장관에게 압력을 넣어 군 인사에 개입합니다. 국방장관은 이들의 압력을 들어 줄 수밖에 없는 실정입니다. 또한 장관도 군인 출신이라 군을 잘 알아 군 인사에 깊이 개입하게 됩니다. 군 인사에 실질적인 권한을 갖고 있는 각 군 참모총장이 자기가 인정하는 대령 한 명을 장군으로 진급시키기가 어렵다고 합니다. 장관의 요구가 많아서이기 때문입니다.

그러다 보니 군인들이 참모총장에게 충성하기보다 정치권에 줄을 대려고 합니다. 정치권의 시녀로 전락하는 원인 중 하나입니다. 장군 진급 시스템의 핵심에 정치권과 줄이 엮인 국방장관이 있기 때문입니다. 민간 출신

장관이라면 각 군 총장에게 무리한 인사요구를 하지 못할 것이며, 또한 각 군 총장들이 이를 수용하지도 않을 것입니다.

또한 이번 사태에서 보듯이 군의 지휘관들이 국방장관의 명령을 거부하지 못했습니다. 그 이유는 군 선배이고 근무 인연 때문입니다. 대부분 사령관들의 진술을 보면 비상계엄으로 군 출동의 정당성을 판단하여 행동하기보다는 국방장관의 명령을 그냥 수용했습니다. 그 이유가 장관이 군 출신이다 보니 여러 인연으로 인하여 거부하기 곤란했을 것입니다.

이제는 민간 출신을 국방장관으로 임명해야 합니다. 군 출신이라면 전역 후 10년은 지나서 임명해야 합니다. 그래야 군 후배들과 인연이 없을 것입니다. 군대는 군에 맡기고 장관은 군통수권자인 대통령을 보좌하는데 그쳐야 합니다. 대통령을 보좌할 정도의 국가안보와 군사지식이 있으면 족합니다. 군을 너무 잘 알아서 군을 좌지우지(左之右之)하여서는 안 됩니다. 그래야 군도 정치권의 영향을 받지 않는 조직으로 발전할 것입니다. 그래야 새무엘 헌팅턴이 말하는 정치적으로 문민통제(文民統制)의 전통이 확립되고 군은 군사(軍事)에 관한 전문집단으로 성장할 것입니다.

이번 사태로 대령급 이하 장교를 처벌하는 일이 발생하지 않아야 합니다. 그러나 장군급 장교들은 다릅니다. 왜냐면 장군은 판단하고 행동하고 책임지는 위치에 있기 때문에 죄가 있다면 받아야 합니다. 하지만 앞에서도 언급했듯이 우리나라 조직 구조상, 국방장관의 지시를 거부하기는 매우 어렵습니다.

군인에게만 높은 도덕성, 정의감을 요구하는 것은 형평에 맞지 않습니다. 일반 판검사는 상급자의 지시에 불복하여 퇴직하더라도 먹고사는 문제는 해결되며, 또한 세월이 지나면 복권되어 다시 출세도 할 수 있습니다. 하지만 군인은 조직에서 불명예스럽게 퇴출되는 순간에 연금도 못 받아 생계 자체가 불안한 직업입니다. 그 점을 감안해야 합니다. 평상시는 군복 입은 군인을 고귀하게 대하지 않으면서 어지러운 문제가 발생하면 고고하게 행동하라고 요구하는 것은 가혹한 것입니다.

그것도 앞에서 언급했듯이 우리 군의 장군들이 잘못 하였다면 이는 정치권에서 자초한 것입니다. 제가 아는 바로는 장군 진급의 거의 대부분은 정치권에서 관여하였습니다. 이번 사태로 처벌받는 군인이 있다면 이는 우리나라의 후진적 정치판이 만들어낸 희생자들입니다. 이 점을 이해해 주기 바랍니다.

제
6
장

내가 바라는 군대
−전쟁은 야전(野戰)교범과 다르다

손자가 말한 장수의 자질(知, 信, 仁, 嚴, 勇)

　손자(孫子)는 손무(孫武)의 높임말로, 생몰(生歿)연대는 정확하지 않다. 기원전 6세기 중국에서 공자와 같은 시기에 살았다. 역사가들은 이 시기를 춘추 전국시대라고 한다. 군웅이 할거하며 서로 패권을 차지하려고 싸우는 시기였다. 이 시기에 공자, 맹자, 순자 등 많은 학자가 있었으며, 이들은 뜻이 같은 사람끼리 뭉쳐 학파를 이루기도 하였다. 이를 제자백가(諸子百家)라고 한다. 손자는 제나라의 군사 전문가 집안에서 태어났으며, 오나라로 이주하여 20여 년간 병법을 깊이 탐구하여《손자병법》을 저술한 후, 오나라 왕 합려를 만나 장군으로 임명되어 공을 세웠다.

　《손자병법》의 원본은 남아있지 않으나, 변형되어 전해지는 것을 삼국시대 조조가 13편으로 편제하여 주석을 단《손자약해》를 펴냄으로써 현재까지 전해지는 것 중 주류를 이루고 있다. 기원전 6세기에 저술된《손자병법》원본은 82편이었으나, 조조가 13편으로 축소하여《손자약해》를 저술하였으며, 보통《위무주손자》(魏武註孫子)로 알려져 있다. 조조는 기원후 3세기에 활동하던 인물로, 아마도 13편 외의 원본 내용은 시대에 적합하지 않아 제외한 것으로 생각된다.

　조조가 저술한《손자약해》=《손자병법》은 군 간부라면 반드시 알아야 하는 것이므로, 필자는 '손자가 말한 장수의 자질'을 논하는 여기에서《손자병법》을 소개한다. 손자는 책머리에서 '전쟁은 국가의 큰일(兵者, 國之大事)'이라고 하면서 '가능한 싸우지 않고 이기는 부전승(不戰勝)을 강조하였고, 싸울 수밖에 없다면 미리 이겨놓고 싸우는 것(先勝以後求戰)이며, 승리도 본국뿐만 아니라 적국도 피해를 최소화해야 하는 온전한 승리가 되어야 한다'는 기본 사상을 바탕으로《손자병법》을 서술하였다.

손자가 장수의 자질을 언급한 곳은 전쟁의 준비와 계획에 대해 설명한 1편 시계(始計)에서 나오는데, 전쟁을 하기 전에 적국과 본국의 전력을 정확히 평가하는 지표로 오사칠계(五事七計)를 제시하였다. 오사(五事)는 도·천·지·장·법(道·天·地·將·法)으로, 손자는 다섯 가지 요소를 설명하면서 네 번째로 제시된 장수의 자질을 지·신·인·용·엄(智·信·仁·勇·嚴)으로 명시하였다. 마지막으로 법(法)을 설명한 후, 장수는 마땅히 다섯 가지 요소를 알아야 하며, 아는 자는 승리하고 알지 못하는 자는 패배할 것이라고 하였다. 즉, 손자는 장수의 자질 중에서 가장 으뜸이 되는 것을 앎(知)이라고 한 것이다.

필자는 손자가 제시한 장수의 자질인 지·신·인·용·엄(智·信·仁·勇·嚴) 중에서 지(智)에 대해 의문을 가졌다. 즉, 조조가 주석을 달아 지금 전해오는 《손자약해》인 《손자병법》에서 지(智)는 지(知)의 잘못된 표기가 아닌가 하는 의문이었다. 지(智)는 지혜(智慧)에 가까운 의미로, 지(知)와는 다르다. 필자는 지(智)는 지혜(智慧)와 같은 의미로, 신·인·용·엄(信·仁·勇·嚴)과 수준이 다른 용어라고 생각하였다. 즉, 지·신·인·용·엄(知·信·仁·勇·嚴)을 모두 갖추었을 때 지(智)혜가 생기는 것으로, 지(智)=지(知)+신(信)+인(仁)+용(勇)+엄(嚴)이라고 생각하였다. 이러던 중 필자는 우연한 기회에 원문에 가까운 죽간 《손자병법》을 접하게 되었다. 죽간 《손자병법》은 1972년 4월 10일 중국 은작산(銀雀山) 한묘에서 발견된 것으로, 장수의 다섯 자질 중 첫째가 지(智)가 아니라 지(知)로 표기된 것을 알게 되었다.

필자는 군 생활 동안 공부를 하고 싶었으나 그러지 못하였다. 만약 내가 초급 장교 시절부터 역사, 전쟁사 등 군사 문제와 관련된 것을 많이 알았다면 고급 장교가 되었을 때, 지혜로운 지휘관이 되었을 것이다. 《손자병법》에서 장수는 지·신·인·용·엄(智·信·仁·勇·嚴)을 갖추어야 한다고 했다. 여기에는 지(知)가 없었다. 꼭 그래서 공부를 하지 않는 건 아니지만, 궁색한 변명을 하자면 그렇다는 것이다. 지혜는 지식이 없으면 발현될 수 없다. 장수는 먼저 많은 지식을 쌓고, 신·인·용·엄(信·仁·勇·嚴)을 실천해야 한다. 그래야 지혜로운 장수가 되어 손자가 추구하는 온전한 승리를 할 수 있지 않을까 한다.

죽간 《손자병법》에는 장수의 자질을 지·신·인·용·엄(知·信·仁·勇·嚴)이라고 하면서 가장 먼저 지(知)를 내세웠다. 필자는 이것이 손자의 주장을 옳게 표현한 것이라 생각한다. 차후에 손자병법을 읽는 이들은 이 점을 꼭 기억하길 바라며, 장수가 되고자 하는 사람들은 무엇보다도 먼저 군사 지식을 쌓는 데 게으르지 않기를 바란다. 필자가 생각하는 손자가 제시한 장수의 자질인 지·신·인·용·엄(知·信·仁·勇·嚴)의 의미는 다음과 같다고 생각한다.

① 지(知) 지(知)는 장수가 군사 관련 지식에 해박해야 한다는 의미이다. 군사 관련 지식이란 전쟁을 다루는 데 필요한 것으로, 넓게는 국제외교, 정치 등 전쟁과 평화에 관한 문제를 포함하고, 좁게는 군사력을 건설하고 유지하는 양병(養兵) 분야와 건설된 군사력을 운용하는 용병(用兵) 분야를 말한다. 이를 학문의 분류로 한다면 군사학이다. 군인은 이와 관련한 공부를 해야 한다. 여기에 추가하여 역사, 철학, 정치 분야도 연구한다면 더욱 좋다.

② 신(信) 신(信)은 장수가 부하로부터 신뢰를 얻어야 한다는 의미이기도 하며, 부하를 신뢰해야 한다는 의미이다. 부하가 장수의 명령과 지시를 따르면 전쟁에서 이겨 자신의 생명을 보존할 수 있다는 확신을 가지

도록 해야 한다. 그렇게 하기 위해서는 장수가 실력이 있어야 한다. 전장을 꿰뚫어 보는 안목과 이를 바탕으로 적절한 조치를 할 수 있는 능력이 필요하다. 또한, 부하가 장수를 믿고 따를 수 있도록 장수는 반드시 부하와의 약속을 지켜야 한다.

③ 인(仁) 인(仁)은 장수가 부하를 사랑으로 대하라는 의미이다. 부하는 전장에서 죽음을 불사하며 장수의 명을 따른다. 그런 부하를 어찌 사랑하지 않을 수 있겠는가? 부하를 사랑할 줄 알아야 전장에서 부하의 생명을 귀하게 여겨, 부하들에게 무모한 희생을 강요하지 않을 뿐만 아니라, 죽은 후에도 부하를 성대히 거두어 줄 수 있다. 그래야 이를 지켜보는 부하가 장수를 신뢰하고, 생명을 바쳐 충성을 다할 것이다. 여기서 중요한 것은 진심으로 부하를 사랑하는 것이다. 집에서 키우는 강아지도 인간의 행동이 진실한지 거짓인지 구별할 줄 안다. 하물며 동고동락하는 부하는 장수의 행동의 진위를 누구보다 잘 안다. 앞에서 언급한 지(知)와 신(信)은 이성적인 차원이라면, 인(仁)은 인간의 감정적인 차원이다. 감동을 주는 장수가 되어야 한다는 의미이다. 감동을 주기 위해서는 '오기(吳起)의 연저지인(吮疽之仁)의 고사'[37]에서 보듯이 장수의 희생이 전제되어야 함을 알아야 한다.

---

37 오기는 장군이 되어서 지위가 가장 낮은 자와 동일하게 먹고 입었으며, 잠을 잘 때에 자리를 깔지 않았고, 행군을 할 때는 말을 타지 않았으며, 몸소 식량을 싸고 짊어지면서, 부하들과 같이 했다. 한 부하가 등창으로 괴로워하자 오기는 등창을 입으로 빨아서 치료해 주었다. 이 이야기를 들은 부하의 모친이 통곡을 하였는데, 그 이유를 묻자 '내 남편도 오기 장군이 등창을 입으로 빨아서 치료해 주었는데, 남편이 전장에 나가 용감히 싸우다 죽었는데, 내 아들 또한 남편의 전철을 밟을 것을 생각하니 울 수밖에 없다.' 했다.

④ 용(勇) 용(勇)은 용기를 의미하는 것으로, 장수의 개인적인 신체적 용기보다는 정신적 용기를 의미한다. 전쟁이라는 혼돈 속에서 정확하고 과감한 결정을 내려야 한다. 이를 위해서는 장수가 해박한 지식을 갖추고 있어야 하며, 장수의 결정을 신뢰하고 따라줄 부하에 대한 확신이 필요하다. 여기에 더해, 용(勇)은 과감한 결정뿐만 아니라 일이 성사되도록 하는 추진력을 의미한다. 훌륭한 계획은 실천되어야 비로소 의미가 있다. 훌륭한 계획을 수립하는 것(知)도 중요하지만, 이를 실천하는 것(勇)은 더욱 중요하다. 그리고 그것은 앞장서서 추진해야 한다. 이스라엘 군대에는 돌격 명령이 없고 오직 나를 따르라는 명령만이 있을 뿐이라 한다.

⑤ 엄(嚴) 엄(嚴)은 장수가 부하를 엄격히 신상필벌(信賞必罰)하라는 것을 의미한다. 인(仁)과 대비되는 말로 생각될 수 있지만, 사실 그 본뜻은 동일하다. 부하를 사랑하기에 신상필벌을 하는 것이다. 인간은 강한 면도 있지만 나약한 면도 있고, 이타적인 면도 있지만 이기적인 면도 있다. 더구나 전장이라는 불확실성이 존재하는 시공간에서 인간의 이중적인 면은 더욱 발현될 수 있다. 이를 통제하기 위해서는 엄격한 신상필벌을 통해 조직을 통제하고 장수가 원하는 방향으로 이끌어갈 수 있다. 즉, 잘한 부하에게는 상을 주어 귀감이 되게 하고, 잘못한 부하에게는 벌을 주어 다시는 잘못이 반복되지 않게 해야 한다. 여기서 중요한 것은 공평무사한 평가이다. 감정이 개입되어 상과 벌의 부여에 공정성과 형평성을 상실해서는 안 될 것이다. 또한, 장수 본인부터 엄격해야 한다. 본인에게는 관대하고 부하에게는 엄격하다면 부하로부터 신뢰를 잃을 것이다.

위에서 장수의 자질인 지·신·인·용·엄(知·信·仁·勇·嚴)의 의미에 대해 알아보았다. 이 중에서 맨 처음 지(知)가 으뜸이라고 생각한다. 우리 속담에 '알아야 면장(免牆)을 한다.'라는 말이 있다. 알지 못하면 아무것도 할 수 없다는 의미이다. 모든 것의 출발은 지식이다. 더욱이 매우 복잡한 전쟁을 수행하는 장수는 더욱 많이 알아야 한다.

군대는 이론과 경험으로 발전

품질경영의 주창자인 에드워즈 데밍(W. Edwards Deming)은 조직이 발전하려면 이론과 경험 둘 다 필요하다고 했다. 군대가 발전하려면 군사 관련 전문 지식(이론)과 전쟁을 포함한 군사 업무에 대한 경험이 필요하다. 이런 점에서 우리 군은 부족한 점이 많다.

먼저 우리 군이 군사이론에 취약한 이유에 대해 알아보자. 지금의 현대식 우리 군대를 만드는 데 서양 군대, 특히 미군을 모방하였으며, 미군이 직·간접적으로 지원하였다. 그러다 보니 한국군은 조직, 편성뿐만 아니라 무기·장비, 군사 교리, 교육 훈련 등 거의 모든 면에서 고민하지 않고 미군을 따랐다. 왜 분대는 10명 내외로 구성하는지, 왜 부대를 3각으로 편제하는지, 왜 대대급부터 참모장교가 있으며, 왜 인사, 정보, 작전, 군수로 편성하는지 등에 대해 따져보지 않고 미군의 방식을 그대로 받아들였다. 이러한 실정이다 보니 군사이론을 연구하는 부서는 미약했으며, 단지 미군을 비롯한 서양이 발전시킨 군사이론을 번역하여 교육하기만 하면 되었다. 이러한 이유로 우리 군은 고유의 군사이론 발전은 물론이고, 군사이론의 습득에도 소홀하게 되었다.

더구나 우리나라는 역사적으로 사농공상(士農工商)의 신분 질서가 명확하고, 문(文)을 숭상하고 무(武)를 천시하는 풍조가 만연하여 부국강병(富國强兵)에는 별 관심이 없었으니, 군과 관련된 무기·장비나 군사교리를 담은 병서(兵書)에 관심이 없는 것은 당연하였다. 따라서 우리의 것이라 할 수 있는 군사사상이나 군사이론을 발전시키지 못한 것이 현실이다.

군 장교는 사관학교나 대학을 졸업하고 소위로 임관한다. 이 시기에 군사이론을 공부하는 것이 가장 적절하다. 그러나 현실은 그렇지 못하다. 군사 이론서로 동양의 경우는 무경칠서(武經七書)로 알려진 《손자병법》, 《오자병법》, 《육도·삼략》, 《울료자》, 《사마법》, 《이위공문대》가 대표적이며, 서양의 경우는 클라우제비츠(Carl Philipp Gottlieb von Clausewitz)의 《전쟁론》, 리델하트(Basil Henry Liddell Hart)의 《전략론》, 조미니(Antoine-Henri Jomini)의 《전쟁술》, 마한(Alfred Thayer Mahan)의 《해양력이 역사에 미치는 영향》, 두헤(Giulio Douhet)의 《제공권》 등이 잘 알려져 있다.

필자는 1978년에 육군사관학교에 입학하여 1982년에 졸업했지만, 앞서 언급한 군사 이론서에 대해 배운 기억이 없다. 단지 전쟁사 수업을 통해 나폴레옹, 한니발, 이순신 등 명장들이 전투에서 어떻게 승리했는가를 배웠을 뿐이다. 사관학교를 졸업한 필자가 이럴진대, 다른 출신 장교들은 군사이론을 습득할 기회가 더욱 부족했을 것이다.

임관 후 보수 교육과정인 보병학교의 초급반, 중급반, 육군대학의 참모과정 교육도 마찬가지로 전쟁사 위주의 교육으로, 전투사례의 교훈을 습득하는 정도였다. 그것도 많은 시간이 할당된 것은 아니며, 이를 가르치는 교관의 수준도 높지 않았다. 임관 후의 보수 교육은 계급과 직책을 수행하는 데 필요한 실무 교육 위주이지, 군사이론과 같은 학문적인 영역을 교육하는 것은 아니었다. 따라서 임관 전에 군사이론을 배워야 하지만, 그렇지 못하였다.

군사이론 교육은 장교를 양성하는 사관학교나 대학에서 이루어져야 하는데, 사관학교나 대학에는 가르칠 교수가 거의 없었다. 그 이유는 2002년에 이르러서야 군사학이 학문으로 인정되어, 2003년에 정치학을 전공한 교수들이 대학에 군사학과를 개설하였으며, 군사학 박사학위는 2010년에 충남대학교에서 최초로 수여되었기 때문이다. 이러한 실정이다 보니 사관학교나 대학에 군사학 과목이 개설될 수 없었다. 일부 군 출신 중에서 개별적으로 군사학을 공부하여 자타가 공인하는 전문가로 인정받는 사람이 있었으나, 극소수였다. 이렇다 보니 민간 서점이나 도서관에도 외국의 군사 이론서를 단순히 번역한 서적은 있었으나, 이를 이해하기 쉽게 해설한 서적이나 우리나라 교수나 전문가가 저술한 서적을 찾아보기 힘들었다.

군 간부가 군사이론을 접할 수 있는 것은 병과학교, 육군대학 등 군사교육기관에서의 군사교육과 야전 교범을 통해서이다. 하지만 야전 교범은 군사이론을 연구한 논문적인 성격이 아니라 군대 교과서로서, 군대를 운영하기 위한 지침서의 성격이 강하다. 군사이론은 동서고금을 통하여 군사사를 연구·분석하여 나온 것으로, 시공간을 초월하여 적용할 수 있는 원리를 설명한다. 그러나 야전 교범은 특정한 시간과 장소에서 당면한 군사 문제를 해결하기 위한 규정이나 절차에 가까운 지침서이다. 따라서 야전 교범은 특정 국가의 상황(적 위협, 무기체계, 편성 등)에 적합한 해결 방법을 제시하고 있으므로 국가마다 다를 수밖에 없다. 반면 군사이론은 군사 문제를 해결하는 원리를 설명하므로 각 국가가 동일하게 적용할 수 있다고 보아도 무방하다.

군 간부는 야전 교범에 정통해야 하는 것은 물론이고, 군사이론에도 정통해야 한다. 그래야만 야전 교범에서 제시하지 못하는 미래의 문제나 새로운 상황을 해결할 수 있는 능력을 갖출 수 있다. 《손자병법》에 "전승

불복, 응형어무궁(戰勝不復, 應形於無窮)"이라 하여, "전쟁에서의 승리는 반복되지 않는다. 무궁한 변화에 유연하게 내 모습을 바꾸어 대응하라"고 했다. 즉, 전쟁은 항상 야전 교범대로 진행되지 않는다. 전쟁은 늘 변화된 새로운 모습으로 등장하며, 승리하려면 군사이론에 정통하여야 적절한 대처 방법을 강구할 수 있다. 이런 이유로 군 간부는 야전 교범뿐만 아니라 군사이론에도 정통해야 한다. 그러나 앞서 언급한 것처럼, 군 간부들이 군사이론에 취약한 것이 현실이다.

우리 군의 경험이 미약한 이유에 대해 알아보자. 군은 전쟁을 수행하는 조직이다. 모든 편성, 무기·장비 등의 하드웨어뿐만 아니라 군사 제도, 리더십 등 소프트웨어도 전쟁을 위해 준비하는 것이다. 따라서 전쟁을 경험해 보아야 준비된 하드웨어와 소프트웨어가 잘 되었는지, 아니면 결함이 있는지를 파악할 수 있다. 하지만 우리 군은 베트남전에 참전한 이후, 대규모 전투를 경험하지 못하고 있다. 베트남전은 1964년부터 1973년까지 연인원 32만 명이 참전하였으며, 5000여 명이 전사하고 11만여 명이 부상을 당하였다.

그 후로도 우리 군은 도표와 같이 여러 분쟁 국가에 파병하였지만 대부분 재건지원, 의료지원, 정전감시와 같은 임무를 수행하였지, 베트남전과 같은 전투 임무는 수행하지 않았다. 이라크전과 아프간전 때도 미국이 우리 군의 파병을 요청하여 참가하였지만, 전투지역을 피하여 파병하였으며, 대부분 전투근무지원이나 민사작전 위주로 임무를 수행하였다. 국민 여론이 전투 파병에 부정적이었기 때문에 정치권(국회)에서도 전투 파병을 반대했다. 우리나라의 전쟁에 소극적인 역사적 전통과 국가 이익에 무관심한 국민성, 국민개병제에 따른 부모들의 자식 걱정 등으로 인해 전투 파병은 애초부터 불가능한 상황이었다. 현재도 이러한 현상은 지속되고 있다.

〈도표〉 한국군 파병 현황

구분	부대명칭	병과/규모	기간(년)	임무
평화유지활동 (PKO)	소말리아 상록수부대	공병/252명	1993~1994	재건지원 (최초 PKO 파견)
	서부사하라 국군의료지원단	의무/20명	1994~2006	의료지원
	앙골라 공병대대	공병/204명	1995~1996	재건지원
	동티모르 상록수부대	보병(특전) /444명	1999~2003	치안회복, 재건지원 (최초 보병부대 파견)
	레바논 동명부대	보병(특전) /350명	2007~현재	정전감시, 재건지원
	아이티 단비부대	공병j/240명	2010~2012	재해복구, 의료지원
해당국 요청	필리핀 아라우부대	육·해·공·해병	2013~2014	재해복구, 의료지원 (최초 합동부대 파견)
다국적군 평화유지활동 (PKF)	아프가니스탄 해성부대	해군/171명 (LST 1척)	2001~2003	해상 수송
	아프가니스탄 청마부대	공군/150명 (C-130 4대)	2001~2003	항공 수송
	아프가니스탄 다산부대	공병/150명	2003~2007	건설지원
	아프가니스탄 동의부대	의무/100명	2001~2007	의료지원
	아프가니스탄 오쉬노부대	보병(특전), 해병, 항공, 통신 등/232명	2010~2014	한국지역재건팀(민간) 지원
	이라크 자이툰사단	전 병과/3,600명	2004~2008	아르빌 경비·재건지원
	소말리아 청해부대	해군/구축함 1척, Lynx 1대, 해군 UDT, 해병 SRU	2009~현재	해상선단 보호 해적소탕 해양안보작전 참여
	남수단 한빛부대	공병, 의료/280명	2013~현재	재건지원, 의료지원
한국자체 군사협력	UAE 아크부대	보병(특전)/150명	2011~현재	국방교류 협력을 통한 특수작전 훈련, 재외국민 보호

해외파병으로 대규모 전투 경험을 쌓지 못한 것은 차치하더라도, 과거 북한은 1968년 청와대 습격 사건(1·21 사태)과 울진·삼척 무장공비 침투 등 수많은 군사 도발을 자행하여, 우리 군은 비록 소규모 전투였으나 대간첩작전으로 약 5000여 명이 희생되는 전투 경험을 하였다. 하지만 2000년대에 들어서는 주로 해상을 통한 도발이 많았다. 예를 들어 강릉 무장공비 침투(1996년), 제1연평해전(1999년), 제2연평해전(2002년), 천안함 피격(2010년), 연평도 포격(2010년) 등이 있었으나, 2010년 이후에는 북한이 핵무기를 고도화하며 미사일 발사 등 무력 과시에 치중하면서 1980년대 이전과 같은 대간첩작전을 통한 실전 경험은 거의 없는 실정이다.

군의 주 임무가 전쟁수행임에도 불구하고, 대부분 군 지휘관들은 평시 군 생활을 통해 많은 경험을 쌓았다고 자부하고 있다. 이는 착각이다.

아무리 오랜 기간 군 생활을 했어도 전투를 해 보지 않았으므로 진정한 군대 경험이 없다고 보는 것이 타당하다.

우리는 군 지휘관들이 야전교범에 정통하고 군사학교에서 좋은 성적을 받았다고 해서 본인이 군사이론에 전문가인 것처럼 착각하는 경우가 많다. 또한 오랜 기간 군 생활을 했다고 해서 많은 경험을 쌓았다고 생각하는데, 이는 오산이다. 창의성 발휘의 기초가 되는 군사이론에 정통한 것이 아니라, 군대 활동의 기준이 되는 규정과 지침서인 야전 교범에 정통한 것이다. 또한 군인의 진정한 경험인 전투 경험이 아니라 평시 군대를 관리하는 경험을 했을 뿐이다. 군사이론을 모르면 새로운 상황에 대처하는 능력이 부족하므로, 변화하는 전쟁 상황에 적응할 수 없다. 평시 경험은 군을 발전시키지 못한다. 군 자체는 전쟁에 대비하는 조직이지, 평시에 대비하는 조직이 아니다. 단 하루라도 전쟁을 경험한 것이 30년 평시를 경험한 것보다 더 나을 수 있다.

그렇다면 우리 군은 어떻게 부족한 군사이론과 전투 경험을 체득할 수 있을 것인가?

가장 좋은 방법은 군 내에 군사학을 연구하는 분위기를 확산하고, 해외 전투 파병을 통해 전투를 경험하게 하는 것이다. 그러나 이는 현실적으로 쉽지 않다. 따라서 당장 군 간부가 되고자 하는 사람들은 개인적으로 다음과 같은 노력을 해야 한다.

먼저, 개인 시간을 활용하여 부단히 군사학을 공부해야 한다. 군사이론을 습득하고 연구하여 군사력 운용 분야의 전문가가 되어야 한다. 이를 위해 군사 교육기관에서 배우는 야전 교범 외에도 인류 역사(전쟁사)와 관련된 서적이나 강의를 접해야 한다. 요즘은 관련된 유튜브 콘텐츠도 매우 다양하고 질이 높다. 병사들에게는 평상시 활동도 전투와 관련되어 있음을 강조하고 설명해 주어야 한다. 예를 들어, 군인이 머리를 짧게 손질하는 이유는 전투시 야전에서 단체 생활을 하면서 위생적으로 문제가 발생할 수 있기 때문임을 알려주어야 한다. 또한 군인이 우산을 쓰지 말아야 하는 이유와 전투복을 착용하는 목적 등 사소한 부분도 강조하여 평상시에도 본인이 군인임을 자각하게 해야 한다.

체육활동도 전투와 관련된 전투체육을 활성화해야 하며, 개인 운동보다는 단체운동을 강조하고, 단체운동도 건제를 유지할 수 있도록 해야 한다. 가급적 장교 대 부사관 경기나 선발된 선수만 참가하는 경기는 삼가는 것이 좋다.

한마디로, 전투를 경험하지 못한 군대를 군대답게 만드는 것은 매우 어려운 일이다. 군 간부들이 뼛속까지 군인정신이 배어 있지 않으면 안 되는 어려운 과제다. 이를 위해 늘 전쟁을 생각하는 간부가 되어야 비로소 군대다운 군대를 만들 수 있을 것이다.

현역 후배에게

　전역한 선배로서 후배들에게 꼭 하고 싶은 말은 '자부심을 가져라.'입니다. 여러분은 남들이 걷지 않는 길을 걷고 있습니다. 군인이라는 직업은 전쟁을 위해 존재하는 것입니다. 전쟁은 인간의 생명을 담보로 합니다. 생명을 버리지 않고는 임무를 수행할 수 없는 직업입니다. 어느 누가 생명을 담보로 하는 직업을 선택하겠습니까? 어떤 명예, 권력, 부보다도 생명은 중요한 것입니다. 하지만 여러분은 초개와 같이 생명을 버려야 하는 직업을 선택한 것입니다. 이 자체로도 가치 있는 일이며, 누구나 할 수 있는 것이 아닙니다. 충분히 존경받을 만한 가치가 있습니다.
　더구나 우리나라 군대는 위대한 전통을 가진 군대입니다. 해방 후 좌익, 우익의 대립으로 방황하던 엄혹한 시절에 자유 대한민국을 건국하는 데 초석이 되었으며, 공산주의 북한이 기습적으로 침략한 6·25 전쟁 때는 적의 탱크를 몸으로 저지하여 자유 대한민국을 지켜내는 호국의 간성 역할을 했습니다. 그 후, 가난하고 혼란한 나라를 구하고자 일으킨 박정희의 5·16을 계기로 군대가 사회 다방면에 참여하여 조국 근대화의 터전을 닦았습니다. 여기에서 그치지 않고, 박정희 사후에는 전두환, 노태우 등 군 엘리트들이 정치에 참여하여 박정희가 완성하지 못한 산업화와 민주화의 꿈을 실현, 국가를 근대화시키고 사람답게 사는 세상을 만들었습니다. 그리고 나서 민간 엘리트가 국가를 경영하도록 군은 정치를 떠났습니다. 이와 같은 업적은 인류 역사상 유례가 없는 것으로, 우리 군대의 자랑스러운 역사입니다. 여러분은 이런 선배들의 업적을 자랑스럽게 생각해도 됩니다.
　여러분은 아무나 할 수 없는 군인의 길을 선택했으며, 그것도 위대한 대한민국 군대의 일원이 된 것입니다. 자부심을 갖고 정정당당하게 행동해도 됩니다.

군인은 전·평시를 막론하고 국민의 재산과 생명을 보호하는 것이 주 임무입니다. 그러기 위해서는 강군을 양성하여 적이 감히 넘보지 못하도록 해야 합니다. 또한, 적이 오판하여 쳐들어온다면 최소한의 희생으로 이를 물리쳐야 할 것입니다. 그러기 위해서는 첫째, 개인의 실력을 양성해야 합니다. 임진왜란을 겪은 서애 유성룡은 《징비록》에서 '장수가 병법을 모르면 그 나라를 적에게 주게 된다'라고 하였습니다. 가슴에 깊게 새겨야 할 말입니다.

둘째, 부하로부터 존경받는 군인이 되십시오. 존경이 없으면 사상누각입니다. 포탄이 빗발치는 전장에서 존경받는 상관의 명령만이 부하를 움직일 수 있습니다. 존경받기 위해서는 먼저 신뢰를 주어야 하고, 부하를 따뜻하게 대해주어야 합니다. 상관의 명령을 따르면 살 수 있고, 전투에서 이길 수 있다는 믿음을 주어야 합니다. 평시 부하를 따뜻하게 대해주어야 전시에 목숨을 바쳐 임무를 완수합니다. 이것의 바탕은 인간에 대한 사랑입니다. 진심으로 부하를 사랑하십시오.

셋째, 용기 있는 군인이 되십시오. 군인이 머리가 나빠서 국민으로부터 욕을 먹은 적은 없습니다. 국민은 용기 있는 군인을 요구합니다. 용기는 마음의 자유로부터 나옵니다. 정의롭게 행동하면 자유롭습니다. 죽음을 초월하면 자유롭습니다. 현재의 내가 최고의 계급이라 생각하면 자유롭습니다.

넷째, 무엇이 되려고 하지 말고, 무엇을 하려고 하십시오. 조선의 임금이 27명입니다. 하지만 우리가 기억하는 임금은 무엇인가를 한 임금입니다. 여러분도 전쟁이 없는 시절에 군 생활로 전공을 세우지 못한 군인이 될지라도 군을 위해 무언가를 이룩한 군인으로 기억되도록 하십시오.

군을 먼저 경험한 선배로서 후배님들께 몇 가지를 당부하였습니다. 저는 후배님들이 당당하게 도심을 활보하는 모습을 보고 싶습니다. 또한, 국민으로부터 여러분의 노력만큼 정당한 평가를 받는 것을 보고 싶습니다.

전역한 후배에게

우리 군 선배들은 국가를 위해 어느 직업보다도 헌신하였습니다. 어떤 분은 대한민국 국군을 '건국의 초석, 호국의 간성, 근대화의 견인차, 민주화의 울타리' 역할을 충실히 수행하였다고 하면서 이스라엘 군대와 견줍니다. 이는 부정할 수 없는 사실입니다. 군인 출신 대통령인 박정희, 전두환, 노태우 정권 30년을 거치면서 대한민국은 비약적인 발전을 이루었습니다.

5·16 혁명 당시 1961년 우리나라는 전 세계에서 거의 꼴찌 수준의 경제력이었으나, 1993년 노태우 정부가 민간 출신 김영삼에게 정권을 이양할 때 국민총생산(GNP)은 전 세계에서 12위였으며 개인평균 소득도 인구 5000만 명 이상 되는 국가와 비교했을 때 7위 수준이었습니다. 민간에게 정권을 이양한 지 벌써 30년이 지났으나, 현재도 12위, 7위 수준에 머물러 있습니다. 경제뿐만 아니라 민주화도 마찬가지입니다. 현재도 군사정권의 전두환과 노태우가 합의한 6·29 선언을 바탕으로 제정한 헌법을 유지하고 있습니다. 30년 군사정권이 이룩한 대한민국을 뛰어넘지 못하고 제자리걸음을 하고 있는 것입니다. 마라톤을 보면 꼴찌도 앞으로 뛰지만, 앞 주자를 추월하지 못하면 발전이 아닙니다.

저는 지금도 기억이 생생합니다. 1993년 청와대 경호실 근무 시절에 퇴임을 하루 앞둔 노태우 대통령은 "건국과 6·25 전쟁 후 우리 군은 대한민국 보위와 발전을 위해 부득이하게 정치 전면에 나섰습니다. 하지만 이제 그 역할을 다하고 군으로 돌아가야 합니다. 이것이야말로 우리 군이 역사의 죄인이 되지 않고 역사의 발전자로서 역할을 하는 것입니다. 지금 퇴임을 앞두고 저는 민간에게 정권 이양을 이루어내어 무한한 자부심을 느낍니다.[38]"라고 말하면서 다음 날 청와대를 떠났습니다. 그 후 김영삼, 김대중, 노무현, 이명박, 박근혜, 문재인을 거쳐 현재 윤석열 대통령까지 30년이 지났습니다.

지금 저는 환하게 미소를 지으며 떠나는 노태우 대통령의 모습이 헛되지 않았다고 생각합니다. 군부 통치가 끝나고 남은 자리는 민주투사라 자칭하는 정치인, 고시 출신 법조인, 교수, 기자 출신들이 차지하였습니다. 이들은 칼을 든 군인과 달리 글과 말로 상징되는 '붓잡이'입니다.

이들은 지난 30년 동안 국가 발전을 안중에 두지 않고 권력 투쟁에만 몰두하여 자기편 챙기기에 바빴습니다. 마치 조선조 붕당정치의 재현을 보는 듯했습니다.

이 상태로는 대한민국의 미래가 없다고 봅니다. 30년간 민간 '붓잡이'에게 나라를 맡겼더니 결국은 조선조로 돌아갔습니다. 완벽한 복귀입니다. 사농공상의 신분제 사회가 되었습니다. 법조인, 교수, 기자가 지도층인 신종 양반으로 등장하여 대한민국을 건국하고 근대화시킨 기업인, 군인, 과학자, 근로자를 지배하고 있습니다. 자기들끼리는 범죄를 저질러도 봐주고 입건조차 하지 않으면서, 기업인과 군인의 사소한 잘못에도 수갑을 채워 공개적으로 망신을 주는 나라가 되었습니다. 이제는 더 이상 이를 두고 볼 수 없습니다.

---

[38] 노태우 대통령 취임 첫 해 군 주요 지휘관 만찬에서도 노 대통령은 같은 이야기를 했다고 한다. 내 동기생 김○○이 군단장 전속부관이었는데, 청와대 만찬이 끝나고 최○○ 보안사령관과 이어진 술자리에서 군단장이 이와 같은 이야기를 하였다고 증언했다.

고대 그리스 아테네 민주정치에서 투표권을 가진 시민의 특징은 몸에 상처가 있었다는 것입니다. 그 이유는 몸에 상처가 난 사람은 전쟁에 참가한 사람으로 애국심을 상징하였기 때문입니다. 또한 전쟁에 참가한 사람은 목숨을 걸어보았기에 용기가 있었습니다. 불의에 항거할 줄 알고 정의를 지킬 줄 알았습니다. 또한 당시 전쟁에 참가하기 위해서는 청동으로 제작된 방패와 창, 칼이 필요했습니다. 이를 구입하기 위해서는 어느 정도의 부를 축적한 사람이었음을 의미합니다. 그리스 아테네의 투표권을 가진 시민은 지금의 기준으로 보면 바로 국회의원을 의미합니다. 넓게 보면 정치인입니다.

아테네 정치인의 자격을 현대에 적용해 보면 다음과 같습니다. 먼저 애국심이 있어야 합니다. 이를 측정하기는 어렵지만, 군대에 다녀온 사람이라면 애국심이 있다고 보아도 무방할 것입니다. 다음으로는 정의를 위해 싸울 줄 아는 용기가 있어야 합니다. 용기는 죽음을 초월할 때 나옵니다. 즉, 죽음을 많이 경험한 사람일수록 용기가 있습니다. 또한 먹고사는 데 문제가 없어야 합니다. 직업이 없더라도 살아갈 수 있는 재력이 있어야 할 것입니다. 이러한 자격을 갖춘 사람이 정치를 해야 나라가 바로 설 수 있습니다. 저는 이 자격에 맞는 사람이 군 출신 예비역이라고 생각합니다.

평생 군 생활을 통해 국가와 국민만을 생각하며 판단하고 행동했습니다. 당연히 애국심이 있을 수밖에 없습니다. 전쟁은 하지 않았더라도 위험하고 고된 훈련을 통해 죽음의 문턱을 넘는 용기를 갖추었습니다. 또한 전역 후 국가의 보상으로 추가적인 직업 없이 연금을 받아 경제생활이 가능합니다. 또한 여러분들은 군에서 지휘관 생활을 하면서 항상 참모들의 의견을 청취하여 민주적이고 합리적으로 의사결정을 하는 습성이 몸에 배어 있습니다. 즉 여러분들은 리더의 주요 자질 중의 하나인 합리적인 의사결정 능력이 있습니다. 저는 이러한 특질을 가지고 있는 여러분들은 정치를 해야 한다고 생각합니다.

과거의 군 선배들은 현역 시절 정치에 참여했습니다. 군이라는 무력을 통해 정권을 장악한 면도 있습니다. 어찌 되었든 결과적으로 대한민국을 발전시켰습니다. 하지만 지금은 현역으로 정치에 참여해서도 안 되고, 참여할 수도 없습니다. 전역한 예비역 후배 여러분! 우리 모두 선거에 나섭시다. 기초 지방의회 의원도 좋고, 국회의원도 좋습니다. 정상적인 선거를 통해 국가 정책 결정에 참여합시다. 군인의 길을 택할 때 국가와 민족을 위해 생명을 바치려 했던 것입니다. 전쟁을 통해 나라를 구하지 못했지만, 전역 후 정치를 통해 나라를 구합시다.

어느 누구보다도 여러분의 능력과 자질이 우수합니다. 이미 애국심, 용기, 경제력은 증명이 되었고, 수십 년간의 군 생활을 통해 조직을 운영하는 것을 익혔습니다. 군대라는 조직은 작은 국가, 사회와 같은 곳입니다. 울타리 구석 청소부터 전투기를 전력화하는 의사결정까지 다 경험해 본 여러분입니다. 두려워하지 말고 정치에 참여하여 무너져가는 나라를 구합시다.

부록 1
특전부대 리더십[39]

    특전사에서 교육단 특수훈련교관, 3여단 중대장, 27대대 부대대장, 707대대 작전장교, 사령부 작계장교, 13여단 대대장, 7여단 작전참모, 특임단장, 사령부 감찰참모·작전처장으로 근무하면서 느낀 점을 적었습니다. 두서없이 평소 생각하던 것입니다. 사령관님 지휘에 참고하시기 바랍니다.

순서

1. 특전부대 팀장의 중요성
2. 특전부대원의 장점
3. 특전부대의 리더십
4. 천리행군
5. 강하훈련
6. 해상침투훈련
7. 산악극복훈련
8. 여러 가지 생각
9. 맺는 말

---

39 필자가 특전사 작전처장 보직 후에 장군으로 진급을 하고, 서울 양재동 교육개발원 객원연구원으로 있으면서 특전사와 사령관을 위하여 2008년 12월에 쓴 글

특전부대 팀장의 중요성

1. 왜 특전중대를 팀이라 하는가?

　가. 팀의 사전적 의미 : 같은 일에 종사하는 한 동아리의 사람.

　나. 일반회사에서도 팀을 구성하여 특별한 과업을 수행하는 경우가 있음. 이 때 팀은 기존의 계층적인 조직구조에 포함시키지 않고 별도의 조직으로 편성하여 보고의 단계를 축소함으로써 의사결정을 신속히 진행시킴. TF의 의미임.

　※ 특전팀의 경우도 작전수행시 상급부대인 지역대·대대를 거치지 않고 여단·사령부에서 직접 임무를 부여받고, 직접 보고하는 체계로 이루어짐(부여된 임무도 대대·지역대와는 연계성이 없는 별도의 임무임).

2. 왜 중대장을 팀장이라 하는가?

　가. 팀이라는 용어를 대표적으로 사용하는 운동경기의 경우에 팀장은 주장에 해당함. 주장은 코치나 감독이 아니고 직접 경기에 참가하여 경기장 내에서 코치·감독의 역할도 동시에 수행함.

　나. 운동경기의 팀과 마찬가지로 특전중대의 중대장은 전투시 코치·감독자도 되지만 직접 전투에 참여하여 팀원과 같이 전투를 수행함. 주장도 포지션이 있듯이 팀장도 전투에 자기가 맡은 역할이 있음. 이와 같은 이유로 특전 중대장을 팀장이라고 칭함.

　※ 운동경기의 주장은 운동도 잘해야 하고, 리더십을 갖고 있어 팀을 잘 이끌어 가듯이 특전팀장도 마찬가지로 전투력도 있어야 되고 리더십도 갖추어야 됨. 더구나 운동경기는 코치·감독의 의사가 경기장내로 전달되지만, 특전팀의 경우는 적지에서 상급지휘관의 감독없이 전투를 수행해야 하는 어려움이 있음.

특전부대원의 장점(경험을 기초로)

1. 경험 이야기 '하나'

특전사 3여단에서 1차 중대장을 마치고 1군단 특공연대에서 2차 중대장을 하면서 경험한 이야기임.

특공연대 병사들은 신병교육대에서 체력과 학력이 우수한 인원을 선발하여 충원함. 직접 경험한 결과, 주특기(장기간 숙련이 필요. 병사들은 주특기 교육 미실시)를 제외한 체력·사격 등 전투력 면에서 특공연대 병사들이 특전사보다 우수하다고 생각되었음. 그러던 중 다음과 같은 경험을 했음.

연말에 교탄 사용실적이 저조하여 수류탄 교장에서 위험식 교탄 시범식 교육을 하였음. 백린 연막을 던졌는데, 바람이 세게 불어 수류탄 교장에 불이 붙고, 불이 인근 높은 야산으로 번지려고 했음. 이를 바로 진화하지 못하면 주둔지 야산 전체를 태우는 큰 산불로 발전될 것으로 판단되어 중대장인 내가 직접 수류탄 교장으로 들어갔는데, 내 뒤로 소대장, 선임부사관만 따르고 그렇게 충성스럽고 용감하다고 생각했던 병사들은 누구도 뒤를 따르지 않았음(수류탄 교장은 대부분의 경우 불발 수류탄이 있어 위험함).

그러나 특전사에서도 동일한 경험을 했는데, 그때는 내가 앞에서 들어가자 팀 선임부사관이 "중대장님은 들어가시면 안 됩니다." 하면서 본인이 앞장을 서니, 부사관들이 너나 할 것 없이 들어가서 불을 진화하였음. 이 일이 있고 나서 나는 다음과 같은 점을 깨닫았음. "군인은 체력·전투기술이 우수한 것도 중요하지만 이보다 더 중요한 것은 목숨을 걸고 충성을 바칠 수 있는 인원이 진정한 군인이다."

특공연대 병사들도 훈련시에는 정말 용감했음. 체육대회시 항상 우리 중대가 우승을 했고, 24km구보를 포함한 전투력 측정에서도 항상 우승을 했음. 그래서 중대장인 나는 우리 중대원을 무한히 신뢰했으나 결정적으로 생명을 담보하는 일에서 망설이는 것을 보고 많이 실망했음. 깊이 생각해 본 결과, 다음과 같은 결론에 도달했음.

 가. 특공연대 병사 : 직업군인이 아니라 책임감이 없음. 또한 그동안 살아온 인생을 포기할 만큼의 용기(죽음을 경험하지 못함)가 없으며, 자기에 대한 애착심이 강함(좋은 집안·학력·인간관계 등).

 나. 특전사 부사관 : 직업군인이라 책임감이 강함. 또한 그동안 공수강하 등 위험한 훈련을 통하여 죽음에 대한 용기가 있음. 이런 행동을 조금 부정적으로 생각하면, 그동안 살아온 인생이 초라하기에 자기에 대한 애착이 학력이 높고 집안 좋은 병사들보다 적음. 즉 쉽게 생명을 포기할 수 있음.

 ※ 과거 선배들이 군인은 먹물이 너무 많이 들어가면 안 된다는 말을 이해할 수 있는 계기가 되었음(지식이 많을수록 자기 생명을 포기하지 않음 : 역사를 보면 대부분의 지식인들이 생명 앞에 비겁하게 행동했음). 따라서 전투원이 너무 학력이 높으면 전시에 전사로서 역할을 하지 못함.

2. 경험 이야기 '둘'

 아프간 인질사태시 대테러 작전투입에 대비하여 특전사 707 인원 90명이 47교장에서 30일간 퇴근 없이 고립하여 격리지역 활동을 하였음. 이때 분위기는 실제 작전에 투입할 것으로 판단했고, 투입하지 않더라도 실제와 동일한 상황을 조성하여 707대대의 긴장도를 높이고자 했음. 그 결과 놀라운 점은 어느 누구도 파병을 거부하지 않았으며, 대부분 기혼자임에도 불구하고 작전보안이 지켜져 언론에서도 눈치를 못 챘음(심지어는 교육단에 있는 교관들도 훈련 사실을 몰랐음). 이는 대한민국 군대중 유일하게 특전부대만이 가능한 것임. 무한한 자부심을 느끼는 계기가 되었음.

3. 드리고 싶은 말

가. 특전부대원들은 대단히 충성스러움. 어떤 경우에는 이런 성향이 부정적일 때도 있음(광주사태시 오직 명령만 수행, 판단하지 않음). 과거 독수리 연습시 영광 원자력 발전소를 타격하기 위해 원자력 중수 배출구를 통하여 침투에 성공한 적도 있는데, 이는 오직 작전에 성공하겠다는 매우 무모한 행동이었음(중수를 배출하게 되면 물에 휩쓸려 사망할 수 있었음). 또한 예비군이 동원되어 경계를 서기 전 주간에 맨홀에 들어가 12시간 이상을 버티어 24시에 타격에 성공한 예도 있는데, 이것 또한 무모한 행동이었음(가스 발생, 저체온증 발생 등).

나. 그러나 이와 같은 성향을 부정적으로 보면 안 됨. 특전부대 경험이 없는 어떤 여단장은 이런 특전부대원의 성향을 보고 무식하다고 비하하는 것을 보았음. 충성에는 다소 단순, 무식한 면이 필요하므로 이런 성향에 대하여 신임 지휘관에게 교육할 필요가 있음. 특전부대원의 충성심을 잘 다듬어서 가꾸어 나가는 지혜가 필요함.

다. 특전부대 하사 대부분이 고교 생활기록부를 보면 성적이 중간 이하임. 소양평가 문제와 답안지를 보면 정말 한심한 수준임. 이런 정도의 지적 수준은 보편타당한 사회적인 가치 기준도 이해 못할 수 있음. 지난번의 보험사기 사건도 이성적인 판단으로 행한 행동이 아니라 선배의 권유, 눈앞의 이익만을 생각한 단순, 무지한 행동의 결과이라 판단됨. 특전부대 지휘관들은 이런 부사관들을 어떻게 교육할 것인가, 어떻게 지휘할 것인가, 고민을 많이 해야 함.

특전부대의 리더십

1. 특전부대 특징

가. 특전부대 팀은 구성면에서 대부분 부사관으로 구성됨. 부사관 대부분은

지적 수준이 높지 않음. 이성적이기보다는 감정적임. 조직에 충성. 의리를 중요시 함.

　나. 임무수행면에서 전시에 적지에서 작전을 하므로 생명의 위험성을 수반하고, 팀 단위의 강한 단결력이 요구됨.

2. 요구되는 리더십

　가. 구성원 및 임무수행의 특성으로 보면 마치 조폭(야쿠자의 특성 : 이성적이지 않고, 무조건적으로 보스에게 충성, 의리를 중요시 함, 생명을 담보로 한 임무수행 등)과 같은 경향이 있음.

　나. 지휘검열 등을 통해 예하부대를 살펴보면 전투력이 높고, 사고발생이 적은 여단의 특징은 지휘관이 부하에게 친밀하게 대하고, 항상 웃고 다니고, 처벌보다는 상을 많이 주고, 부하와 같이 운동을 많이 하고, 고령 부사관을 잘 배려하는 등의 특징이 있음. 반면에 전투력이 약하고, 사고가 많이 나는 여단을 보면 지휘관이 부하를 믿지 못하고, 회의를 많이 하며, 지시사항이 많고, 부하와 스킨십이 없고, 항상 자기의 고집을 부하에게 이해시키려 하는 등의 특징이 있음. 이를 종합해 보면 성공한 지휘관은 솔선수범하여 부하와 스킨십을 많이 하지만, 실패한 지휘관은 이성에 호소하고, 시스템을 통하여 지휘하는 경향이 있음. 일반적인 생각으로는 특전부대원은 전문 직업군인이므로 이성적인 지휘가 적합할 것으로 판단하나 실제 나타나는 결과는 감정에 호소하는 지휘가 성공함을 볼 수 있음.

　다. 위와 같이 특전부대의 성공한 지휘의 유형을 보면 야쿠자의 리더십 (①부하를 신뢰하라. ②부하에게 친밀하라. ③부하를 배려하라)과 유사함을 알 수 있음. 야쿠자의 리더십 세 가지 덕목은 특전부대를 지휘하는 데 유의할 점이 많음.

　먼저 '부하를 신뢰하라' 덕목은 분권화 작전을 하는 특전부대에 필요한 리더십임. 평소 훈련이나 전시 임무수행간 팀단위로 작전을 하고, 장거리에 떨어져 있기 때문에 예하부대를 감독할 여건이 되지 않음. 이런 상황에서 예하부대원은 상급 지휘관이 우리를 믿지 않고 있다고 인식하게 되면 오히려 반발하고, 임무를 수행을 게을리 하게 됨.

'부하에게 친밀하라' 덕목 또한 특전부대에 필요한 덕목임. 친밀하라는 의미는 스킨십을 의미하는 것으로 지휘관의 솔선수범, 동고동락 등이며, 이는 동서고금을 막론하고 지휘관이 가져야 하는 덕목으로 생명을 담보로 하는 특전부대의 경우에는 더욱 중요함(우리 지휘관도 우리와 같이 위험할 때는 생명을 바칠 수 있는 사람이구나 하는 생각을 갖게 해야됨. 야쿠자의 보스는 위험할 경우에 앞장섬).

'부하를 배려하라' 덕목은 인간이면 누구나 갖는 보상 욕구를 충족시켜주는 것으로 위험한 임무를 수행하는 조직에 반드시 필요한 것임. 이는 일반적인 보상이 아니라 생명을 담보로 한데 따를 특별한 보상임. 이것이 되었을 때에 국가에 대한 충성심이 생김(다음은 과거 미국 동계올림픽에서의 실화임. 스키장 경사도가 너무 심하여 한국 선수들은 시합 도중 포기하거나 부상을 입고 귀국하였음. 그러나 호주 선수들은 위험한 경사도에서 스키가 분리되지 않도록 견고히 조이고 출전하기에 한국 선수들이 질문을 하였음. "스키가 분리되지 않으면 위험한데 왜 그렇게 하냐?" 이 때 호주선수들의 답변은 "내가 죽더라도 우리 가족을 국가가 책임진다. 나는 국가의 명예를 위해 죽을 수 있다").

특전부대는 부사관이 대부분이기 때문에 부사관을 배려해 주어야 함. 특히 젊었을 때 고생한 부사관을 늙었다고 해서 한직에 보직하고, 업신여기는 것은 젊은 부사관이 볼 때 특전부대에 대한 매력을 잃게 만들고 특전부대에 대한 충성심을 약화시키는 행동임. 특전부대의 배려 핵심은 고령부사관을 잘 대해 주는 것임.

라. 앞에서 보았듯이 특전부대는 일반 보병부대와는 다른 리더십이 필요함. 이는 특전부대 구성원 및 임무수행의 특성이 다르기 때문임. 특전부대 지휘관으로 실패한 지휘관의 특성을 보면, 인간적이지 못하고, 모든 것을 시스템과 교육으로 해결하려 하고, 권위적인 지휘 경향을 보임. 이런 부대에서는 "야간 늦게까지 음주하지 말고, 사고치지 말라."고 강조해도 사고가 남. 특전부사관은 생명을 담보로 강하도 하는데, 사고를 쳐 영창가는 것을 두려워하지 않음. 오히려 자기가 피해를 보더라도 지휘관을 골탕 먹이고 싶어 함. 이성적으로 해결되는 문제가 아님.

성공한 지휘관의 부대를 보면, 사고를 낸 인원뿐만 아니라 조직원 전체가 지휘관에게 미안한 마음을 가지고 있음. 사고를 내면 내가 처벌받는 것이 문제가 아니라 지휘관이 곤경에 처함을 더 두려워함. 사고를 낼 수 있는 순간에 지휘관의 얼굴이 떠올라 조용히 부대에 왔다는 이야기를 많이 들었음. 이런 부대는 지휘관과 조직원이 혼연일체가 되어 있음. 이런 부대는 부하가 지휘관의 매력에 빠져 있음을 볼 수 있으며, 지휘관에게 반해 있음. 특전부대의 리더십은 이성적·합리적이기보다는 다소 감성적·인간적인 리더십이 필요함. 이런 지휘관의 행동을 보면, 부하들과 운동·회식 등 자주 접촉을 하고, 항상 부하와 동일한 복장·외모를 같이 하는 솔선수범형이며, 채찍보다는 당근을 많이 사용하고, 농담을 즐겨서 항상 웃는 얼굴임을 알 수 있음.

3. 드리고 싶은 말

가. 특전부대는 여단 단위로 한 울타리를 사용하는 부대로 여단장의 리더십에 따라서 부대의 분위기가 크게 좌우됩니다. 여단장의 리더십에 관심을 가져야 합니다.

나. 앞에서 특전부대원은 조폭과 같은 성향이 있다고 했습니다. 사실 그렇다

고 생각됩니다. 그러나 우리 특전부대가 조폭이 돼서는 안 됩니다. 단지 조폭의 충성스러운 성향을 발전시키되, 도덕적인 용기를 가진 부대원으로 성장시켜야 합니다. 대부분의 구성원인 부사관은 제대로 된 교육을 못 받았습니다. 그러나 이들은 단지 몰라서 잘 못을 할 뿐이지 나빠서 잘 못을 하는 것이 아닙니다. 어떻게 하면 이들을 성숙한 인간·군인이 되도록 만들 것인가를 고민해야 합니다. 이들에게 사회성을 가르쳐 전역 후에도 올바른 민주시민의식을 갖도록 해야 할 것입니다. 인성교육 프로그램도 좋은 교육 방법이 될 것입니다. 대부분의 전역한 특전부사관이 성공한 예가 극히 드뭅니다.

천리행군

1. 목적

특전팀이 북한지역에서 작전 후 아군 지역으로 복귀하기 위해 400km의 육상 산악행군 능력이 필요하여 실시하였음(한반도 지도를 반으로 접었을 때 400km 정도가 됨).

2. 외형적인 목적 외 얻어지는 효과

가. 팀 단결력 배양

팀원이 일심동체가 되지 않고서는 정상적인 행군이 불가함. 즉 팀 장비를 직책에 따라서 휴대하지 않고 타인의 개인군장 무게를 고려하여 분배하므로 협동심이 배양됨. 또한 식사를 준비할 때 모두가 참여하여 준비하지 않으면 정해진 시간(통상 1시간) 내 식사가 불가하여 다른 팀보다 늦게 도착함. 우발상황으로 환자가 발생하게 되면 환자의 군장까지 분배하여 행군하며 환자는 단독군장으로 행군함(전시 상황에도 동일).

나. 개인 인내력 배양

통상 행군 간 군장무게는 25kg 내외를 착용하게 되며, 이때 일일 행군 거리 35km가 지나면 근육에 통증을 느끼게 되며 45km가 되면 뼈에 통증을 느낌. 그러나 통상의 경우는 일일 50km 이상을 행군하게 되므로 인내력이 없이는 천리행군을 완주하기 곤란함.

3. 행군간 일반적인 사고유형

가. 고통스러운 행군을 기피하기 위해 현지 탈영

나. 행군간 팀 전체가 차량을 탑승

* 환자가 생길 때, 행군에 늦을 때, 훈련의지 부족할 때

다. 행군 간 총기·음어 분실

라. 온열 손상, 저체온증으로 사망사고

마. 야간 도로 행군간 차량에 의한 충격사고

바. 전투근무지원 차량 사고(야간, 빗길, 눈길 운행 빈번)

4. 사고예방을 위해 조치할 사항

가. 계획단계에 확인해야 할 사항

1) 적절한 행군로 선정 여부

가) 도상거리 35~40km(실거리 통상 50km가 됨)

나) 차량이 많이 통행하는 도로 회피, 우마차길 혹은 등산로 선정(지도상 산악의 소로길은 실제로는 야간 통행 제한됨. 그러나 마을과 마을 사이의 소로길은 통상 다니는 길이 있음).

다) 산악 행군로 선정시 30분 이내 도로로 나올 수 있는 행군로를 선정하여 응급상황에 대비.

라) 1일차 행군거리는 실거리 40km 이내로 선정하고, 그 후로는 2일간은 길고, 1일은 짧게 계획.

　　마) 1일 행군로는 처음에 산을 넘고, 평이하게 행군하다 나중에 산을 넘는 형식으로 산 정상 두 개 정도를 극복하는 것이 적절(15시 출발하여 산악행군, 새벽녘에 산악행군으로 혹시 길을 잃더라도 날이 밝아지면 찾을 수 있음).

　　바) 예상치 못한 상황(기상, 대대원 건강상태 등)으로 정상적인 행군을 못할 경우에 대비하여 행군거리를 생략할 수 있도록 행군로를 계획하여야 함(너무 직선으로 계획하면 생략할 방법이 없음).

　2) 전투근무지원

　　가) 출동차량이 너무 많으면 장기간 야지운행으로 정비 소요를 충족하기 곤란하고, 운행이 많으므로 사고위험성 내재. 통상 지휘차량, 구급차, 물동량 운행을 위한 1.25t, 2.5t 각 1대가 적절함.(필히 중간에 차량 교대가 필요).

　　나) 훈련간 지역책임 부대의 지원을 받아야 하므로 지역책임 부대와 장거리에 위치한 훈련지역은 회피.

　　다) 국립공원지역 등 대민피해 우려지역은 회피. 가능한 과거 훈련지역으로 훈련지역을 선정하는 것이 유리.

　　※ 훈련 후 결과보고시 필히 천리행군로에 대한 분석결과를 포함하도록 하고, 이를 대외비로 존안하여 차후 훈련부대가 참고.

나. 실시 단계에 확인해야 할 사항

　1) 군장휴대 품목

　　가) 기상이변을 고려 천막, 침낭은 필히 개인별 휴대(종종 군장무게를 고려하여 조별로 휴대하는 경우가 있음. 개인별 낙오시 문제 발생 : 민주지산 사고)

　　나) 감시장비·AM장비는 가능한 천리행군 출발 전 공식적으로 여단에서 회수하여 복귀시키는 것이 좋음(그렇지 않으면 군장무게가 25kg를 초과하

게 되고, 경우에 따라서는 천막, 침낭, 의약품 등 필수품을 제외함).

다) 필히 군장품목에 팀별 1개 이상의 수액을 준비하여야 함(행군중 탈진환자는 땀을 많이 배출하여 몸 속의 전해질이 소모된 경우로 1시간 이상 방치하면 회복이 불가능함. 따라서 후송하더라도 수액을 맞힌 상태에서 하는 것이 중요함).

2) 행군 방법 등 상황조치 요령

가) 어려운 행군로일수록 팀 단위 행군이 유리함(팀단위로 완전성을 갖추고 있음. 지역대·대대단위 행군시 산악에서 오히려 지휘통제가 되지 않음. 민주지산 사고시 대대행군을 실시하여 앞·뒤 인원이 뒤엉켜 건제가 유지되지 않아 인원을 파악하는데도 시간이 오래 걸렸음).

나) 만약에 산악에서 길을 잃었거나 체력이 소진, 기상이변이 발생할 경우에는 즉시 행군을 중지시키고, 현 위치에서 팀별로 인원을 파악한 후 지휘체계를 유지시키고 천막을 치고 휴식하게 한 후 날이 밝는 등 상황이 호전될 때까지 기다리게 해야 함(하산시키면 그 순간부터 상황은 점점 악화됨 : 탈진환자, 낙오자 대량 발생 등).

다) 행군간 탈진환자가 발생하면 즉시 수액을 주사하고 후송토록 함(이런 이유로 30분 이내로 도로와 근접한 산악행군로 선정이 필요).

라) 현지이탈자 발생시 우선 행군을 중지시키고 수색하며, 상급부대에 보고시 제목은 '천리행군간 낙오자 발생'으로 하고 세부내용에 총기휴대를 명시하면 됨(천리행군시 현지 이탈자는 행군이 두려워 이탈했기에 자살하는 경우는 없었음. 행군출발 전 탈영을 하더라도 총기·음어는 놓고 가라고 교육시킴).

5. 드리고 싶은 말

가. 천리행군은 특전부대의 대표적인 훈련으로 강하게 할 필요가 있습니다.

천리행군을 대충 하면 전투력 및 자긍심 저하뿐 아니라 엉터리로 경험한 장교(팀장)들이 다음에 대대장할 때에 잘못을 반복하여 특전사의 전통적인 훈련의 맥이 끊깁니다.

　나. 그러나 제가 처장하면서 천리행군 실태를 확인해보면 30% 정도는 정상적으로 하고, 70%는 계획부터 안전만을 고려하여 특공연대·수색대대와 비슷하게 주간행군, 도로행군으로 계획하며, 또한 실시간 상황조치도 문제점이 있는 것을 보았습니다.

　다. 계획단계부터 철저하게 지도하여 강하게 훈련토록 하되 안전을 강구한 훈련이 되도록 해야 합니다. 그 방법으로 천리행군간 여단본부에서 참모를 안전통제관으로 보내 대대장을 도와주도록 하는 것이 좋겠습니다(필히 차량을 주어서 기동통제가 가능토록 하는 것이 좋음). 또한 연말 혹은 연초에 대대장 워크숍을 통해 사령관님의 의지를 전파하고 천리행군 등 훈련요령을 지도하는 것이 어떨까 합니다.

　※ 천리행군간 문제가 생기면 특전사 전체의 명예가 실추될 수 있습니다.

강하훈련

1. 목 적
　특전팀의 공중침투 숙달

2. 외형적인 목적 외 얻어지는 효과
　가. 군인으로서 사생관 정립
　강하에 대해서 경험이 많은 인원이나 그렇지 않은 인원이나 두려움이 있으며, 이는 강하시 죽을 경우가 있다는 것은 항상 생각함. 따라서 강하가 계획되어 있으면 죽음에 대하여 생각하고 이를 어떻게 받아들일 것인가를 늘 생각하고, 사후에 대비하여 주변을 정리하는 습관을 갖게 됨. 이와 같은 행위가 반복됨에 따라 군인으로서 전투에서 생명을 버리는 용기가 배양됨. 또한 평시에도 어떠한 결정을 할 때에 이런 경험을 하지 않은 사람보다 결단력이 있으며 이는 도덕적인 용기로 발전됨(생명까지도 버리는 용기가 있으므로 어떠한 문제로 책임지는 일 정도는 두려워하지 않고 결정함).

나. 상하 일체감(특전요원이라는 동일체 의식) 형성

강하훈련은 사령관부터 이등병까지 동일한 복장과 요령으로 실시하고, 그 느낌(죽음에 대한 두려움)도 동일하므로 서로를 이해하는 전우애를 습득함. 하급자는 상급자의 솔선수범을 보면서 존경심을 갖게 하고, 상급자는 하급자를 신뢰하는 기회가 됨(군장검사는 통상 부사관 마스터가 수행, 또는 패스별로 자기 뒤에 편성된 인원에 의해 실시되며 이들이 잘못하면 내가 사고를 당할 수 있다는 생각이 들어 신뢰할 수밖에 없음).

※ 자기의 생명을 전우가 지켜 준다는 생각을 강하를 통해서 갖게 됨. 이것이 전우애라고 생각됨.

3. 강하간 일반적인 사고유형

가. 접지시 골절사고

접지 불량으로 골절사고가 발생한다고 생각하나 대부분은 바람이 강할 때에 정확한 홀딩 자세를 취하지 못하여 발생하며, 또한 위험지역(배수로, 굴곡이 심한 지형 등)으로 낙하하여 발생됨(접지 자세하고는 크게 상관관계가 없음). 이런 사고의 경우는 부상을 입더라도 4~8 주이내 완치가 가능.

나. 공중에서 강하자 상호간 충돌로 낙하산 엉킴이 발생하여 급강하로 인한 골절사고

미숙한 강하자끼리 앞뒤로 패스를 편성할 경우에 흔히 발생. 이런 사고의 경우는 접지시 충격이 크므로 통상 척추에 손상을 입으며, 6개월이상 입원이 필요하고 퇴원 후에도 후유증이 큼.

다. 강하자가 비행기에 매달리는 경우

통상적으로는 완전군장 강하시에 발생됨. 강하자가 생명줄을 군장에 감고 비행기를 이탈함으로써 생명줄과 연결된 낙하산 꼭지고리에 힘을 받지 못해서 발생됨. 또한 극히 드문 경우이나 강하중에 비행기가 일직선 비행을 하지 않고 회전을 할 경우에 원심력이 발생하여 강하자가 비행기에 붙어 생명줄에 힘을 못 받을 경우에 발생(조종사가 앞에 큰 산 등 장애물이 있을 경우에 심리적으로 먼저 회전할 경우가 있음).

4. 사고예방을 위해 조치할 사항

가. 계획단계에 확인해야 할 사항

1) 강하자 수준을 고려한 패스 편성

경험 많은 인원과 경험이 없는 인원을 번갈아서 편성하여 공중충돌 방지

2) 최우수 기내근무자 및 드롭존(DZ) 근무자 편성

통상적으로 훈련대대외 타대대에서 지원하게 되므로 경우에 따라 타대대에서 무성의하게 편성하여 줄 경우가 있음. 우수한 기내근무자는 강하자에게 신뢰를 주고, DZ근무자는 현장에서 강하여부 결정, 비행방향 조정 등 주요한 상황조치를 하는 인원임.

나. 예행연습간 확인할 사항

1) 계획된 비행기에서 강하해본 경험이 없는 인원을 확인

처음 경험하는 비행기에 대하여 초급자는 대부분 두려워하므로 이에 대하여 설명해주고 행동요령 교육이 필요

2) 지상에서 비행기 탑승부터 접지까지 일련의 동작을 연속 반복 시행

통상적으로 막타워와 접지 위주로 예행연습을 실시하나 사고 사례를 보더라도 이것이 결정적으로 중요한 것이 아님. 오히려 공중동작을 중점적으로 교육하여 홀딩 자세를 취하는 요령과 공중충돌을 방지하는 요령, 안전지대로 이동하는 기술을 집중적으로 교육하는 것이 사고를 예방하는 중요사항임. 또한 비행기 탑승, 기체 내 행동, 이탈자세, 공중이동, 접지 등의 일련의 행동을 지상훈련 또는 이미지 훈련으로 반복 시행하는 것이 강하자에게 안정감을 주고, 사고를 예방하는 지름길임(반드시 실제 편성과 동일하게 훈련).

3) 접지 훈련은 후면접지 위주로 반복교육 실시

바람이 3노트 이상 불면 100% 후면접지를 실시하게 되므로 이에 대한 집중적인 연습이 필요함(그러나 통상은 전면접지만 연습함).

4) 강하자에게 DZ상태를 설명

초급자들은 늘 강하하는 DZ도 기억이 잘 나지 않아 풍향계가 어디에 있는지, 안전지대가 어디인지 모르고 막연히 운명에 맡기는 강하를 함. 필요하다면 사진을 찍어 강하자에게 공중에서의 DZ의 형태를 알려주어야 함(예를 들어 매산리의 경우에 47교장, 공교장, 정문, 왜가리 등 지명을 알아야 통제관의 마이크 통제를 이해할 수 있음).

다. 강하 실시간 확인할 사항

1) 바람의 세기와 방향을 강하자에게 사전 통보

비행기 탑승 전에 비행장에서 DZ근무자에게 확인하여 강하자에게 홀딩방향과 바람의 세기를 알려주어 대비(바람이 세면 접지시 낙하산의 조종줄을 당기지 말고 팔을 펴 최대한 낙하산 속도를 유지하며 후면접지를 실시 등 사전교육).

2) 강하시 연막을 피워서 강하자가 바람세기와 방향을 스스로 판단토록 할 것

자주 강하를 실시하는 매산리에서도 초보자는 풍향계를 보기 어려우며, 보더라도 판단이 용이하지 않음. 따라서 연막을 피워주는 것이 안전강하에 많은 도움을 줌(그러나 대대별로 연막탄 할당량이 강하 패스별로 사용하기에는 부족함).

3) 비행기종에 따라서 비행기에서 개인별 이탈시간을 조정해야 함

C-130의 경우 순항속도가 125노트로 개인별 1초 간격으로 이탈시 공중에서의 개인별 거리는 63m 정도임. 그러나 CH-47인 경우는 순항속도가 80노트로 1초 간격으로 이탈시 개인거리는 40m가 되어 공중충돌 가능성이 많아짐(따라서 CH-47로 강하하는 경우은 1.5초의 간격이 필요함. 그러나 통상은 이를 모르고 1초 간격으로 강하를 함. 이에 대하여 기내 근무자 교육).

4) 군장강하시 군장품목을 견고히 결속할 것

강하시 군장이 분리되어 떨어지면서 아래 강하자 낙하산에 떨어지면 큰 사고가 발생함(철모, 총기 등).

라. 기타

1) 고정익 항공기인 경우에 필히 조종사에서 DZ 전방/후방 1km 이상 직선 비행할 것을 협조

2) 회전익 항공기인 경우에 필히 조종사에서 강하자 낙하지역에서 저공비행을 금지토록 협조

저공비행시 회수 못한 낙하산에 바람이 들어가 공중으로 올라갔다 떨어지므로 강하자도 위험하고 비행기도 위험함.

5. 드리고 싶은 말

가. 특전사 훈련중 가장 환자가 많이 발생하는 훈련이 강하입니다. 그러나 이는 지휘관의 노력으로 줄일 수 있습니다.

나. 철저한 예행연습, 현장 지도가 중요합니다. 그러나 요즘에 제가 느끼기에 상급자가 강하에 대하여 너무 모릅니다. 통상의 경우는 계획단계, 예행연습단계에서 확인할 사항이 90%이나 대부분 강하시 현장지도에 중점을 둡니다. 제가 보기에는 현장지도가 아니라 현장구경을 하는 실정입니다(고정익 비행기 강하시 현장지도를 하려고 해도 할 수가 없습니다. 이미 비행기를 타고 있는 인원들에게 교육시킬 방법이 없습니다).

다. 강하 세미나를 개최하여 안전강하에 대하여 발전시키고, 이에 대한 공감대를 형성하는 기회가 있었으면 합니다.

라. 추가로 드리고 싶은 말

　1) 지휘관들이 하는 강하는 가장 좋은 조건(주간, 비무장, 안전DZ, 좋은 낙하산 등)에서 하다 보니 강하의 위험성에 대하여 무감각합니다. 강하는 위험하다는 경각심을 갖고 강하에 보다 많은 관심과 발전이 필요합니다.

　2) 또한, 혹자는 전시에 대비하여 야간/산악/맹목/군장 강하를 자주해봐야 된다고 합니다. 맞는 말이지만 현실은 그렇지 않습니다. 한번 정도만 경험하면 됩니다. 많이 경험한다고 해도 강하기술이 느는 것이 아닙니다. 아무리 베테랑도 야간에는 보이지 않기 때문에 운명에 맡길 수밖에 없으며, 전시에도 마찬가지일 것입니다. 자주 하면 환자만 많이 발생합니다.

　3) 강하절차를 훈련할 수 있는 시뮬레이터를 개발한다면 훈련에 큰 도움이 될 것입니다. 특히 공중동작만이라도 숙달하는 시뮬레이터가 필요합니다.

해상침투 훈련

1. 목적

특전팀의 해상침투 숙달

2. 외형적인 목적 외 얻어지는 효과

가. 대대원 전체가 서로를 이해하는 기회

대대단위로 실시되는 해상훈련기간중 PKM을 이용한 전술훈련을 제외하고는 주간에 대대단위로 훈련이 실시되고, 낮의 길이가 길어서 일과후에 대부분의 대대는 체육대회를 실시하고 알몸으로 생활함. 이를 통하여 대대원끼리 스킨십을 하고, 어느 누구의 몸이 멋있으며 누가 무슨 운동을 잘하는지 등을 알며 서로 이야기할 기회가 많이 주어짐. 또한 대대장부터 이등병까지 알몸으로 생활, 상하가 친밀해지는 기회가 됨.

나. 체력단련의 기회

가장 더울 때, 모래밭에서 체력단련을 실시하고, 수영훈련, 운동경기를 통하여 본인의 체력을 점검하는 기회가 되며, 또한 신체가 노출되므로 타인에 비해 본인의 몸 상태를 비교하는 기회가 되어 해상침투훈련 후 헬스 등 개인훈련을 하는 인원이 많이 생김.

3. 훈련간 일반적인 사고유형

가. 훈련간 익사사고

수영미숙자가 깊은 물에서 훈련중 사고가 발생하거나 어느 정도 숙달된 인원이라도 교관들이 무리하게 통제하여 익사사고가 발생함(특히 서해안은 밀물, 썰물이 계속 반복되어 자칫하면 물이 깊어지는 것을 모르고 훈련을 하는 경우가 있음). 또한, 인명구조·스쿠버 입교 대상자를 사전에 교육시, 통상 주둔지 인근 저수지에서 교육을 실시하게 되며, 이 때 강하게 시킨다는 명목으로 무리하게 훈련을 시키는 경우가 종종 발생하여 사고의 위험성이 매우 높음(이 때 교관은 대대에서 선발하게 되어 전문성이 떨어짐). 또한 전술훈련간 척후조를 운용시 능력 미숙, 체력저하로 익사사고 발생

나. 전술훈련간 총기·아웃모타 분실 사고

고무보트를 타고 침투훈련시 총기를 견고하게 결속하지 않으면 야간이고, 파도가 치므로 자칫하면 총기를 분실하게 됨.(이 경우 총기의 특수성 때문에 상급부대에 보고되며, 총을 찾을 때까지 수색하라고 지시되나 총을 찾은 경우는 거의 없고, 장기간 수색 후 헌병에서 수사를 종결함) 아웃모타도 마찬가지로 PKM에서 고무보트로 내려 결속시 자칫하면 물에 빠져 찾기가 곤란한 경우가 종종 있음.

다. 성군기 문란사고

알몸으로 생활하고, 인근에 해수욕장이 있으므로 간혹 사고가 발생함. 특히 장비정비대는 여단 해상훈련기간 동안 장기간 파견되므로 병력통제가 느슨해질 수 있고, 대대장 통제를 벗어나는 경우가 있음(음주를 금지하고 있으나 시장에서 부식 구매시 몰래 은닉하여 술을 반입하는 경우가 발생).

라. 기타 사고

대대장 혹은 고참 부사관들이 스쿠버 장비를 이용해서 해산물을 채취하여 민원 및 안전사고 발생, 음식물 쓰레기 등을 매립하여 훈련 후 민원 발생.

4. 사고예방을 위해 조치할 사항

가. 계획단계에 확인해야 할 사항

1) 일반수영시 학급편성

과거 어느 지휘관은 일반수영훈련시 팀단위로 훈련하도록 지시한 적이 있었음. 그러나 개인별 수영능력이 차이가 있으므로 팀단위 훈련은 제한됨. 개인별 수영능력을 고려하여 학급을 편성하고, 이에 맞는 훈련방법을 선정해야 함.

2) 최우수인원 교관 편성 및 사전 교육준비 상태

대대에서 교관을 편성하여 훈련하므로 교관 수준이 높지 않음. 따라서 훈련 전 주둔지에서 필히 연구강의를 받을 필요가 있음.

3) 전술훈련을 위한 준비

해상훈련의 주 목적은 해상침투 전술훈련이나 PKM·동원선박 등이 협조가 잘 되지 못해 행정적으로 실시하는 경우가 종종 발생함. 이를 확인하여 준비시켜야 하고, 해상침투 절차를 정확하게 숙지시키고, 그 절차대로 훈련하도록 통제하여야 함. 통상 대대장은 안전을 핑계로 모자선 분리, 척후조 운용 등을 지근거리에서 실시하거나 생략하는 등 성과 없는 훈련을 하는 경우가 많이 발생함.

나. 일반수영훈련간 확인할 사항

1) 안전 통제

밀물·썰물 시간을 고려하여 훈련 실시하고, 물의 깊이가 변하므로 안전통제를 위한 표식(부이)을 누가 책임지고 이동시키는지. 또한 안전보트를 운행하는데 아웃모타는 누가 조작하고 운행수칙은 알고 있는지(수영중인 인원과 근접시는 아웃모타에 의해 사고가 발생하므로 노를 저어서 운행토록 강조).

2) 훈련 통제

바다라는 특성으로 육성 지휘가 곤란하고 높은 곳이 없어 지휘통제가 잘 되지 못함. 따라서 훈련 전체를 관찰하고 이를 통제할 방법을 강구하여야 함 (마이크 설치, 수기활용, 관망대 설치, 망원경·핸드 마이크 준비 등.

다. 전술훈련간 확인할 사항

1) 필히 주간에 예행연습을 실시

주간 예행연습을 통하여 절차를 숙달하고, 장비 결속요령을 교육하여야 하고, 척후조 운용를 실제로 해보는 것이 사고예방의 첩경(또한 야간에는 파고가 높아져 훈련을 실시하지 못할 경우가 있으므로 사전에 PKM를 협조할 때, 주간 예행연습을 반영하여 해군도 주간에 숙달시킬 필요가 있음).

 2) 광범위하게 인접 지역책임부대와 협조

 야간에 바다에서 방향을 유지하기가 매우 어려움. 따라서 종종 계획하지 않은 지역으로 접안하는 경우가 있는데, 이럴 경우 해안경계를 담당하는 부대와 충돌할 가능성이 있음. 그러므로 비교적 광범위하게 인접부대에 훈련내용을 통보하여 피아를 구분하도록 해야 함

5. 드리고 싶은 말

가. 해상훈련을 통해 수영능력을 향상시키는 것은 대단히 어려움. 그 이유는 서해안의 특성으로 밀물·썰물이 있고, 파도와 수중시야가 제한되어 훈련효과가 높지 않음. 따라서 수영 저조자에 대하여 연중 주둔지 근처 실내수영장을 이용하여 일과시간 혹은 일과 후에 숙달시키면 될 것임(자격기준을 설정).

나. 해상훈련 기간에는 해상침투 전술훈련을 집중적으로 숙달하도록 교육시간을 편성하는 방안을 검토할 필요가 있음. 그럴 경우 반드시 여름에만 해상훈련을 실시할 필요는 없을 것임(과거에는 실내수영장이 없어서 여름에만 수영훈련을 시킬 수 있었으나 현재 수영훈련은 연중 가능함).

다. 해상훈련장을 여름에만 사용하기에는 효율적이지 못한 느낌이 듬. 해상훈련장을 통합하여 종합전술훈련장으로 발전시키고, 연중 사용하는 방안을 고려해 볼 만함(강하 DZ로 사용할 수 있다면 접지불량에 의한 안전사고는 거의 발생하지 않을 것임). 그러나 위치 좋은 지역의 훈련장은 계속 유지시켜 하계휴양 개념의 훈련장으로 활용(대대별 1주간씩 여름에 실시, 현재 2주는 병력관리에 문제점 발생).

산악극복 훈련

1. 목적
특전팀의 육상침투시 조우하는 암벽 극복 훈련

2. 외형적인 목적 외 얻어지는 효과
가. 담력·체력 단련

도명산·운장산에서 암벽훈련을 위해 산악행군을 실시하므로 체력향상 효과가 있으며, 암벽을 극복하는 기술도 향상되지만 정신적인 담력이 향상됨

나. 부사관에 대한 신뢰 형성

타훈련도 마찬가지이지만 특히 산악훈련만큼은 부사관이 교관 역할을 전담함. 이를 통해 부사관 후배들은 고참 선배들의 전문성을 인정하게 되며, 장교들은 부사관의 능력을 신뢰하는 기회가 됨.

3. 훈련간 일반적인 사고유형
산악훈련간 사고는 거의 없었음(이유는 훈련간 2중 안전조치를 실시하기 때문임).

4. 드리고 싶은 말
가. 산악암벽극복 기술을 교육단에서 교육하지 않음(과거에는 전문 유격과정 교육이 있었음). 따라서 암벽극복 기술을 연구·발전시키는 곳이 없어 특전부대의 암벽극복 기술은 민간보다 못함.

나. 북한 지역에 육상침투시 암벽극복 기술이 필요할 것으로 판단되지는 않으나 암벽극복 기술은 건물 등 장애물 극복시 응용될 수 있는 기술임(건물·헬

기 레펠 등). 특전부대의 맥을 지키기 위해 암벽극복 기술을 발전시키는 부대가 필요함(과거에 707대대에 산악지역대가 있을 때는 707에서 발전시켰음).

다. 대테러작전·인명구조·재해재난 극복과 연계하여 707대대 혹은 여단 정찰대에 임무를 부여하는 방안을 고려해 볼 필요가 있음(각종 경연대회에 참가하여 특전부대 위상 제고).

여러 가지 생각

1. 중대장(팀장)의 어려움

특전팀장은 운동경기의 주장이 되어야 하므로 모든 면에서 팀원보다 우월해야 인정을 받으나 현실은 그렇지 못함. 팀이 잘 못할 경우 대부분의 지역대장 및 대대장은 팀장을 나무람. 중대장은 팀원에게도 인정을 못 받고 상급지휘관에도 인정을 받지 못하는 샌드위치가 됨. 특전사의 전투력은 팀장의 전투력이라고 해도 과언이 아님. 팀장에 대한 교육과 관심·배려가 필요. 어려운 상황에 봉착시 자신 있게 팀을 지휘하는 팀장은 30%미만임. 성공한 팀장이 되기 위해서는 전적으로 팀 선임관의 도움이 필요함. 팀 선임관과 사이가 나쁜 팀장은 100% 실패함. 팀장과 팀 선임관과의 관계를 관심있게 보고, 지도해 줄 필요가 있음. 팀이 잘 못했을 경우에 대대장은 팀장과 함께 팀 선임관을 질책해야 됨(잘했을 경우도 마찬가지로 팀 선임관 칭찬이 필요).

2. 부사관 신상 지도

팀장은 하사, 지역대장은 중사, 대대장은 상사, 여단장은 원사에 대하여 책임을 져야 함. 팀장의 경우에 팀원이라고 하더라도 중사를 지도하기란 매우 어려움. 마찬가지로 지역대장이 상사를 교육하기 곤란함. 좋을 때는 누구 말도 잘 따르나 어려운 상황이 발생되면 팀장이 중사를, 지역대장이 상사를 지도하기는 곤란함(당근은 줄 수 있으나 채찍을 가하기 곤란함. 특전부대 특성상 기합도 주고, 욕도 할 경우가 있으나 하지 못함). 이는 특전부대의 특성으로 일정한 경험과 계급이 없이는 부하지도에 어려움이 있음. 따라서 다소 건제가 무시되더라도 상급지휘관은 하급제대 고참 부사관에 대하여는 지도·관심을 가져야 됨.

3. 사령부와 여단

사령부는 작전사로써 역할을 수행하다 보니 타작전사, 전구작전 등을 볼 기회가 많아 군을 보는 시야가 보병부대보다 오히려 넓은 편임. 그러나 여단은 교육훈련 제대이다 보니 여단에 근무하는 장교들의 시야가 좁고, 교육훈련도 특수전 위주로 실시하다 보니 보병전술을 접할 기회가 없어 군을 보는 시야가 특전부대 위주로 한정됨. 같은 특전부대라도 여단만 경험한 인원과 사령부를 경험한 인원의 차이점이 보병부대와 비교시 너무 큼. 대대장을 마친 중령을 사령부 과장으로 보직시 업무 수행에 어려움이 많음. 특히 작전처 과장인 경우에는 모든 것을 새롭게 가르쳐야 할 정도임. 이는 평시 사령부와 여단이 연계한 훈련이 없기 때문이기도 함(보병의 경우 BCTP, 군단급 기동훈련 등 군단과 연계된 훈련이 있음). 여단에 근무하는 인원들에게 사령부의 역할을 이해시키고, 참여하게 하는 기회가 필요함(간부교육도 괜찮은 방안임).

4. 팀단위 활동 강화

특전부대 작전은 팀단위로 수행됨. 따라서 전투력의 근원은 특전팀임. 평상시 팀이 단결되어 있으면 그 부대는 전투력뿐만 아니라 사고예방도 됨. 평소 체력단련을 비롯한 교육훈련, 부대활동(회식, 운동경기, 야유회 등)을 팀단위로 실시함으로써 팀의 단결력을 높이는 것을 강조할 필요가 있음. 연말 회식도 지역대·대대 단위를 피하고, 일일 지역대별 1개팀씩 실시한다면 지휘부담도 감소되고 팀 단결에 도움이 됨. 운동경기도 장교 對 부사관, 지역대별 선수를 선발하여 경기하는 것을 피해야 갈등 유발요소를 최소화 할 수 있음.

5. 개인훈련

특전사 전투원은 최소한 4년 이상 근무하는 장기자임에도 불구하고 반복적으로 강의식·실습식 교육을 실시하는 실정임. 이를 철저하게 개인 평가제·인증제로 전환하여 합격한 인원은 자율적인 시간을 부여함으로써 어학, 주특기 관련 자격증 등 전문성을 향상시킬 필요가 있음. 이 때 문제가 되는 것은 필요한 학습교재를 제작해 주거나, 능력 있는 인원이 교육을 시키는 것임. 이를 해결하기 위하여 특전사 부대구조상 비교적 여유가 있는 지역대장이나 고령부사관을 활용하면 효과적일 것임. 필요하다면 일과 중에 민간교육기관(학원, 공공기관 등)에서 교육받도록 하는 방안도 있음.

6. 여단에 설치된 민간대학 분교

현재 각 여단에 민간대학의 분교가 설치되어 있으나 교과과정이 특전부대 전투력 향상에 도움이 되는가를 점검해 볼 필요가 있음. 특전부대에 필요한 어학, 지역연구, 통신 등에 관해 교육하는 분교는 거의 없음. 대학이 필요해서 분교를 설치했지, 특전부대가 필요해서 분교를 설치한 것이 아님. 이는 앞으로 특전부대 중심의 분교가 되도록 대학과 협조해 나가야 할 것임. 이렇게 했을 때, 특전부대 출신 전문 부사관이 대학교수가 될 것임.

7. 신임하사 관리

교육단 양성교육을 수료한 하사를 팀에 보직시에 임무수행에 문제가 있음.

따라서 여단에서 전입교육을 실시하고 있으나 여단별로 지휘관 관심에 따라서 수준에 차이가 많음. 목표는 팀에 보직시 팀원과 거의 동일한 전투력을 가져야 함. 그렇지 못하면 출발부터 팀원과 동화하지 못하고 문제 부사관이 됨. 사령부 차원에서 점검하여 기본 프로그램을 제시할 필요가 있음.

또한, 전입하사 팀 전입시 가정환경을 파악하는 것이 매우 중요함. 대부분의 특전사 부사관의 가정환경이 좋지 않음. 따라서 중대장이나 선임관이 직접 가정을 방문하는 것도 좋은 방법임. 이런 노력을 할 경우, 혹시 사고가 나도 부모가 부대의 노력을 인정하고 말썽이 없음(중대운영비는 비교적 여유가 있으므로 여비 조치가 가능함. 팀단위 휴가를 실시, 휴가중에도 가능).

8. 부사관 모집 과정

인원선발 문제는 특전사 미래를 좌우하는 중요한 문제임에도 불구하고 다른 분야에 비해 지휘 관심이 적음. 최초 부사관 선발부터 잘 되면 부대 전투력이나 관리에 문제가 없음. 현재의 부사관 선발 과정을 살펴보면 형식적이지 않나 하는 생각이 듬. 전문성이 없고 일정한 노하우가 형성되어 있지 않음. 그러다 보니 엉뚱한 인원이 선발되는 경우가 있음(예를 들어 전역 후 다시 입대하는 인원은 가능한 선발하는 편인데, 이런 인원은 대부분 동료와 화합하지 못하고 말썽을 피우는 경우가 많았음. 또한 개인운동인 태권도, 권투, 역도 등 특기자도 마찬가지임. 일반적인 생각과 현실은 다름. 경우에 따라서는 A 지역에서 낙방한 인원이 B 지역에서 합격한 예도 있음). 또한 장기자 선발도 특전사의 미래 30년을 좌우하는 인원을 선발하는 것으로 매우 중요함.

9. 특전사 출신이란?

특전사 출신이라고 말할 수 있는 장교는 팀장을 경험한 사람임. 제가 이런 글을 쓸 수 있는 것도 90% 이상이 팀장의 경험에서 나온 것임. 흔히 특전사에서 지역대장, 참모, 대대장 등을 경험하고 특전사를 전부 아는 것처럼 이야기하는 사람이 있으나 이는 장님이 코끼리를 만진 것과 같음. 특전사 출신의 특징은 부사관을 진정으로 사랑하고(전우애), 야외에서 천막치고 자는 것을 좋아하고(야전성), 죽음에 대하여 초연하고(사생관), 부하보다 앞에 서는(리더십) 등 장점도 있으나, 앞만 보고 가고(우직성), ○아니면 ×고(단순성), 눈치가 없는(사교성) 등 단점이 있음.

맺는 말

정말 두서없이 적었습니다. 사령관님과 함께 생활하면서 말씀드리지 못한 내용을 위주로 하였습니다. 사령관님은 작전 사령관으로서 역할을 역대 어느 분보다도 최고로 하셨습니다. 그 결과, 외형적인 특전사 가치는 매우 높아졌습니다.

이제는 내적인 면에서도 특전부대가 한 단계 더 발전되어야 합니다. 남은 임기중에는 특전부대의 전통적인 가치, 교육훈련, 부대관리 등에 관심을 집중하셔서 우리 특전부대를 가장 많이 이해하시고, 사랑하신 분으로 기억되길 소망합니다.

2008. 12. 24

부록 2
아프간 피랍사태 파병 기록[40]

I. 서론

성남시 분당구에 소재한 샘물교회는 목사를 포함하여 20명의 '샘물청년의료봉사단'(이하 봉사단)을 11일간의 일정으로 2007년 7월 13일에 아프가니스탄(이하 아프간)으로 파견하였다. 봉사단은 아래의 '아프간 피랍사건 주요일지'와 같이 아프간에서 활동 중에 7월 19일 현지에서 합류한 3명의 안내자들을 포함하여 총 23명(남자 7명, 여자 16명)이 카불에서 칸다하르로 전세버스를 타고 이동하였다. 이동 중에 가즈니 주 카라바그 지역에서 탈레반 무장세력에게 납치되어 2명이 피살되었으나 21명은 탈레반과 협상이 타결되어 42일 만에 석방되었다.

봉사단을 납치한 탈레반 무장세력은 아프간에 파병 중인 한국군 다산부대[41]의 철수와 아프간 정부에 의해 수감 중인 탈레반을 석방할 것을 요구하였고, 이를 이행하지 않을 경우에 인질을 살해하겠다고 협박하였다. 대한민국의 노무현 정부는 다양한 외교채널을 통해서 탈레반 무장세력과 협상을 시도했으나 결렬되었고 탈레반 무장세력은 7월 25일에 1명, 30일에 1명을 살해하였다. 이에 노무현 정부는 속수무책으로 당할 수만은 없다는 차원에서 협상을 지속하면서도

---

40 필자가 특전사 감찰참모 시절에 아프간 인질피납 사태가 발생하자 인질을 구출하기 위해 파병을 하였으며, 복귀 후에 남긴 글
41 다국적군을 통한 국제평화유지활동 차원에서 2003년 2월부터 2007년 12월까지 아프가니스탄에 파병된 부대.

협상 결렬에 대비하여 인질을 구출하는 군사작전을 준비하였다.

본인은 그 당시 군사작전을 계획하는 단장으로 직접 아프간 카불에 파병되어 군사작전을 계획하였으며, 군사작전시에는 지휘관으로 작전을 지휘할 예정이었다. 군사작전계획단은 4명(대령 1, 중령 1, 소령 1, 중위 1명)으로 구성되어 파병되었고, 한국에서는 707특수임무단원 90여 명이 47훈련장에 수용되어 작전을 준비하였다.

아프간 인질 구출을 위한 군사작전에 대한 기록과 이 과정에서 느낀 점을 귀국 후 휴가를 이용하여 메모해 남겨두었다. 본 책에는 포함되지 않았으나 '대테러작전 향상 방안'까지도 수립하여 파병 결과보고를 준비하였다. 하지만 보고는 이루어지지 않았다. 이후 2019년 특전사로부터 『특수작전』誌 원고 부탁을 받고 좋은 기회라 생각되어 이 글을 정리하게 되었다. 그러나 그것도 이런저런 이유로 게재하지 못했다.[42] 이번에 본 책 부록에라도 실어서 역사적 사실을 남기고 싶었다. 언젠가는 후배들에게 알려주고 싶었는데, 이제야 그런 기회를 갖게 되어 매우 기쁘다. 가능한 왜곡을 방지하기 위해서 당시 남겨 둔 메모를 최대한 그

> **아프간 피랍사건 주요일지**
> 7월 19일: 분당샘물교회 자원봉사자 23명 탈레반에게 피랍
> 7월 25일: 탈레반, 팀 리더인 목사 배○○ 살해
> 7월 30일: 탈레반, 남은 인질 22명 중 심○○ 살해
> 8월 10일: 대한민국 정부 대표단과 탈레반 대표, 첫 대면협상
> 8월 13일: 탈레반, 여성 인질 납치 2명 석방
> 8월 17일: 석방된 여성 인질 김○○, 김○○ 귀국
> 8월 28일: 탈레반 대면협상 타결, 인질 19명 전원 석방 합의
> 8월 29일: 탈레반, 한국인 국민 인질 12명 석방
> 8월 30일: 탈레반, 한국인 인질 7명 석방
> 9월 2일: 인천공항을 통해 우리 국민 인질 19명 귀국

---

42 원고 내용에 일부 실명이 등장하고, 군 수뇌부에 비판적인 내용이 있다 보니 게재하기 곤란했을 것으로 판단.

대로 활용하여 작성하였다.

II. 파병 기록

1. 개요

가. 파병 지역 : 아프가니스탄 카불

나. 파병 기간 : 2007년 8월 1일 ~ 9월 7일(38일간)

다. 파병 인원(군사작전계획단)

단장	정보참모	작전참모	통역
대령 송영필 감찰참모(육38기)	중령 박정하 정보과장(3사21기)	소령 김기덕 지역대장(학사27기)	중위 허세욱 통역장교

라. 임 무

'동맹군(ISAF[43])과 협조, 아프가니스탄에 억류 중인 우리 국민 구출을 위한 군사작전계획 수립 및 준비'

마. 주요 활동

구 분	내 용
출국전 준비 (7.28~7.31)	• 인질구출 군사작전모델(3가지)수립, 훈련 소요도출 • 합참 신고(대령 송영필·사복), 임무 수령
출국(8.1~8.2)	• 인천-홍콩-인도 델리-아프간 카불
현지 작전준비 (8.3~9.4)	• 동맹군(ISAF)과의 연합작전 환경분석·협조 • 아프간 가즈니 주 작전지역·탈레반 위협 분석, 군사작전계획수립 • 707대대 파병에 대비 훈련장, 전투근무지원 판단
귀국(9.5~9.7)	• 아프간 카불-UAE 두바이-인천 • 국방부 신고(9.7)

---

[43] 국제안보지원군(International Security Assistance Force), 북대서양 조약 기구(NATO)가 주도하는 아프가니스탄 내 치안 및 발전을 맡은 다국적 연합 군대로서, 2001년 12월 20일 유엔 안전보장이사회를 통해 설립[네이버 지식백과] '국제안보지원군'(위키백과)

바. 파병 성과

  1) (합참) 군 최초로 국외 대테러작전(전투파병) 시도
  • 우리 군의 능력 점검, 유사시 대응조치능력 향상
  • 특전사(707대대)의 중요성 실감
  2) (합참) 정부협상과 병행, 군사작전 준비로 국가위신 제고
  • 동맹군(ISAF)에 한국군 의지 표명, 국제군으로 역할
  • 평시 군의 역할 인식, 국민에게 군 신뢰의 계기 마련
  3) (특전사) 실전과 동일한 국외 대테러작전 대비훈련 경험
  • 작전절차, 장비·물자 보강 등 전투발전소요 도출
  • 즉각출동태세 유지의 중요성 인식, 부대원 경각심

2. 출국 전 상황

   인질사태 발생(7.19) 후 합참은 최초부터 군사작전으로 인질을 구출하는 방안에 대하여 논의하였다. 이는 군의 본연의 자세로 만약에 일어날 수 있는 최악의 사태(인질살해)에 대비하고자 하는 지극히 당연한 모습이었다. 하지만 정부에서는 최초부터 군사작전을 불가능할 것이라고 판단하였다. 그 이유는 국외에서 발생한 사태로 우리 군의 투입에 여러 가지 어려운 점이 있으며, 또한 탈레반에 대한 정보가 극히 제한되고, 과거의 작전 경험이 없으며, 인질이 분산되어 있어 군사작전시 인질의 안전을 보장할 수 없다고 판단하였다. 따라서 탈레반과 협상을 통하여 인질을 구출하는 방안을 최우선의 전략으로 하여 군사작전은 고려사항에서 제외하였다.

   하지만 합참은 만약의 사태에 대비하여야 한다는 차원과 이번 기회에 우리의 전투병력을 해외에 투사하는 경험을 쌓는다는 차원에서 사태 초기부터 군사작전을 염두에 두고 상황을 예의 주시하였다. 특히 합참 작전본부장은 초기부터

707대대 1개 지역대를 파병하여 대응하자는 의견을 제시하기도 하였다. 하지만 초기에는 정부의 협상전략에 차질을 우려하여 이를 공개적으로 논의하지 못한 채, 단지 합참 수뇌부와 특전사령관과 의견을 개진하는 정도로만 진행되었다.

합참의 논의에 참가한 특전사령관은 707대대의 투입에 대비하였다. 대테러 작전에 필요한 장비, 훈련 등의 준비를 지시하여 교육훈련소요와 전투근무지원 소요 등 필요한 조치를 비밀리에 준비하였다. 특히 미군 중에 아프간에서 전투 경험이 있는 인원을 초청하여 작전환경에 대하여 토의하는 등 비교적 적극적인 의지를 가졌으나 정보의 제한과 비밀리에 추진해야 하는 제한사항으로 관계기관(국방부 정보본부, 국정원, 외교통상부)과 협조는 이루어지지 않았다. 이같이 군사작전에 대한 준비가 지지부진하던 중 아프간에서 인질 1명(목사 배○○)이 살해되고 계속되는 추가 인질살해 협박이 있자 대통령의 군사작전 준비지침[44]이 하달되었다. 이에 따라 합참은 군사작전에 대하여 본격적으로 논의하였으며 3가지 방안의 계획을 수립할 것[45]과 현지에 군사작전계획단 파병을 준비하도록 특전사에 지시(7.26)하였다.

따라서 특전사는 감찰참모 대령 송영필(본인)을 단장으로 군사작전계획단을 편성(중령 박정하, 소령 김기덕, 중위 허세욱)하여 세 가지 방안에 대하여 군사작전계획을 수립하도록 하였고, 파병시 군사작전에 필요한 교육훈련 및 전투근무지원소요를 판단하여 707대대에게 준비토록 하였다. 이러하던 중에 계속하여 탈레반이 인질 추가 살해위협의 강도가 더해지자, 합참은 군사작전계획단을 현지에 파병하기로 결정하였다.(7. 28)

이에 따라 휴일임에도 불구하고 합참 해외파병과는 여권과 비자를 준비했다.

---

44 '국방부장관이 군사작전에 대하여 검토·판단하여 건의하라'라고 알려짐(문서 미확인).
45 작전지역에 따라 마을, 산악지역에서의 작전과 인질 살해시 응징보복 작전을 계획.

그러나 출발하기로 계획된 7.30(월) 당일 오전에 파병 연기 지시가 내려와 세 가지 방안에 대한 군사작전계획만 합참에 서면으로 보고하고 대기하였다. 파병 연기 이유는 확실하지는 않으나 작전보안 문제와 긴박하게 진행되는 상황으로 인하여 정부 및 합참에서 의사결정과정의 혼란인 것으로 판단된다. 그러던 중 탈레반에 의해 두 번째로 인질(심○○)이 살해되자 다시 파병이 결정 되어 7.31(화) 오후에 본인은 사복을 착용하고 합참의장께 파병 신고를 하였다. 출국 신고시 합참의장께서는 분명하게 "아프간에 가서 동맹군과 협조하여 군사작전계획을 수립하라"고 임무를 지시하였다. 출국시에는 작전보안을 지키기 위해 개인별로 사복을 착용하고, 부대 인근에서 만나서 공항으로 이동하였다.

3. 카불에서 활동

8월 1일 오전 08시에 군사작전계획단 4명은 인천공항을 통하여 홍콩-인도 델리를 거쳐 아프간 카불에 8월 2일 15시에 도착하였다. 카불공항은 마치 70년대의 우리나라 시외터미널과 같았다. 복잡하고 지저분하며 전쟁 중인 나라임을 알 수 있을 정도로 무질서하였다. 먼저 와 있는 카불군사협조단[46]의 두 명의 장교가 무장을 한 채 차량 두 대로 우리를 안내하였다.

먼저 숙소가 있는 카불공항으로 가서 숙소를 배정받고, 카불군사협조단 사무실이 있는 ISAF 사령부에 도착하였다. 도착하자 단장인 전○○ 장군은 현재까지의 상황에 대하여 브리핑하여 주었다. 탈레반 무장세력 상황과 ISAF 군사현황 등 일반현황 위주로 작성된 내용이지만 우리가 활동하는 데 필요한 상황

---

[46] 외통부의 협상팀을 지원하기 위해 합참에서 파견, 단장 준장 전○○ 등 4명으로 구성되어 ISAF와 협조하여 협상단이 사용할 군헬기, 편의시설 등을 지원하는 임무수행.

에 대하여 일목요연하게 정리하여 친절하게 설명하였다. 그리고 전 장군은 나에게 "지휘계통은 어떻게 하겠느냐?" 질문을 하여 "합참에서 전 장군의 통제를 받으라고 하였습니다."고 답변하면서 "전 장군님 모르게 개인적으로 합참과 연락체계를 유지하지 않겠으며, 모든 내용은 전 장군님의 통제하에 움직이겠습니다."라고 말씀드렸다. 이후 전 장군은 ISAF 사령부 관계관들과 협조회의를 여러 번 주선해 주어 그들로부터 군사작전계획 수립에 필요한 내용을 청취하였고, 상호 토의 및 협조하였다. 그때의 ISAF 사령부의 군사작전에 대한 준비는 극히 개념적 수준에 머물러 있었다.

도착 2일이 지난 후 아래와 같은 문제가 발생했다. 이런 내용은 귀국 후 인지한 내용이다.

"군사작전이 결정되었을 때에 707부대 파병시에 민간 항공기를 사용할 수 없으므로 합참에서 연합사에 군용 항공기 지원을 요청하였다. 그러자 연합사가 이를 검토하면서 아프가니스탄 주재 미국 대사에게 미군 항공기가 아프가니스탄에 진입시에 아프간 정부와 외교적인 협조문제를 확인하였고, 이 과정에서 미국 대사가 아프간 주재 한국 외교관에게 한국군이 군사작전을 준비한다는 사실을 알려주었다. 한국 외교관은 군사작전계획에 대하여 전혀 모르는 상태이므로 외교통상부에 보고하였고, 외교통상부 장관이 국방부 장관에게 항의 전화를 하자 국방부 장관은 합참의장에게 군사작전에 대하여 보안이 지켜지지 않음을 질책하였다."

이와 같은 사태가 발생하자 합참은 상기와 같이 연합사에서 아프간 주재 미 대사와 미군 항공기 진입을 협조하는 과정에서 보안이 누설된 것을 모르고 송 대령이 군사작전에 대한 보안을 누설하여 아프가니스탄 주재 한국 외교관이 군사작전을 인지했다고 나에게 책임을 돌렸다. 이에 따라 작전본부장은 카불의 군사협조단에 최초 임무('ISAF와 협조, 아프가니스탄에 억류중인 우리 국민 구출을 위한 군사작전계획 수립 및 준비')를 변경하여 '군사작전 준비를 위한 협조할 사항을 준비하라'는 전문을 지시하였다(이와 같은 내용의 전문을 받고 나는 굉장한 자괴감을 느꼈다. 합참에서 파병신고시 분명하게 "ISAF와 협조하여 군사작전계획을 수립하고 준비하라"고 지시를 받았다. 이에 따라서 나는 ISAF 관계자들과 군사작전에 대하여 협의하고 첩보를 수집하였다. 그러나 군사작전이 탈레반 무장세력에게 알려져 인질이 희생된다면 국가적인 큰 문제이고, 이는 군 수뇌부가 질책을 받을 것이 분명하므로 군사작전준비 지시를 하지 않은 것처럼 문서로 지시하였다고 생각했다).

전문수령 후 우리 팀의 활동이 위축되었다. 일단 군인은 명령에 충실하여야 한다. 내 생각과 상급지휘관의 생각이 상충될 경우에 상급지휘관의 판단을 따르는 것은 너무나 당연하였다. 하지만 군인으로서 군사작전을 준비하는 것은 필요하며, 내가 여기에 파병된 목적이므로 군사작전 준비를 소홀히 할 수 없는 것이었다. 그 후부터는 일거수일투족을 전 장군에게 보고하여 활동하였다. 다행히 전 장군은 내 의지를 받아 주어 간혹 주의만을 주지만, 적극적으로 만류하지는 않았다.

바그람 기지[47]에 가서 미 82사단 정보를 획득하고, 미군 훈련장을 보고 싶어 전 장군에게 보고 후 방문하였다. 거기는 동의·다산부대가 주둔하고 있는 지역으로 비교적 우리가 필요로 하는 정보를 갖고 있었다. 특히 다산부대장 정장수 대령은 나와는 친한 육사동기로 예하 참모에게 적극적인 협조를 지시하였다. 탈

---

47 아프가니스탄 파르완 주(州)에 있는 공군기지로 미 82공정사단이 주둔하고 있었으며, 주둔지 내에 동의·다산부대가 위치했음

레반에 관한 첩보, 아프가니스탄 가옥(COMPOUND) 구조, ISAF 군의 구성, 가즈니주 실태, 인질관련 사항, 협상팀 인적구성·성향 등 많은 정보를 획득하였다. 나는 이쯤에서 합참에 최초보고를 하는 것이 필요하다고 판단하고, 우리 군사작전계획단의 활동 중점·방향에 대하여 간략하게 보고(1차)하였다. 이는 합참의 합동작전과장을 통하여 작전본부장에게만 보고되었다.

나는 바그람에서 많은 것을 느꼈다. 바그람 기지는 너무 열악하였다. 우리 국가의 경제력에 비해 주거시설, 장비 등 내가 생각하기에 초라하였으나, 우리 장병들의 노고를 보면서 새삼 파병인원의 열정에 감사하였다.

카불에 돌아온 후 노르웨이 특수부대와 군사작전에 대하여 토의[48]하였다. 노르웨이 특수부대는 현지에서 작전에 투입한 경험이 많아 ISAF에서 추천해 준 부대였다. 이들과 토의를 하고 나니 어느 정도의 자신이 생겼다. 이를 기초로 군사적전계획을 구상할 시기가 왔다고 판단했다. 최초에 수립했던 세 가지 방안은 너무 희생이 많이 따르는 계획으로 판단되었다. 왜냐하면 인질이 억류되어 있을 가옥(컴파운드)이 생각보다 강하고, 침투에 어려움이 있다고 생각했다. 특히 탈레반 마을은 월남전과 비슷한 환경으로 외적으로는 아프가니스탄 정규군 편에, 심정적으로는 탈레반 편에 서 있으므로 주민에 발견 시 즉각 탈레반에게 통보되는 문제가 있었다. 나는 이를 극복하기 위해서 컴파운드 내에서 작전보다는 인질이 이동할 때 매복식 특공작전으로 구출하는 방안을 고려하였다. 이를 정리하여 전 장군에게 보고하자, 전 장군은 합참에 보고하자고 제안하여 군사협조반을 통해 합참에 보고(2차)하였다.

그 후 인질 2명이 풀려나오게 되었고, 이들이 카불 비행장에 있는 우리 사무

---

48 특이한 내용은 이들은 탈레반 마을 주변에서 1일 이상 은거하지 못했다고 함. 그 이유는 마을에서 개를 사육, 외부인의 냄새를 맡고 짖어대서 노출되었다고 함

실을 경유함에 따라서 인질들의 이동방법에 대하여 집중적으로 질문, 많은 첩보를 획득하였다. 이 과정에서 많은 상처를 받았다. 인질이 석방되자 군사작전을 준비하는 군사작전계획단도 인질신문에 참여하고자 하였으나 외통부와 국정원에서 군인의 접근을 통제하여 경찰에게 개인적으로 부탁하여 우리가 필요로 하는 첩보내용[49]을 얻었다.

또 외교부의 공명심과 비협조로 인해 음지에서 노력하는 우리는 상처를 받았다. 특히 우리 사무실을 빌려달라고 하면서 아침 식사까지 준비하라고 외교부에서 부탁이 왔다.[50]

그것도 명일 0700시에 인질이 도착하는데 2000시에 나에게 전화가 왔다. 작전보안을 강조하면서도 인질에게 군사작전을 비밀리에 준비하는 사무실을 빌려달라는 상황을 도저히 이해할 수 없었다. 나는 박 중령과 통역장교 허 중위만 나가서 안내하도록 하고, 사무실 상황판이며 집기류를 치워서 빈 사무실처럼 위장하였다. 인질이 사무실에 6시간 정도 머무는 동안 박 중령이 인질에게 필요한 첩보를 획득하였다. 계속적으로 ISAF에 인질관련 첩보를 요청하였으나 다소 소극적이었다. 왜냐하면 한국합참으로부터 정식으로 정보협조 요청이 없는 한, 인질구출에 필요한 첩보에 대하여 정보우선순위를 높여 줄 수 없는 현실 때문이었다. 즉 ISAF는 계속하여 탈레반 소탕작전을 하기 때문에 정보자산을 그들의 작전에 필요한 지역에 운용할 수밖에 없는 실정이었다.

따라서 우리 팀은 인터넷, 개인적으로 친분이 있는 정보요원들로부터 정보를 획득하여 군사작전계획을 완성하였다. 그리하여 최종적으로 군사작전 검토결과를 전 장군에 보고하고 합참에 보고(최종)하였다. 귀국 후에 작전계획을 비문

---

49 4-5명 단위로 분산되어 수용되어 있으며, 가옥 내에 있고, 경계는 비교적 평범했다고 함.
50 카불 기지 내에는 동맹군들이 사용하는 뷔페식 식당이 있었으나 인질 석방이 자랑스러운 일이 아니라는 판단과 보안문제로 군사작전계획단 사무실에서 컵라면으로 식사 제공.

으로 등재하여 707대대로 이관하였다. 따라서 본인이 소지하지 않아 확인할 수는 없지만 개략적인 개념은 아래와 같다.

〈정부협상팀과 긴밀하게 협조하여 군사작전을 시행하여야 한다. 탈레반에게 당근과 채찍을 제시하는 방법으로, 1단계로 대한민국은 탈레반과 오로지 협상을 통하여 인질을 구출할 것처럼 보여준다. 그러나 탈레반이 협상에 응하지 않으면 2단계로 언론을 활용하여 군사작전을 준비하는 것처럼 하여 위협한다. 이래도 협상에 응하지 않으면 3단계로 실제 군사작전을 준비하는 것처럼, 탐문·정찰·훈련을 노출함으로써 군사작전이 임박했음을 보여준다. 이와 같은 행동을 할 경우에 탈레반은 협상에 응하거나 아니면 인질을 현 위치에서 이동시켜 다른 곳으로 숙소를 정할 것이다. 이때를 노려 인질 이동간 취약지점과 시간에 구출작전을 시행한다.〉

상기 계획은 보고만 되고 시행되지는 않았다. 그 후 탈레반과 정부협상이 잘 진행되어 최종보고 며칠 후 인질 19명이 석방되어 이들과 함께 일부는 귀국하게 되고, 나와 통역장교, 협조단의 전 장군, 구 중령 등 4명은 마지막까지 카불에 남아서 도와주었던 ISAF 관계자들에게 감사의 뜻을 전하고 두바이를 거쳐 귀국하였다. 귀국 후 바로 합참으로 직행하여 전 장군과 나는 작전본부장, 합참의장, 국방장관에게 귀국신고를 하였다.

귀국 후 청와대 비서실에 있는 후배를 통해 아래와 같은 이야기를 들었다.

〈노 대통령은 처음부터 군사작전을 염두에 두었다. 군사작전에 대한 준비는 대통령이 직접 지시하지 않았으나 비서실을 통해 은연중에 국방부 장관에게 지시하였다. 군사작전계획단의 활동을 비서실은 대통령에게 자세히 보고하였다.

국방부 장관보다 상세히 알고 있었다. 국방부 장관은 초기 작전보안에 대하여 질책하였으므로 아마 작전본부장이 상세한 내용을 보고하지 않고 은밀히 추진한 것으로 판단된다.

인질 석방 후 국민 여론이 정부 협상에 대해 구걸했다는 식으로 비판하자 대통령은 군사작전에 대하여 국민에게 공포하고자 했으나 비서진이 만류했다. 따라서 단지 국무회의시 공개했으며 국방부 장관의 노고를 칭찬했다. 국방부 장관은 대통령이 자기보다 상세히 알고 있다는 사실을 처음으로 인식하고, 상당히 고무되었다.

이로 인해 인질 석방 후 여론의 추이를 보아가면서 응징보복을 하고 싶어 했으나 결국은 실시하지 않았다. 군사작전계획단 복귀 후 언론에 일부 군사작전 준비 상황이 보도되자 국방부 장관은 누가 발설했는지 찾으라고 지시했다.〉

4. 느낀 점

창군 이래 대테러작전을 위해 파병을 계획한 것은 최초였다. 그러다 보니 많이 미흡하였다. 국방부, 합참, 특전사, 707대대 등 관련된 모든 제대가 어려움을 느꼈을 것이다. 여기서는 본인이 파병간 느낀 점 위주로 기술하였다. 내용은 아래와 같다.

    가. 군사작전을 배제한 정부의 협상위주 전략으로 군사작전 준비에 어려움

        1) 카불 정부 현지대책반의 군사작전에 대한 무관심

         • 정부 현지대책반으로부터 군사작전 관련 첩보 미 제공

         • 인질(2명) 석방시 군사작전계획단의 심문 참여 불허

        2) 관계부처 협조 없는 군 독자적인 군사작전 준비

    나. 사태 발생 초기 적극적인 군 대응조치 미흡

        1) 사태악화(인질살해) 후 군사작전계획단 파병

- 초기 군사적 측면에서 사태분석 지연
- 정부 대책수립시 군사대책 판단 결과 무관심

※ '군사작전=인질피해' 생각으로 협상 위주의 전략 추구

2) 현지 군사작전계획단 활동 보장 미흡

- 합참 차원에서 동맹군(ISAF)에 공식적인 협조 미 요청

※ 개인차원(군사협조단장)에서 동맹군과 협조, 작전 준비

- 작전보안 준수 지시(합참)로 활동 제한

※ 동맹군에게 필요한 첩보제공 없이 연합작전 요구는 곤란

3) 국내 정보기관으로부터 관련 군사첩보 제공 부재

- 동맹군이 제공한 첩보와 인터넷 검색으로 첩보 획득

다. 동맹군과의 지속적인 협력관계 확대 필요

1) 현지 활동간 동맹군의 적극적인 지원·협조

- 첩보 협조, 수송 수단, 숙식 제공 등

2) 유사사태 발생시 동맹군 지원 없는 군사작전 제한

※ 현지 파병부대(다산·동의부대)의 역할 지대(至大)

라. 동맹군의 특수부대 운용 실상 확인

1) 평시 전쟁 이외의 군사활동에 특수부대 적극 운용

- 해외 파병(PKO[51], PKF[52]), 대테러, 재해재난 등

---

[51] Peace Keeping Operation(유엔평화활동) 유엔이 관계당사국의 동의를 얻어 일정한 군대 등으로 구성된 유엔 평화유지군이나 감시단 등을 현지에 파견해 휴전 정전의 감시 또는 치안유지 임무를 수행하는 일을 말한다. 분쟁지역의 평화 유지 또는 회복을 돕는 것이 목적이다. 조직형태는 정전감시단과 평화유지군으로 나눌 수 있다.[네이버 지식백과] 'PKO' (시사상식사전, pmg 지식엔진연구소)

[52] Peace Keeping Force(유엔평화유지군) 국제연합(UN)이 편성한 국제군대로, 분쟁국의 평화유지를 위해 파견되며 보통 여러 국가에서 자발적으로 차출되어 구성됨[네이버 지식백과] '유엔평화유지군' (시사상식사전)

2) 전시 특수부대 사전에 침투, TGO[53]로 적 핵심위협 제거
- 정보기관과 연계하여 인간정보 등과 함께 은밀 활동
- 항폭·장사정포에 의한 적 타격
- 보병은 최종단계에 투입, 인명손실 최소화

> **개인적으로 느낀 소감**
> 1. 군은 본연의 자세로 있어야 국민으로부터 신뢰를 받는다.
> 2. 우리 군 수뇌부는 비겁하다.
> 3. 정부에 애국자가 없다.
> 4. 국가위기 대처 능력(대테러 능력)을 키워야 한다.
> 5. 전투할 사람이 없다.
> 6. 공명심에 눈이 먼 군인이 많다.
> 7. 전투는 지휘관 의지의 대결이다.
> 8. 궁(窮)하면 통한다.

III. 맺는 말

군대는 국민의 생명과 재산을 보호해야 한다. 국내에 거주하는 국민뿐만 아니라 재외 국민도 보호해야 한다. 특히 글로벌시대를 맞아 해외여행이 증가하는 마당에 앞으로도 아프간 피랍사태와 같은 유사한 사건이 발생하지 않는다고 보장할 수 없다. 이 경우에 테러범들과 협상만으로 인질을 구출할 수 없으며, 만약에 협상으로 인질을 구출한다면 국가의 체면이 손상되고 국제적으로도 약한 국가의 모습을 보여주게 되어 국익이 손상된다. 이 점을 고려하였을 때에 국가 대테러 능력을 향상시키는 것은 매우 중요한 일이다.

---

[53] Terminal Guidance Operation(항공폭격유도)으로 드론을 이용하여 탈레반을 공격

파병간 공식적인 활동기록은 707대대에 존안자료[54]로 보존토록 하였다. 그러나 내 개인적으로 기록한 글은 지금까지 보관하고 있었다. 드디어 12년간[55] 간직한 자료를 공개할 수 있는 기회를 가져서 의미 있게 생각한다. 일부 내용은 아프간 파병과 관련하여 누군가는 과실도 있고 부끄러운 점도 있다. 하지만 이것은 역사적 사실이다. 우리는 과거를 있는 그대로 보면서 배우고 교훈을 삼아서 미래에도 똑같은 실수를 범하지 않아야 한다. 그런 점에서 본인은 있는 그대로, 느낀 대로 기술하였다.

혹시 이 글을 보면서 자괴감을 갖는 사람도 있을 수 있으나 이는 단지 역사적인 교훈으로 삼으려 한 본인의 선한 의도일 뿐이지 누구를 비난하려는 의도는 전혀 없었음을 밝힌다. 또한 본인과 함께 아프간에 파병되었던 박정하 중령, 김기덕 소령, 허세욱 중위에게 감사한다. 그 당시 우리는 협상이 실패되면 군사작전을 통하여 인질을 구출해야 한다고 생각했다. 비록 성공하든, 실패하든 군사작전은 필연이라 생각하면서 준비했다. 성공하면 인질구출로 국민의 생명을 보호하는 군인의 소명을 다한 것이고, 혹시 실패하면 이를 교훈 삼아서 특전부대의 대테러 능력을 향상시킬 수 있는 기회가 되리라 생각했다. 최종적으로는 협상이 잘 되어 인질이 석방되었다. 참 잘된 일이지만 아쉬움은 남았다. 군인으로서 전투를 해본다는 것은 영광이다. 하지만 인질이 무사히 석방되었으므로 최선의 결과였다. 군사작전을 했다면 많은 전우들이 희생되었을 것이다. 협상팀에게 감사했다.

며칠 전 과거 같이 근무하던 전우가 찾아왔다. 아래와 같은 이야기를 했다.

---

54 작전상황일지(34쪽), 탈레반 위협분석(58쪽), 탈레반/인질 첩보(203쪽), 군사작전 검토/분석(172쪽), 707대대 훈련결과(211쪽) 등
55 2019년에 발표하려고 정리하면서 12년이라고 표현함

"군인도 종류가 많다. 크게는 육군, 해군, 공군이 있다. 우리는 육군이다. 자부심을 가져야 한다. 특히 특전맨이다. 해군, 공군, 육군의 포병, 방공 등의 대부분 군인은 적을 인간으로 보지 않고 표적으로 인식하고 싸운다. 하지만 보병은 소총의 가늠자를 통하여 적을 직접 보면서 싸운다. 이와 같은 위협을 극복하면서 싸우는 것이 보병이다. 더구나 특전맨은 적을 가늠자로 보고 싸우는 것이 아니라 코앞에서 보고 싸운다. 피·아가 상호 죽는 모습을 보면서 싸운다. 특전맨은 이런 공포심을 극복해야 하고 인간으로써 감정을 억제해야 한다. 이것이 타 병과와 다른 모습이다. 특전맨은 어느 군인보다도 명확한 사생관, 충성심, 용기를 가져야 한다. 자부심을 가져도 된다. 진짜 군인이다."

나는 지금도 제일 좋아하는 말은 특전훈이다. '안되면 되게 하라. 사나이 태어나서 한 번 죽지 두 번 죽나'

설움많은 평화시대 군인
이 시대 군인 가슴 속 이야기

지은이 | 송영필
펴낸이 | 趙甲濟
펴낸곳 | 조갑제닷컴
초판 1쇄 | 2025년 7월 21일

주소 | 서울 종로구 새문안로3길 36, 1423호
전화 | 02-722-9411~3
팩스 | 02-722-9414
이메일 | webmaster@chogabje.com
홈페이지 | chogabje.com

등록번호 | 2005년 12월2일(제300-2005-202호)
ISBN 979-11-85701-79-0 (03390)

값 20,000원

*파손된 책은 교환해 드립니다.